济南成语汇录

周长风 编著

中共济南市委党史研究院
（济南市地方史志研究院）编
济南市方志馆

济南出版社

图书在版编目（CIP）数据
济南成语汇录 / 中共济南市委党史研究院（济南市地方史志研究院），济南市方志馆编. -- 济南：济南出版社，2024. 12. -- ISBN 978-7-5488-6859-0
Ⅰ. K295.21；H136.31
中国国家版本馆 CIP 数据核字第 2024UW1148 号

济南成语汇录
JINAN CHENGYU HUILU
中共济南市委党史研究院
（济南市地方史志研究院） 编
济 南 市 方 志 馆

出 版 人 谢金岭
责任编辑 范玉峰 李 敏
张冰心 孙梦岩
装帧设计 麦德森文化传媒

出版发行 济南出版社
地　　址 山东省济南市二环南路 1 号（250002）
总 编 室 0531-86131715
印　　刷 山东麦德森文化传媒有限公司
版　　次 2024 年 12 月第 1 版
印　　次 2024 年 12 月第 1 次印刷
开　　本 185mm × 260mm 16 开
印　　张 21.5
字　　数 316 千字
书　　号 ISBN 978-7-5488-6859-0
定　　价 198.00 元

如有印装质量问题 请与出版社出版部联系调换
电话：0531-86131736

《济南成语汇录》编纂委员会

凡　例

一、全书共汇录济南成语 502 条，按照朝代列章，每一部分的成语按照时间排序。

二、所涉及的人物、事件、作品以现行济南市区域为范围。

三、所收录成语的语源或最早出处，首次出现在济南本籍人作品中，首次出现在作者客居济南时所写作品中，首次出现在记述、描写、评论济南、济南事、济南人及著述的作品中，首次出现在以济南为背景的作品中。

四、所收录成语的语源与济南相关；或语源虽与济南无关，但是定型的词组或短句首次出现在与济南相关的作品中。

五、已有的成语，在与济南相关的文字表述里使用时，呈现新的词义，而此词义之后成为主要义项。

六、已有的并列结构的成语，在与济南相关的作品中，首次出现顺序前后颠倒的形式，且更为后世所习用。

七、成语是熟语的一种，有些与济南相关的诗文中的短语，虽然曾被某部成语词典收入，但是并不为古今人们所习用，罕有例句，难称是定型化的固定词组或短语，故不采录。

八、对于意义相同或相近的异形同义成语，将与济南相关的作为主条，其余列为副条，副条例句不作溯源，异形同义成语中罕见使用的不出。

目　录

先秦秦汉时期

魏晋南北朝隋唐五代时期

宋金元时期

明清时期

先秦秦汉时期

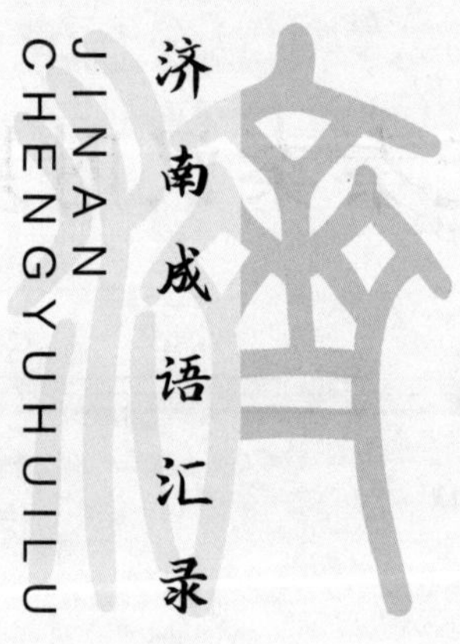

济南成语汇录

JINAN CHENGYUHUILU

其直如矢

释义：形容道路、树木等事物像箭杆一样直。亦形容人品正直。

出处：《诗经·小雅·大东》："周道如砥，其直如矢。"

注释：周道：周代官修的大道。砥：磨刀石，形容平坦。矢：箭。西汉毛苌《毛诗序》写道："《大东》，刺乱也。东国困于役而伤于财，谭大夫作是诗以告病焉。"东汉郑玄《毛诗笺》写道："谭国在东，故其大夫尤苦征役之事也。"皆言此诗乃谭国大夫所作。谭国于公元前 684 年为齐桓公所灭，故城在今济南市章丘区龙山街道。

示例：北宋范祖禹《司马温公布衾铭记》："公于物澹无所好，惟于德义若利欲。其清如水，而澄之不已；其直如矢，而端之不止。"

一鼓作气

释义：一鼓：第一次击鼓。作：振作。气：勇气。古代军队作战，击鼓前进，第一通鼓时士气最盛。后比喻趁锐气旺盛时一举成事，或趁初起的锐气勇往直前。

出处：《左传·庄公十年》："公与之乘，战于长勺。公将鼓之。刿曰：'未可。'齐人三鼓。刿曰：'可矣。'齐师败绩。公将驰之。刿曰：'未可。'下视其辙，登轼而望之，曰：'可矣。'遂逐齐师。既克，公问其故。对曰：'夫战，勇气也。一鼓作气，再而衰，三而竭。彼竭我盈，故克之。夫大国，难测也，惧有伏焉。吾视其辙乱，望其旗靡，故逐之。'"

语译：春秋时鲁庄公十年（前 684），鲁庄公和曹刿同坐一辆战车，在长勺（鲁国地名，在今济南市莱芜区东北杓山一带）与齐国军队交战。鲁庄公

刚要下令击鼓进军。曹刿说："不可。"待齐军三次击鼓后，曹刿说："可以了。"齐军溃败，鲁庄公要下令驱车追赶。曹刿又说："不可。"下车察看齐军战车后退的辙迹，登车扶着车厢前的横木远望齐军队形，即说："可以了。"于是鲁军乘胜追击齐军。取胜后，鲁庄公问他决策的原因。曹刿答道："作战，靠的是勇气。第一次击鼓可以振奋士兵们的勇气，第二次击鼓士气就开始低落了，第三次击鼓士气就消耗殆尽了。对方士气衰减而我方士气旺盛，所以战胜了他们。像齐国这样的大国，是难以完全推测清楚的，怕他们设有伏兵。后来近看其车辙混乱，远望其旗帜歪倒，因此可以追击。"

示例：清代李宝嘉《文明小史》第五十二回"闻禁约半途破胆　出捐款五字惊心"："原来饶鸿生在两江制台面前告奋勇的时候，不过是个一鼓作气，他说要游历英、法、日、美四国，不免言大而夸。"

再衰三竭

释义：指锐气、力量一再消耗，已经衰竭。

出处：同上。

示例：唐代欧阳询等编纂《艺文类聚》第七十四卷引西晋蔡洪《围棋赋》："再衰三竭，锐气已朽；登轼望辙（一作'轶'），其乱可取也。"

亦作**"再衰三涸"**。现代郭沫若《四川旅沪学界同志会五卅案宣言》（后改题为《为"五卅"惨案怒吼》）："病根不除，我们敢断定同样的惨祸会永远复发。而我们国民的民气，再衰三涸，将要永远沦为外人的奴隶而不能振拔。"

鼓衰气竭

释义：鼓声微弱，气力衰竭。比喻力量已经耗尽。也形容文章的末尾松懈无力。

出处： 同上。

示例： 唐代白居易《因继集重序》：“夫文犹战也，一鼓作气，再而衰，三而竭。微之转战迨兹三矣。即不知百胜之术，多多益办耶？抑又不知鼓衰气竭，自此为迁延之役耶？”

亦作 **“鼓衰力尽”**。当代叶广芩《古战场觅踪》：“经此大战，宋军全军覆没，徐禧以下将官兵卒役阵亡二十三万。飞檄到京，朝野震动，宋神宗面朝永乐方向大放悲声。西夏虽胜，却已矢竭弦断，鼓衰力尽。”

亦作 **“鼓衰力竭”**。清代赵翼《瓯北诗话》卷六：“又放翁古今体诗，每结处必有兴会，有意味，绝无鼓衰力竭之态，此固老寿享福之征，亦其才力雄厚，不如是则不快也。”

彼竭我盈

释义： 竭：尽。盈：充满。他们的士气已丧失，我们的士气正旺盛。

出处： 同上。

示例： 清代曾国藩《与刘峙衡》：“闻我军先期修垒浚壕，宽深各二丈，该逆来扑，我军坚忍不出，待其气尽力乏，彼竭我盈，然后出而大战，屡次以此法制胜。”

辙乱旗靡

释义： 车辙杂乱，旗子倒下。形容军队溃败之状，亦用于比喻在论辩、评比、考校中失利。

出处： 同上。

示例： 唐代李筌《神机制敌太白阴经·露布篇》：“锋刃所加，流血漂杵；弩矢所及，辙乱旗靡。”

亦作**“靡旗乱辙”**。南朝梁代沈约《宋书·沈攸之传》：“未有凭陵我郊圻，侵轶我河县，而不焚师殪甲、靡旗乱辙者也。”

鲍子知我

释义：鲍子：鲍叔牙。指彼此相互了解而情深义厚。

出处：《列子·力命》：“管仲尝叹曰：‘吾少穷困时，尝与鲍叔贾，分财多自与，鲍叔不以我为贪，知我贫也。吾尝为鲍叔谋事，而大穷困，鲍叔不以我为愚，知时有利不利也。吾尝三仕，三见逐于君，鲍叔不以我为不肖，知我不遭时也。吾尝三战三北，鲍叔不以我为怯，知我有老母也。公子纠败，召忽死之，吾幽囚受辱。鲍叔不以我为无耻，知我不羞小节而耻名不显于天下也。生我者父母，知我者鲍叔也！’”

语译：管仲曾经感叹道：“我年轻贫困之时，曾经和鲍叔（鲍叔牙的别称）合伙经商，挣到钱多分给自己一些，但鲍叔不认为我贪财，知道我贫困。我曾经为鲍叔办事，反而使事情陷于困境，但鲍叔不认为我愚笨，他知道成事与否往往在于时运有利或不利。我曾经三次做官，又都被君主罢免，但鲍叔不认为我品行不好，知道我没有遇到合适的时机。我曾三次作战，三次逃跑，但鲍叔不认为我胆小，知道我还有老母的缘故。公子纠失败，召忽为他自杀，我被囚禁而忍受屈辱，但鲍叔不认为我不知羞耻，知道我不会因小节而羞，却会为功名不能显扬于天下而耻。生我的是父母，懂我的是鲍叔啊！”

注释：管仲，名夷吾，字仲，春秋时期齐国宰相，颍上（位于颍水之上的今安徽阜阳市辖区内）人。其祖上久已迁居齐国。鲍叔牙，春秋时期齐国大谏（官名）。其父敬叔，姒姓之后，籍贯不可详考，成书于南朝宋代的《姓苑》称其是杞国（都城缘陵位于今山东省昌乐县营丘镇古城村）公子。敬叔为齐国大夫，其封邑是“鲍”，故以鲍为氏。鲍邑位于济南老城区以东，自古有鲍山（位于今济南市历城区鲍山街道）和鲍叔牙墓（位于鲍山之东北麓）。鲍叔牙历代被视作济南名人。

示例：清代尤侗《哭汤卿谋文》云："侗自丙子秋与卿谋定交，于今九年矣。其间车马往来，多一时名士，而生友死友，唯卿谋一人！侗平生冷淡不求人知，人亦无知者，独以卿谋为鲍子知我。"

亦作**"鲍叔知我"**。明代黄景昉《与黄明立》："然使昉若改从时贤，坠今吴楚诸名流派中，则亦有所不屑。唯鲍叔知我，始敢略吐其胸怀耳。"

亦作**"鲍君知我"**。清代蒋士铨《九月十日偶然作》（十首其十）："邓禹笑人何寂寂，鲍君知我独拳拳。"

管鲍分金

释义：比喻朋友之间情谊深厚，互相信任，不计得失。

出处：同上。

示例：元代关汉卿《包待制智斩鲁斋郎》第三折："全不似管鲍分金，倒做了孙庞刖足，把恩人变做仇家，将客僧翻为寺主。"

不羞小节

释义：无关大体的细小行为，或遭人非议，不因之而羞耻。

出处：同上。

示例：现代蔡东藩、许廑父《民国演义》第二十一回"讯凶犯直言对簿 延律师辩讼盈庭"："管夷吾不羞小节，曷不师之？"

亦作**"不拘小节"**。《后汉书·虞延传》："性敦朴，不拘小节，又无乡曲之誉。"

亦作**"不忌小节"**。唐代西门元佐《西门大夫墓志铭》："公器局宏邈，见解殊伦，干于理剧，果于从政，志存大略，不忌小节。"

亦作**"不矜小节"**。《后汉书·仲长统传》："统性倜傥，敢直言，不矜小节，默语无常，时人或谓之狂生。"

亦作**“不守小节”**。当代吴怀东《曹氏家族与汉晋社会文化变迁》:“谯沛之地正是诞生汉朝的开国皇帝刘邦的地方，从刘邦的成长经历可以看出，此地崇尚武力、不守小节、敢作敢当，以及领袖群伦的文化性格。”

亦作**“不谨小节”**。唐代程彦矩《尔朱府君墓碣并铭》:“少倜傥有气，不谨小节，虽家藏巨万，视之蔑然，轻玉帛若粪土，重然诺不顾千金。”

不以为言

释义：不因此说什么。

出处:《史记·管晏列传》:“管仲夷吾者，颍上人也。少时常与鲍叔牙游，鲍叔知其贤。管仲贫困，常欺鲍叔，鲍叔终善遇之，不以为言。”

语译：管仲，名夷吾，颍上人。年轻时常和鲍叔牙交往，鲍叔知道他很有才能。管仲贫困，经常占鲍叔的便宜，但鲍叔始终对他很友善，从不提这些事。

示例：清代曾国藩:“故湘中宦成归者如李石湖、罗素溪辈买田何啻数倍舍弟，而人皆不以为言，舍弟则大遗口实，其巧拙盖有如天壤者。”(载清代赵烈文《能静居日记·同治六年九月初十日》)

终身不忘

释义：一生至死不忘。

出处:《列子·力命》:“及管夷吾有病，小白问之，曰:‘仲父之病病矣，可不讳。云至于大病,则寡人恶乎属国而可?’夷吾曰:‘公谁欲欤?’小白曰:‘鲍叔牙可。’曰:‘不可。其为人也，洁廉善士也。其于不己若者不比之人，一闻人之过，终身不忘。使之理国，上且钩乎君，下且逆乎民。其得罪于君也，将弗久矣。’”

语译：待管夷吾生病时，小白（齐桓公名）问他："仲父（齐桓公对管仲的尊称）的病已经很重了，不必再避讳了。如果您一病不起，那我可以把国家大政托付给谁？"管夷吾问："您想托付给谁呢？"小白说："鲍叔牙可以吧。"管仲说："不行。他的确是个明洁贞廉的好人，但他对德行与自己不是同类的人就不屑与他们交往，一旦发现别人的过错，一辈子也忘不了。假如让他治理国家，对上则深究得失于君主，对下则违逆人情于百姓。他得罪您的时候，将不会太久了。"

示例：西晋皇甫谧《帝王世纪》："帝羿有穷氏与吴贺北游，贺使羿射雀。羿曰：'生之乎？杀之乎？'贺曰：'射其左目！'羿引弓射之，误中右目。羿抑首而愧，终身不忘。故羿之善射，至今称之。"

管鲍之交

释义：春秋时管仲和鲍叔牙相交至深。后用来比喻友情深厚。

出处：《列子·力命》："此世称管鲍善交者，小白善用能者。"

语译：这就是为世人称道的管仲、鲍叔牙善于交友的事，小白善于任用能人的事。

示例：《晋书·王敦传》："昔臣亲受嘉命，云：'吾与卿及茂弘当管鲍之交。'"

亦作"**管鲍之好**"。三国魏国曹丕《蔡伯喈女赋序》："家公与蔡伯喈有管鲍之好。"

亦作"**管鲍之谊**"。清代李绿园《歧路灯》第七十回"夏逢若时衰遇厉鬼　盛希侨情真感讼师"："异姓相交，尚有管鲍之谊；同母而乳，岂乏祥览之情。"

亦作"**管鲍交**"。《北史·李彪传》："彪虽与宋弁结管鲍交，弁为大中正，与孝文私议，犹以寒地处之，殊不欲微相优假；彪亦知之，不以为恨。"

亦作"**管鲍之契**"。当代四川省川剧艺术研究院等编《川剧剧目辞典》"卧牛山”条：“事出《三国演义》。周仓和裴元绍共掌卧牛山，有管鲍之契。周去投关羽，待有刘备下落后即来招裴同往。”

管鲍之风

释义：以管仲、鲍叔牙的故事，比喻以诚相待的交友风范与讲究诚信的处事品格。

出处：由“管鲍之交”化出，明代即多见于文章。

示例：明代田汝成《答陈约之书》：“使仆得与足下比园庐，通袍泽，展嬿婉，结朱陈之戚，敦管鲍之风，追二仲之踪，希七贤之逸，垂纶荇藻之沼，谈稼槐柳之堤，酌醴焚鱼，伏腊相劳，顾不乐与？”

清代澳大利亚悉尼出版的《东华新报》之发刊词《〈东华新报〉小引》：“举凡时事实登，聊效董狐之笔；市廛足录，同怀管鲍之风。”

泣下如雨

释义：哭泣时眼泪像下雨一样。形容非常悲伤。

出处：西汉刘向《说苑·复恩》：“鲍叔死，管仲举上衽而哭之，泣下如雨。”

语译：鲍叔死了，管仲撩起衣襟掩面而哭，泪如雨下。

示例：清代石庞《早白头赋》：“父母闻言，泣下如雨。儿再拜谢父母，而仍归于别墅。”

亦作**“泣涕如雨”**。《诗·邶风·燕燕》：“燕燕于飞，差池其羽。之子于归，远送于野。瞻望弗及，泣涕如雨。”

亦作**“涕零如雨”**。《诗经·小雅·小明》：“念彼共人，涕零如雨。”

亦作**“泣如雨下”**。明代张岱《陶庵梦忆》：“一日，同余在定香桥，日晡烟生，林木窅冥，楚生低头不语，泣如雨下。余问之，作饰语以对。”

亦作**“泪如雨下”**。明代罗贯中《三国演义》第七十八回“治风疾神医身死　传遗命奸雄数终”：“嘱毕，长叹一声，泪如雨下。须臾，气绝而死。寿六十六岁。”

亦作**“泪下如雨”**。明代章玄应《章玄应集》：“十月朔日丁丑，风色甚寒，过嘉兴府次崇德县，因思去冬此时正束装北行与先母言别，俯仰幽明，泪下如雨。”

亦作**“泪涕雨集”**。南宋朱弁《曲洧旧闻》卷五：“有一举子，绍圣某年省试下第，归至此，见少游南行事，遂题一诗于壁曰：‘我为无名抵死求，有名为累子还忧。南来处处佳山水，随分归休得自由。’至是少游读之，泪涕雨集。”

麦丘之祝

释义：指直言之谏。亦指长寿之祝。

出处：西汉韩婴《韩诗外传》卷十：“齐桓公逐白鹿，至麦丘之邦。遇人，曰：‘何谓者也？’对曰：‘臣，麦丘之邦人。’桓公曰：‘叟年几何？’对曰：‘臣年八十有三矣。’桓公曰：‘美哉！’与之饮。曰：‘叟盍为寡人寿也？’对曰：‘野人不知为君王之寿。’桓公曰：‘盍以叟之寿祝寡人矣？’邦人奉觞再拜曰：‘使吾君固寿，金玉之贱，人民是宝。’桓公曰：‘善哉祝乎！寡人闻之矣，至德不孤，善言必再。叟盍优之？’邦人奉觞再拜曰：‘使吾君好学士而不恶问，贤者在侧，谏者得入。’桓公曰：‘善哉祝乎！寡人闻之，至德不孤，善言必三。叟盍优之？’邦人奉觞再拜曰：‘无使群臣百姓得罪于吾君，无使吾君得罪于群臣百姓。’桓公不说，曰：‘此言者，非夫前二言之祝。叟其革之矣！’邦人潸然而涕下，曰：‘愿君熟思之，此一言者，夫前二言之上也。臣闻子得罪于父，可因姑娣妹谢也，父乃赦之。臣得罪于君，可使左右谢也，君乃赦之。昔者，桀得罪于臣也，至今未有为谢也。’桓公曰：‘善哉！寡人赖宗庙之福、社稷之灵，使寡人遇叟于此。’扶而载之，自御以归，荐之于庙，而断政焉。桓公所以九合诸侯，一匡天下，不以兵车者，非独管仲也，亦遇之于此。”

语译：齐桓公为了追猎一只白鹿，来到麦丘邑（故城位于今济南市商河县怀仁镇古城村东南），遇到一人。桓公问道："你是什么人？"回答说："我是麦丘的平民。"桓公问："老人家多大岁数了？"回答说："我已经八十三岁了。"桓公说："真好啊！"便与他一起喝酒。桓公问道："老人家为什么不为我祈寿呢？"回答说："乡野之人不知道怎么为君王祈寿。"桓公说："为什么不以您的寿数来祝愿我呢？"老人捧着酒杯拜了又拜，说："祝愿我的君王长寿，看轻金玉，把人民作为宝贝。"桓公说："多么好的祝福！我曾听说，有崇高道德的人不会孤单，有益的话一定要再说一段，老人家何不多祝福我呢？"老人捧着酒杯又拜了几拜，说："祝愿我的君王喜爱有学问的人，不耻下问，身边都是贤士，劝谏之人能够接近您。"桓公说："多么好的祝福！我曾听说，有崇高道德的人不会孤单，有益的话一定要说三段，老人家何不多祝福我呢？"老人捧着酒杯又拜了几拜，说："祝愿群臣和百姓不得罪我的君王，我的君王也不得罪群臣和百姓。"桓公不高兴了，说："这一句，不像前两句那么好，老人家换一句吧。"老人眼泪顿时流了下来，说："希望君主仔细想一想，这句话比前面两句都重要。我听说儿子得罪了父亲，可通过姑母、姐妹来向父亲认错，父亲会饶恕他。臣子得罪了君王，可通过君王身边的人来向君主认错，君王会饶恕他。从前，夏桀对不起他的臣子，到现在也没有能为他开释的人。"桓公说："太好了！我依赖祖宗的福气、社稷的神灵，在这里与您幸遇。"桓公搀扶老人家上车，亲自驾车返回，到宗庙向祖先推荐，请他协助裁断国家事务。桓公之所以多次会盟诸侯即安定天下，而非动用武力，不仅仅因为有了管仲，也得益于遇见这位贤才。

示例：清代顾炎武《答徐甥公肃书》："是以忘其出位，贡此狂言，请赋《祈招》之诗，以代麦丘之祝。"

明代何白《林母江太安人七十序》："窃附风人之旨，爰著三颂以祝万年，东向再拜，遣使致之伯氏，俾歌以侑觞，其亦麦丘之祝与！"

余勇可贾

释义：贾：卖。比喻尚有多余的勇气和力量可以施展出来。

出处：《左传・成公二年》："齐高固入晋师，桀石以投人，禽之而乘其车，系桑本焉，以徇齐垒，曰：'欲勇者贾余余勇。'癸酉，师陈于鞌。邴夏御齐侯，逢丑父为右。晋解张御郤克，郑丘缓为右。齐侯曰：'余姑翦灭此而朝食！'不介马而驰之。郤克伤于矢，流血及屦，未绝鼓音，曰：'余病矣！'张侯曰：'自始合，而矢贯余手及肘，余折以御，左轮朱殷，岂敢言病。吾子忍之！'缓曰：'自始合，苟有险，余必下推车，子岂识之？然子病矣！'张侯曰：'师之耳目，在吾旗鼓，进退从之。此车一人殿之，可以集事，若之何其以病败君之大事也？擐甲执兵，固即死也。病未及死，吾子勉之！'左并辔，右援枹而鼓。马逸不能止，师从之。齐师败绩。逐之，三周华不注。"

语译：鲁成公二年（前589）六月壬申日，晋、鲁、卫联军与齐国军队在靡笄山（今名峨眉山，位于济南市槐荫区兴福街道）下对垒。齐大夫高固冲入晋军，投掷石头，击中并擒获敌方人员，驾回夺取的战车。高固将一段桑树根绑在车后，巡行齐军营垒里，喊道："想有勇力的，来买我剩余的勇力！"

第二天（癸酉日），齐晋双方军队在鞌（古同"鞍"。今名北马鞍山，位于济南市天桥区泺口街道）摆开阵势。邴夏为齐侯驾车，逢丑父（西汉司马迁《史记》作"逄丑父"）居右侧，负责保护齐侯。晋军解张为主帅郤克驾车，郑丘缓居右侧。齐侯说："我姑且消灭了这些人再吃早饭。"不给马披甲就驰向晋军。郤克中箭，血流到了鞋上，他击鼓不停，说："我受重伤了。"解张说："刚交战时，箭就射穿了我的手和胳膊，我折断箭杆继续驾车，左边的车轮都被我的血染成了暗红色，我哪敢说受伤？您忍着吧！"郑丘缓说："自开始交战，遇到路途险阻，我必定下去推车，您哪里知道？不过您的伤势确实很重。"解张说："全军的耳朵和眼睛，都在听都在看我们车上的鼓声和帅旗，依从它的指挥，前进或后退。

这辆车上只要您还在坐镇，就可以获胜。怎么能因为伤痛而坏了国君的大事呢？穿上盔甲，手执兵器，即必须面对死亡，伤痛还不至于死，您继续努力吧！”解张把本来双手执持的缰绳并入左手，右手拿过鼓槌代郤克击鼓。驾车之马狂奔不停，晋军跟着主帅的车前进。齐军大败。晋军追击齐军，在华不注山（亦称华山，位于今济南市历城区华山街道）将齐侯围了三层（一说绕华不注山追了三圈）。

示例：唐代成伯玙《毛诗指说·文体》：“后来英彦，各擅文章，致远直尚于轻浮，钩深曲归于美丽。盖余勇可贾，逸气难收。”

灭此朝食

释义：消灭了这些敌人再吃早饭。形容急于破敌的心情和战必胜之的信心。

出处：同上。

示例：《明史·王直传》：“陛下宵衣旰食，征天下兵，与群臣兆姓同心勠力，期灭此朝食，以雪不共戴天之耻。”

擐甲执兵

释义：身披铠甲，手执武器。形容全副武装、准备战斗的状态。

出处：同上。

示例：宋代曾巩《李德明遥郡团练使制》：“擐甲执兵，人之重任。赏信而速，所以劝功。”

亦作**“擐甲挥戈”**。北齐魏收《魏书·傅永传》：傅永“擐甲挥戈，单骑先入，唯有军主蔡三虎副之，余人无有及者”。

亦作**“擐甲持戈”**。北宋赵普《谏太宗伐燕疏》：“飞刍挽粟以犹繁，擐甲持戈而未已。”

亦作“**擐甲执锐**”。《元史·木华黎传》:“我为国家助成大业，擐甲执锐，垂四十年，东征西讨，无复遗恨，第恨汴京未下耳！”

亦作“**擐甲持兵**”。《旧唐书·高开道传》:“开道知不免，于是擐甲持兵坐堂上，与其妻妾乐酣宴。”

亦作“**擐甲操戈**”。见后“擐甲操戈”条。

南风不竞

释义：南风：南方的音乐。不竞：不强劲。原指南方楚国军队的音乐低沉微弱，从而知其士气不振。后比喻局势不利，力量不强。

出处:《左传·襄公十八年》:“晋人闻有楚师，师旷曰:‘不害，吾骤歌北风，又歌南风。南风不竞，多死声，楚必无功。’”

语译：鲁襄公十八年（前555），晋国军队正攻打齐国都城临淄，听闻南方楚国军队北上进犯郑国，立即回兵援助。晋平公刚得知此事时，因感到楚军强大而内心忐忑，乐官师旷说道:“没有什么危险。我屡次唱北方曲调，又唱南方曲调。南方曲调多是衰微肃杀的声音，楚军必定无功而返。”

注释:《春秋》写道:“十有九年春，王正月，诸侯盟于祝柯。”“十有九年春”指鲁襄公十八年（前555）。“诸侯”指晋国率领的联合攻齐的鲁、卫、宋、郑等12个诸侯国。“祝柯”（一作“祝阿”,《左传》作“督扬”),齐国城邑，西汉置祝阿县，故城位于今济南市槐荫区玉清湖街道古城村。

《左传》并无讲到师旷说“南风不竞”的具体地点。明代冯梦龙编著的《东周列国志》第六十二回“诸侯同心围齐国　晋臣合计逐栾盈”则据上述《春秋》所记写道:“诸侯行至祝阿，平公以楚师为忧，与诸侯饮酒，不乐。师旷曰:‘臣请以声卜之。’乃吹律歌《南风》，又歌《北风》。《北风》和平可听，《南风》声不扬，且多肃杀之声。旷奏曰:‘《南风》不竞，其声近死，不唯无功，且将自祸。不出三日，当有好音至矣。’”

示例：南朝宋代刘义庆《世说新语·方正》:“王子敬数岁时，尝看诸门生樗蒲，见有胜负，因曰：‘南风不竞。’”

亦作**“南风不劲”**。清代云封山人《铁花仙史》第十二回“信谗言势利寒盟”：“兄宜鸣诸当道，再约齐合学诸友，公呈府县，弟亦援桴三鼓，以作吾兄之气。那时或可挽回，兄今犹首鼠然，何南风不劲至此耶？”

首足异处

释义：头和脚分开在不同的地方。指被杀死。

出处：东汉何休《春秋公羊经传解诂》：“颊谷之会，齐侯作侏儒之乐，欲以执定公。孔子曰：‘匹夫而荧惑于诸侯者诛’，于是诛侏儒，首足异处，齐侯大惧，曲节从教。”

语译：齐鲁两国国君在颊谷会盟，齐侯用侏儒作歌舞表演，想借机挟持鲁定公。孔子说：“一个小人媚惑诸侯，必须杀。”于是斩杀了侏儒，身体两断。齐侯很是惊恐，屈身恭听。

注释：颊谷，春秋时期左丘明《左氏春秋》（汉代改称《春秋左氏传》，简称《左传》）作“夹谷”。齐侯，指齐景公。夹谷，春秋齐地。具体位置古今学术界皆有争议。当代著名历史地理学家谭其骧主编的《中国历史地图集》（中国地图出版社 1982 年出版）第一册“春秋·齐鲁”将“夹谷”标示在今济南市莱芜区城区东南。罗竹风主编的《汉语大词典》（上海辞书出版社 1986 年出版）“夹谷”条写道：“其故址当在今山东省莱芜县夹谷峪。参阅清顾炎武《日知录·夹谷》。”战国时期《吕氏春秋·顺民》写道：“孤虽知要领不属，首足异处，四枝布裂，为天下戮，孤之志必将出焉。”《吕氏春秋》早于《春秋公羊经传解诂》，然唐代徐彦《春秋公羊传注疏》言：《春秋公羊经传解诂》“颊谷之会”至“曲节从教”的这段话，是转自《晏子春秋》。《晏子春秋》亦是战国时期著作，但要早于《吕氏春秋》。这段话今传本《晏子春秋》无。

示例：唐代陈子昂《谏用刑书》：“遂使杨玄感挟不臣之势，有大盗之心，欲因人谋，以窃皇业。乃称兵中夏，将据洛阳，哮阚之势，倾宇宙矣。然乱未逾月，而首足异处。”

亦作**“头足异所”**。西汉刘向《说苑·杂言》：“武王伐纣，四子身死牧之野，头足异所。”

亦作**“身首异处”**。清代袁枚《子不语》卷五《藏魂坛》：“在黔时，有恶棍某，案如山积。官杖杀之，投尸于河。三日还魂，五日作恶，如是者数次。诉之抚军。抚军怒，请王命斩之，身首异处。三日后又活，身首交合，颈边隐隐然红丝一条，作恶如初。”

亦作**“头足异处”**。《史记·淮阴侯列传》：“汉王借兵而东下，杀成安君泜水之南，头足异处，卒为天下笑。”

亦作**“手足异处”**。《史记·孔子世家》：“优倡侏儒为戏而前。孔子趋而进，历阶而登，不尽一等，曰：‘匹夫而荧惑诸侯者罪当诛！请命有司！’有司加法焉，手足异处。”

洞见症结

释义：能清楚地看到腹内结块的病。比喻能透彻地看到事物的疑难之处或解决问题的关键。

出处：《史记·扁鹊仓公列传》：“扁鹊以其言饮药三十日，视见垣一方人。以此视病，尽见五藏症结，特以诊脉为名耳。”

语译：扁鹊按照长桑君所说，服用了他给的药三十日，就能看见墙另一边的人，依凭这种本领给人看病，完全可以看到五脏六腑的病症，只不过还是以诊脉的名义罢了。

注释：扁鹊，战国时齐国卢邑（故城位于今济南市长清区归德街道国街村西）人，《史记·扁鹊仓公列传》称其“姓秦氏，名越人”，又曰“为医或在齐，或在赵，在赵者名扁鹊”。《列传》中引述扁鹊言，亦自称“秦越人”。自先秦，历代典籍习以“扁鹊”称之。因其为卢人，后世又以“卢医”名之。扁鹊是我国载入正史的第一位大医学家，是中医科学的奠基人。扁鹊不仅是高明的临床医生，而且是医学理论家，其著述被后世尊奉为经。

示例：清代左宗棠《答刘荫渠》：“滇中近事，颇有所闻。来书所言兵骄民困，真洞见症结之论。”

随俗为变

释义：顺随世俗而变化。

出处：《史记・扁鹊仓公列传》：“扁鹊名闻天下，过邯郸，闻贵妇人，即为带下医；过洛阳，闻周人爱老人，即为耳目痹医；来入咸阳，闻秦人爱小儿，即为小儿医，随俗为变。”

语译：扁鹊名声传遍天下，他经过邯郸，听说当地非常尊重视妇女，就着重看妇女病；经过周朝都城洛阳时，听说周人敬爱老人，就着重看耳聋眼花、肢体疼痛麻木的病；来到秦都城咸阳，听说秦国人疼爱小孩，就着重看小儿疾病。随着各地习俗不同而变化。

示例：当代刘荒田《拥抱之必要》：“不过，人在洋土，总得随俗为变。就我而论，诸般洋礼数，洋姿势，洋派头，如耸肩、摊手，遇到没奈何的人或事时，眼睛仰向天穹眨巴眨巴，要人噤声时以食指放在唇间发‘嘘’声，多多少少无师而自通。”

以郄视文

释义：郄，通“隙”。从缝隙里看错杂艳丽的色彩。比喻眼界狭小，见识浅陋。

出处：《史记・扁鹊仓公列传》：“扁鹊仰天叹曰：‘夫子之为方也，若以管窥天，以郄视文。越人之为方也，不待切脉望色，听声写形，言病之所在。’”

语译：扁鹊仰望天空叹息道：“您说的那些治疗方法，就像从竹管中看天、缝隙中看花纹一样。我用的治疗方法，对病人不需切脉、察看气色、辨听声音、审察形貌，就能说出病在什么地方。”

示例：当代赵金铎《浅谈小柴胡汤的运用》：“临证师仲景意应用本方，多获奇效，今列实验六则，不啻以郄视文，仅供参考而已。”

舌挢不下

释义：翘起舌头，久久不能放下。形容惊讶或害怕时的神态。

出处：《史记·扁鹊仓公列传》：“中庶子闻扁鹊言，目眩然而不瞚，舌挢然而不下，乃以扁鹊言入报虢君。”

语译：中庶子听了扁鹊所言，惊得两眼发直，瞪着一眨不眨，舌头翘起，久久放不下来，就进入宫里把扁鹊的话报告了虢君。

注释：瞚，同“瞬”。

示例：清代王韬《淞隐漫录》卷九《红芸别墅》：“女读书颖悟异常，时有涉于疑义者，生或不能剖析，女必代为之解，剥蕉抽茧，妙绪泉涌，生为之舌挢不下，呼为‘女才子’。”

病入骨髓

释义：病到骨头里。形容病势严重，无法医治。也比喻事态恶化，难以挽救。

出处：《韩非子·喻老》：“扁鹊曰：‘疾在腠理，汤熨之所及也；在肌肤，针石之所及也；在肠胃，火齐之所及也；在骨髓，司命之所属，无奈何也。今在骨髓，臣是以无请也。’”

语译：扁鹊说：“病在体表，热敷可以治疗；病在肌肉，石针扎刺可以治疗；病在肠胃，清火的汤药可以治疗；病在骨髓，那是司命之神管辖之处，医生无能为力。如今大王病入骨髓，臣因此不再请求给您治疗了。”

示例：当代周其仁《真实世界的经济学》：“从印度发生的变化中我只看到

一点希望，就是腐败病入骨髓如印度综合征，也是有药可救的。条件是，对症下刀，手不要哆嗦、不要抖。”

赤县神州

释义：中国的别称。

出处：《史记·孟子荀卿列传》：“以为儒者所谓中国者，于天下乃八十一分居其一分耳。中国名曰赤县神州。赤县神州内自有九州，禹之序九州是也，不得为州数。中国外如赤县神州者九，乃所谓九州也。”

语译：齐人邹衍认为：儒家所说的中国，只不过是天下的八十一分之一而已。中国名叫“赤县神州”，赤县神州之内自有九州，即夏禹划分的九个州，但这并不能算作“州”的数目。在中国之外，如同赤县神州的地方还有九个，这才是所谓的九州。

注释：邹（亦作“驺”）衍，战国末期齐国人，哲学家，阴阳五行家的代表人物，创立“五德终始”说、“大九州”说，曾游学于稷下学宫，著有《邹子》《邹子始终》（皆已佚失），时人称为“谈天衍”，尊称邹子。北宋乐史《太平寰宇记·章丘县》：“邹衍墓，在县东一十里，高一丈。”明代万历二十五年（1597）章丘知县董复亨撰《周客卿邹公祠堂之碑》：“衍，故邑人。邑东十里许有衍墓。”章丘县，今济南市章丘区，章丘邹衍墓位于今相公庄街道郝庄村。

示例：金代元好问《四哀诗·李钦叔》：“赤县神州坐陆沉，金汤非粟祸侵寻。”

邹衍谈天

释义：比喻善辩。

出处：《史记·孟子荀卿列传》：“邹衍之术迂大而闳辩；奭也文具难

施；淳于髡久与处，时有得善言。故齐人颂曰：‘谈天衍，雕龙奭，炙毂过髡。’”

语译：邹衍的学说迂阔夸大，长于雄辩；邹奭的学说周备完美，但难于施行；如果与淳于髡长期相处，常常能听到有益的言论。因此齐国人传诵道：“高谈阔论的是邹衍，言辞讲究如雕龙的是邹奭，智语善言不曾竭尽如‘炙毂过’（古时车上盛贮油膏的器具，加热后油流出润滑车轴）的是淳于髡。”

注释：南朝宋代裴骃《史记集解》引西汉刘向《别录》：“邹衍之所言五德终始，天地广大，尽言天事，故曰‘谈天’。”

示例：元代袁桷《观物》：“张华博物身终死，邹衍谈天舌竟休。”

亦作**“邹衍高谈”**。清代邹祇谟《沁园春·偶兴》：“赌折搔头，敲残如意，邹衍高谈大九州。”

亦作**“邹子谭天”**。唐代皎然《咏数探得七》：“邹子谭天岁，黄童对日年。求真初作传，炼魄已成仙。”

亦作**“辩口谈天”**。唐代罗隐《酬黄从事怀旧见寄》：“长绳系日虽难绊，辨口谈天不易穷。”

亦作**“口道邹衍”**。明代陈子龙《行路难》之十七：“玄驹绕绕枯桑下，口道邹衍大九州。”

亦作**“谈天邹衍”**。清代方文《初度书怀》：“谈天邹衍口须闭，卖药韩康肆欲开。”

闳大不经

释义：指不切实际，漫无边际，近乎荒诞，不合常理。

出处：《史记·孟子荀卿列传》：“驺（通‘邹’）衍睹有国者益淫侈，不能尚德，若《大雅》整之于身，施及黎庶矣。乃深观阴阳消息，而作怪迂之变，《终始》《大圣》之篇，十余万言。其语闳大不经，必先验小物，推而大之，至于无垠。……称引天地剖判以来，五德转移，治各有宜，而符应若兹。”

语译：邹衍目睹各国君主，更加骄奢淫逸，不能崇尚德政，像古代贤君那样听了《大雅》诗乐，提高自身的道德修养，然后将道德推广到黎民百姓之中，于是深入观察天地之间阴阳二气的消长、起伏，而创造怪诞迂曲的关于变化的学说，作《终始》《大圣》诸篇，有十余万字。他所说的宏大广阔，不合常理，一定要先从小的事物加以验证，然后推广到大的事物，以至于宇宙万物……称述自开天辟地以来，金、木、水、火、土这五德相生相克，循环往复，每一王朝都与五德中某一德对应，必须采取与之相宜的礼法制度，人事与天命相互感应，二者像符节一样契合。

示例：清代戴震《屈原赋注》卷三"《天问》序"："问，难也。天地之大，有非恒情所可测者，设难疑之。而曲学异端，往往骛为闳大不经之语，及夫好诡异而善野言，以凿空为道古，设难诘之。"

天地剖判

释义：犹言开天辟地，比喻有史以来。

出处：同上。

注释：古代阴阳家把金、木、水、火、土五种物质的运动变化称作"五行"，因五种物质有不同的性质、能力，故又称"五行"为"五德"。邹衍的"五德终始说"认为，历代王朝各代表一德，虞朝为土德，夏朝为木德，殷朝为金德，周朝为火德，按照五行相克或相生的顺序，交互更替。《史记·郦生陆贾列传》写道："陆生曰：'皇帝起丰沛，讨暴秦，诛强楚，为天下兴利除害，继五帝三王之业，统理中国。中国之人以亿计，地方万里，居天下之膏腴，人众车舆，万物殷富，政由一家，自天地剖泮未始有也。'"泮，通"判"。

示例：清代张裕钊《与张煦堂大令书》："天故不可得而知也。且尝试独居妄度，自天地剖判，至今且千万岁。天亦稍衰且老矣。"

牛鼎之意

释义：指远大的抱负。

出处：《史记·孟子荀卿列传》："或曰，伊尹负鼎而勉汤以王，百里奚饭牛车下而缪公用霸，作先合然后引之大道。驺（通'邹'）衍其言虽不轨，傥亦有牛鼎之意乎！"

语译：有人说，伊尹背负鼎俎去见商汤，借谈论烹调滋味进言，鼓励他成就王业，百里奚在秦国车下喂牛，缪公任用他为相而称霸，先事迎合，然后引导他们实行上古贤明君王之道。邹衍所言虽然不合常规，或许亦有伊尹负鼎、百里奚喂牛的用意吧？

注释：缪公，即秦穆公，春秋五霸之一。

示例：明代归有光《与某》："《水利论》具有前人之论，特为疏剔之。意望当事者行其言，以惠东南之民，非有牛鼎之意也。"

邹衍吹律

释义：律，律管。古代把乐音分为六律（阳律）和六吕（阴律）。律管是用十二根竹管或金属管制成的定音器具，长短管依次排列，长管发音低，短管发音高。从低音管数起，奇数的六个管称"律"，偶数的六个管称"吕"。律为阳声，故传说吹奏律管可以使地暖春回。谓带来温暖与生机。

出处：《列子·汤问》："师襄乃抚心高蹈曰：'微矣，子之弹也！虽师旷之清角，邹衍之吹律，亡以加之。彼将挟琴执管而从子之后耳。'"

语译：乐师襄拍着胸膛，手舞足蹈，说："您的琴弹得太精妙了，即使是师旷奏《清角》，邹衍吹律音，也不比这更好。他们要携带琴和律管跟在您后面当学生了！”

注释：西汉刘向《别录》：“《方士传》言：‘邹衍在燕，燕有谷，地美而寒，不生五谷。邹子居之，吹律而温气至，而生黍谷。今名黍谷。’”《方士传》记载：邹衍到了燕国，燕国有一山谷，地肥土美，但是寒冷，五谷不生。邹衍居住下来，吹奏律管，暖风温气随声而至，黍子谷子等庄稼因之生长起来。这片山谷至今名叫黍谷。

示例：清代袁枚《行路难》：“屈子问天天漫漫，邹衍吹律律更寒。”

亦作**“律吹寒谷”**。清代袁枚《哭许沧亭观察》：“有律吹寒谷，无戈挽夕曛。”

亦作**“律回寒谷”**。元代郭钰《即事》：“木落秋高悬杀气，律回寒谷见阳春。”

亦作**“律通幽谷”**。唐代沈佺期《喜赦》：“律通幽谷暖，盆举太阳辉。”

亦作**“律回黍谷”**。清代王莳兰《咏绿云菜》：“律回黍谷阳和生，藟苗菘甲咸句萌。”

亦作**“暖律潜催”**。北宋柳永《黄莺儿·园林晴昼春谁主》：“园林晴昼春谁主，暖律潜催，幽谷暄和。”

亦作**“暖律潜吹”**。清代纪昀《书云物赋》：“盖暖律潜吹，欲蒸黍谷；微阳渐达，已动葭灰。”

黍谷生春

释义：比喻带来温暖与生机。亦比喻处境困顿而有转机。

出处：见上条注释。

示例：清代张庆源《致黄易书》：“寒威可畏，得罗、张二君雪中之惠，顿觉黍谷生春矣。”

现代费行简《民国十年官僚腐败史》：“然自某甲任副院长，以善西语、工交际，时代政府经营外债，于是监督官一变而为行政官，经手经多，自饶回扣，外债室亦黍谷生春，生机勃发矣。”

亦作**“黍谷回春”**。清代曹颖甫《金匮发微》：“此证唯羊肉当归汤足以疗治，冬令服二三剂，定当黍谷回春。”

亦作**“黍谷春回”**。清代江顺诒《严筱南赠诗，用集中韵即和》：“天涯漫洒穷途泪，黍谷春回定可期。”

亦作**“寒谷生春”**。明代汪廷讷《狮吼记·赠妾》：“何年弧矢得悬门，是寒谷生春。”

亦作**“寒谷回春”**。明代高启《和衍上人观梅》：“夜窗转曙鸡欲惊，寒谷回春蝶应觉。”

亦作**“黍律嘘春”**。元代李思衍《见王参政》：“黍律嘘春燕谷暖，梅花入梦楚天长。”

亦作**“黍谷阳回”**。明代无名氏《续西游记》第五回“动吟咏圣僧兆怪 和诗句蠹孽兴妖”：“黍谷阳回觉已春，八荒何物不更新？”

亦作**“阳回黍谷”**。清代陈士铎《辨证录》：“因附子直通其肾，迅达于膀胱，则火气熏蒸，阳回黍谷，雪消冰泮，何至固结闭塞哉。”

亦作**“黍谷阳生”**。清代爱新觉罗·颙琰《晚眺》：“隆冬不觉寒威冽，黍谷阳生理可求。”

六月飞霜

释义：比喻有冤狱。或指冤情感天动地。

出处：东汉王充《论衡·感虚》：“传书言：‘邹衍无罪，见拘于燕，当夏五月，仰天而叹，天为陨霜。’”

语译：解释儒家经书的著作说：“邹衍没有罪，却被燕国囚禁，正值夏季五月，邹衍仰天长叹，天为之降霜。”

注释：南朝梁代江淹《诣建平王上书》：“昔者贱臣叩心，飞霜击于燕地。”唐代李善注引西汉刘安《淮南子》：“邹衍尽忠于燕惠王，惠王信谗而系之。邹子仰天而哭，正夏而天为之降霜。”

《淮南子》写道：邹衍对燕惠王竭尽忠心，惠王却相信谗言，把他拘囚。邹衍仰天痛哭，正值夏季而天为他飞降寒霜。

唐代徐坚《初学记·天部下》：“《淮南子》曰：‘邹衍事燕惠王尽忠，左右谮之，王系之。仰天而哭，夏五月，天为之下霜。’”

《淮南子》写道：邹衍侍奉燕惠王竭尽忠心，遭惠王身边的人诬陷，惠王把他拘囚。邹衍仰天痛哭，时夏季五月，而天为他降下寒霜。

示例：唐代张说《狱箴》：“匹夫结愤，六月飞霜。”

亦作**“飞霜六月”**。清代半醒《次鉴湖女侠柬志群原韵即以吊之》：“奇才遭忌易，乱世保身难。浩劫孤雌尽，飞霜六月寒。”

亦作**“霜飞六月”**。清代吼生《吊秋女士》：“霜飞六月人何处，痛杀新亭覆酒杯。”

孺子可教

释义：赞扬年轻人值得教诲指导，有培养前途。

出处：《史记·留侯世家》：“良尝闲从容步游下邳圯上，有一老父，衣褐，至良所，直堕其履圯下，顾谓良曰：‘孺子，下取履！’良鄂然，欲殴之。为其老，强忍，下取履。父曰：‘履我！’良业为取履，因长跪履之。父以足受，笑而去。良殊大惊，随目之。父去里所，复还，曰：‘孺子可教矣。后五日平明，与我会此。’良因怪之，跪曰：‘诺。’五日平明，良往。父已先在，怒曰：‘与老人期，后，何也？’去，曰：‘后五日早会。’五日鸡鸣，良往。父又先在，复怒曰：‘后，何也？’去，曰：‘后五日复早来。’五日，良夜未半往。有顷，父亦来，喜曰：‘当如是。’出一编书，曰：‘读此则为王者师矣。后十年兴。十三年孺子见我济北，谷城山下黄石即我矣。’遂去，无他言，不复见。旦日视其书，乃《太公兵法》也。良因异之，常习诵读之。”“子房始所见下邳圯上老父与《太公书》者，后十三年从高帝过济北，果见谷城山下黄石，取而葆祠之。留侯死，并葬黄石冢。

每上冢伏腊，祠黄石。”

语译：张良曾经无事时到下邳的桥上闲游。有一个老人身穿麻布短衣，走到张良跟前，故意把鞋掉到桥下。回头对张良说：“小伙子，下去把鞋捡上来。”张良感到吃惊，想打他，碍于他年老，强忍怒气，把鞋捡了上来。老人又说：“给我穿上。”张良想，反正已经取了，于是跪下给老人穿鞋。老人伸脚承受，笑着离去。张良甚是惊奇，一直盯着老人背影。老人走出一里来地，又返回，说道：“小伙子值得我指教。五天后天亮时，来这里与我相见。”张良觉得奇怪，跪下说：“是。”五天后天亮时，张良前往。老人已在那儿了，生气地说：“与老人约见，晚到，怎么能行？”老人走时说：“五天后早来。”五天后，鸡刚叫，张良就去了。老人又先在那儿，更加生气，说：“晚到，怎么能行？”走时说：“五天后再早些来。”五天后，张良不到半夜就去了。不一会儿，老人也来了，高兴地说：“这样才对。”老人拿出一部书，说：“读了它，就可以做帝王的老师了。十年以后，你会兴起。十三年后，你会在济北郡见到我，谷城山下的黄石就是我！”说完这些就离去了，此后没有再见面。天亮后看老人送的书，原来是《太公兵法》。张良认识到此书非同寻常，时常学习诵读。

张良当初在下邳桥见那位老人与《太公兵法》，十三年后，随从汉高帝刘邦经过济北郡，果然看到谷城山下有一黄石，于是取回，奉为至宝来祭祀。张良死后，与黄石一并安葬。后人每年扫墓与按夏冬节令祭祀张良时，同时祭祀黄石。

注释：谷城山：位于今济南市平阴县东阿镇北，此地春秋时为齐国谷邑，秦代称谷城，山因之得名，后又名黄石山、黄山。

示例：唐代刘禹锡《澈上人文集纪》：“初，上人在吴兴居何山，与昼公为侣，时予方以两髦执笔砚陪其吟咏，皆曰：‘孺子可教。’”

四夷乡风

释义：乡，通“向”。亦写作“四夷向风”。指四方各族向往其教化，归附顺服。

出处：《史记·刘敬叔孙通列传》："（刘敬曰）及周之盛时，天下和洽，四夷乡风，慕义怀德，附离而并事天子，不屯一卒，不战一士，八夷大国之民莫不宾服，效其贡职。"

语译：刘敬对汉高祖刘邦说："周朝鼎盛时，天下和平安宁，四方各部族都来归顺，仰慕周朝的仁义，感念周朝的恩德，依附而且共同奉事周天子，不用一兵驻守，不用一卒出战，八方大国的百姓没有不臣服的，都进献贡品和赋税。"

注释：刘敬，本名娄敬，生卒年不详，汉初齐地人，汉高祖刘邦的重要谋士。今济南市长清区张夏街道驻地东南3公里处有娄敬洞山，又名莲台山，山间有小娄峪，山上有深洞，名"娄敬洞"。至晚自金代世间即传说娄敬曾居此。汉高祖五年（前202），刘邦与群臣拟定都洛阳，娄敬自齐经过洛阳到陇西戍边，以戍卒身份求见刘邦，建议刘邦定都关中。刘邦采纳了娄敬的建议，并赐姓刘。与司马迁同时期的吾丘寿王《骠骑论功论》写道："天子文明，四夷向风。"

示例：北宋苏辙《秦论二》："三代圣人以道御天下，动容貌，出辞气，逡巡庙堂之上，而诸侯承德，四夷向风，何其盛哉！"

慕义怀德

释义：倾慕仁义，感念恩德。

出处：同上。

示例：《晋书·苻坚（上）》："苻融闻之，上书与坚曰：'臣闻东胡在燕，历数弥久，逮于石乱，遂据华夏，跨有六州，南面称帝。陛下爰命六师，大举征讨，劳卒频年，勤而后获，本非慕义怀德归化。'"

肝脑涂地

释义：形容惨死。后多形容竭尽忠诚，不惜作出任何牺牲。

出处：《史记·刘敬叔孙通列传》：刘敬曰："今陛下起丰沛，收卒三千人，以之径往而卷蜀汉，定三秦，与项羽战荥阳，争成皋之口，大战七十，小战四十，使天下之民肝脑涂地，父子暴骨中野，不可胜数"。

语译：刘敬对汉高祖刘邦说："陛下从沛县丰邑起事，招集三千士卒，带领他们径直前往，席卷蜀汉，平定三秦，与项羽大战荥阳，争夺要塞成皋，大战七十次，小战四十次，使天下百姓血流遍地，父子不能相顾而弃尸骨于荒野的，不可胜数。"

示例：《汉书·苏武传》："武曰：'武父子亡（通无）功德，皆为陛下所成就，位列将，爵通侯，兄弟亲近，常愿肝脑涂地。'"

亦作**"肝胆涂地"**。《韩诗外传·卷七》："对曰：'臣先殿上绝缨者也。当时宜以肝胆涂地，负日久矣，未有所效。今幸得用，于臣之义，尚可为王破吴而强楚。'"

亦作**"肝心涂地"**。唐代陈子昂《谢衣表》："臣万死骷骨，垂朽蒙荣，载战载殒，肝心涂地。"

亦作**"肝脑布地"**。唐代李观《代李图南上苏州韦使君论戴察书》："郎中命世之杰，合天纵才，明眸烛微，刚略定猜，刑赏之下，万无一乖。宁令一彦衷，肝脑布地，不知所阶？悲哉！"

亦作**"肝脑涂裂"**。唐代杨炎《凤翔出师纪圣功颂并序》："蕞尔逆虏，敢迷天纪，盗我符玺，黩我威灵，使四海之内，兵革纵横，肝脑涂裂。"

亦作**"膏脑涂地"**。清代费密《荒书·自序》："二十年来之锦绣封圻，忠臣名将，骈首空城；东西川之义夫贞女，膏脑涂地。青磷白骨，地惨天荒。"

亦作**"涂肝碎胆"**。唐代欧阳彬《哀帝降表》："然则尽节输诚，安足以赎

臣之罪；涂肝碎胆，不足以报君之恩。”

扼吭拊背

释义：吭：咽喉，古时亦写作“亢”“肮”。拊：拍击。扼住咽喉，拍击脊背。比喻控制要害，制敌死命。

出处：《史记·刘敬叔孙通列传》：刘敬曰：“夫与人斗，不搤其吭，拊其背，未能全其胜也。今陛下入关而都，案秦之故地，此亦搤天下之吭而拊其背也。”

语译：刘敬对汉高祖刘邦说：“与别人搏斗，不掐住他的咽喉，只是拍击他的脊背，是不能完全获胜的。如今陛下若能进入函谷关建都，控制秦国旧地，这也就是掐住了天下的咽喉而又击打它的后背啊。”

示例：南宋魏了翁《奏缴别人杰书施行复襄事宜》：“贼虏日夜谋据襄阳，为扼吭拊背之计。”

亦作“**扼喉抚背**”。隋代卢思道《为隋檄陈文》：“巨舰高舻，顺流东指。江都寿春之域，扼喉抚背之兵。”

亦作“**抚背扼喉**”。唐代卢照邻《穷鱼赋》：“于是长舌利嘴，曳纶垂钩。拖鬐挫鬣，抚背扼喉。动摇不可，腾跃无由。”

亦作“**拊背扼喉**”。《旧唐书·薛大鼎传》：“义旗初建，于龙门谒高祖，因说：‘请勿攻河东，从龙门直渡，据永丰仓，传檄远近，则足食足兵。既总天府，据百二之所，斯亦拊背扼喉之计。’”

积德累善

释义：积累功德与仁义。

出处：《史记·刘敬叔孙通列传》：“娄敬曰：‘陛下取天下与周室异。周之先自后稷，尧封之邰，积德累善十有余世。’”

语译：刘敬对汉高祖刘邦说：“陛下得天下与周朝不同，周朝的先祖自后稷算起，尧封后稷于邰，积累功德与仁义有十多代。”

注释：“积德累善”亦见于《史记·韩信卢绾列传》：“太史公曰：‘韩信、卢绾非素积德累善之世，徼一时权变，以诈力成功。’”

示例：清代左宗棠撰联：“要大门闾，积德累善；是好子弟，耕田读书。”（录自2014年岳麓书社出版的《左宗棠全集》）

亦作**“积德累仁”**。《后汉书·李固传》：文姬“默然独悲曰：‘李氏灭矣！自太公已来，积德累仁，何以遇此？’”

亦作**“积德累功”**。三国魏国高贵乡公《改元大赦诏》：“今群公卿士股肱之辅，四方征镇宣力之佐，皆积德累功，忠勤帝室。”

千金之裘，非一狐之腋

释义：价值千金的皮衣，绝非一只狐狸的腋皮所能做成。比喻积细微才能成广大。

出处：《史记·刘敬叔孙通列传》：“太史公曰：‘语曰：“千金之裘，非一狐之腋也；台榭之榱，非一木之枝也；三代之际，非一士之智也。”信哉！夫高祖起微细，定海内，谋计用兵，可谓尽之矣。然而刘敬脱輓辂一说，建万世之安，智岂可专邪！’”

语译：太史公说：“俗语讲：‘价值千金的皮裘，不是取用一只狐狸的腋皮；楼台亭榭的椽子，不是采伐一棵树上的枝条；夏商周三代的功业，不是依靠一个贤士的才智’。确实如此啊！汉高祖从低微的平民起事，平定了天下，谋划大计，用兵作战，可以说极尽能事了。然而刘敬摘下拉车的横木见皇帝一席话，便建立了万代安定的基础，才能智慧怎么能是少数人专有的呀！”

注释：西汉韩婴《韩诗外传》写道：“千羊之皮，不若一狐之腋。”《史记·商君列传》写道：“千羊之皮，不如一狐之掖。”掖，通“腋”。《史记·赵世家》写道："千羊之皮，不如一狐之腋。"

示例：北宋徐铉《舒州周将军庙碑铭》："凌云之构，非一木之材；千金之裘，非一狐之腋。"

亦作**"狐白之裘，非一狐之腋"**。唐代马总《意林》卷二引《慎子·内篇》："庙廊之材，非一木之枝；狐白之裘，非一狐之腋。"

亦作**"集腋成裘"**。清李宝嘉《官场现形记》第十一回"穷佐杂夤缘说差使　红州县倾轧斗心思"："果然一齐应允，也有二百的，也有一百的，也有五十的，居然集腋成裘，立刻到捐局里填了部照出来。"

亦作**"众毛攒裘"**。明代吴承恩《西游记》第六十九回"心主夜间修药物　君王筵上论妖邪"："常言道：'众毛攒裘。'"

亦作**"集腋为裘"**。清代蒲松龄《〈聊斋志异〉自序》："集腋为裘，妄续幽冥之录；浮白载笔，仅成孤愤之书。"

一士之智

释义：一个人的智慧。形容有限的才智。

出处：同上。

示例：清代贺长龄《重刻礼记精义汇钞序》："昔望溪方氏，尝析此经之可疑者，条举而件系之，慨然于古书之蕴，非一士之智、一代之学所能尽，然则龙川之编次而汇钞之也其容已乎？"

万世之安

释义：长久的安定稳固。

出处：同上。

注释：《史记·秦楚之际月表序》亦写道："秦既称帝，患兵革不休，以有诸侯也，于是无尺土之封，堕坏名城，销锋镝，锄豪桀，维万世之安。”

示例：南宋吕祖谦《晋论》：“君臣上下，自以为江东之业为万世之安，心满意足。”

强本弱末

释义：加强树干，削弱枝叶。比喻削减地方势力，加强中央权力。也比喻增强主体，确保基础。

出处：《史记·刘敬叔孙通列传》：“臣愿陛下徙齐诸田，楚昭、屈、景，燕、赵、韩、魏后，及豪桀名家居关中。无事，可以备胡；诸侯有变，亦足率以东伐。此强本弱末之术也。”

语译：我希望陛下把齐国的田氏各支，楚国的昭、屈、景三大宗族，燕、赵、韩、魏等国的王室后裔，以及豪强名门都迁移到关中居住。国内平安无事时，可以利用他们防备匈奴；若所封诸侯王有什么变故，也能率领他们东征讨伐。这是加强中央权力而削弱地方势力的方略啊。

亦作**“强干弱枝”**。东汉班固《西都赋》：“名都对郭，邑居相承。英俊之域，绂冕所兴，冠盖如云，七相五公，与乎州郡之豪杰，五都之货殖，三选七迁，充奉陵邑。盖以强干弱枝，隆上都而观万国也。”

亦作**“强本弱枝”**。《旧唐书·高季辅传》：“畿内数州，实惟邦本。地狭人稠，耕植不博，菽粟虽贱，储蓄未多，特宜优矜，令得休息，强本弱枝，自古常事。”

伏生之年

释义：指九十余岁。

出处：《史记·儒林列传》：“伏生者，济南人也。故为秦博士。孝文帝时，欲求能治《尚书》者，天下无有，乃闻伏生能治，欲召之。是时伏生年九十余，老，不能行，于是乃诏太常使掌故朝（通‘晁’）错往受之。秦时焚书，伏生壁藏之。其后兵大起，流亡，汉定，伏生求其书，亡数十篇，独得二十九篇，即以教于齐鲁之间。学者由是颇能言《尚书》，诸山东大师无不涉《尚书》以教矣。”

语译：伏生（名胜，字子贱），是济南郡人，曾为秦朝的博士。汉文帝刘恒想找到能通晓《尚书》的人，各地都没有，后来听说伏生可以讲授，想召他来。这时伏生已九十多岁，太老了，不能出行，于是诏令太常派遣掌故晁错前往学习。秦时焚书，伏生把《尚书》藏在墙壁里。后来战乱大起，伏生逃亡外地，待到汉朝平定天下，伏生找出藏书，丢失几十篇，只找到二十九篇，就用来在齐国鲁国一带教授。学者由此颇能讲解《尚书》，山东的经学大师没有不研习《尚书》来教授学生的。

注释：后世称伏生为“济南生”，如唐代李白《赠何七判官昌浩》：“羞作济南生，九十诵古文。”称伏生所传《尚书》为“济南书”，如金代贾益谦《赠答史院从事郑州上致政贾左丞相公》：“郑圃道尊何敢望，济南书在子当传。”

示例：唐代李隆基《赐王希夷致仕还山制》：“徐州处士王希夷，绝学弃智，抱一居贞，久谢嚣尘，独往林壑。属封峦展礼，侧席旌贤，贲然来思，克应嘉召。虽纡绮季之迹，已过伏生之年，宜命秩以尊儒，俾全高于尚齿。”

伏生之寿

释义：泛指高龄、高寿。

出处：同上。

示例：明代方孝孺《叶用宾赞》：“阅百年之变故，俨一代之仪刑，是盖齐乎秦伏生之寿，而庶几汉管宁之清者乎！”

爱屋及乌

释义：比喻爱一个人而连带关心与其有关的人或物。

出处：《尚书大传·大战》："太公曰：'臣闻之也，爱人者，兼其屋上之乌；不爱人者，及其胥余。'"

语译：姜太公说："臣听过这样的话，如果喜爱某个人，就兼及喜爱他屋顶上的乌鸦，如果不喜爱这个人，就连同他住处的角角落落也厌恶。"

注释：《尚书大传》，是对《尚书》的解释性著作，旧题汉伏胜撰，实为其弟子张生、欧阳生辑师遗说编成。

示例：清代吴趼人《二十年目睹之怪现状》第十四回"宦海茫茫穷官自缢 烽烟渺渺兵舰先沉"："这毕镜江就跟了来做个妾舅。子存宠上了小老婆，未免爱屋及乌，把他也看得同上客一般。"

亦作**"因乌及屋"**。当代郑荣来《思念最是除夕夜》："年年除夕夜，在深圳工作的几位外甥，总要给我挂电话，向我拜年，祝福平安。他们的工作和生活，自然也是我经常挂念着的。因乌及屋，我对深圳也就更加关注，我去的次数也更多些。"

亦作**"屋乌推爱"**。明代沈鲸《双珠记》第二出"二友推恩"："承二位尊兄屋乌推爱频周恤，沥胆披肝拟后图。"

无旧无新

释义：不分是旧交还是新交，都一视同仁。后也用作没有新旧之分，或不以新旧来评判。

出处：《尚书大传·大战》："周公趋而进曰：'臣闻之也，各安其宅，各田其田，毋故毋新，惟仁之亲，何如？'”

语译：周公向前说道："臣听过这样的话，让人们各自安居其宅，各自耕种其田，不分故交还是新识，只亲近仁义之人，大王认为如何？"

示例：明代易震吉《田家》："坏壁苔花凝厚碧，风光无旧无新。携尊闲过绿杨津。"

前歌后舞

释义：原指武王伐纣时士气旺盛，后用于称颂为正义而战的军队。也形容人心欢快，场面热烈。

出处：《尚书大传·大誓》："师乃慆，前歌后舞。"

语译：周武王到达军中，士兵们喜悦振奋，接受检阅，前面的队伍高唱战歌，后面的队伍载歌载舞。

注释：慆：喜悦。

示例：南宋辛弃疾《沁园春·再到期思卜筑》："解频教花鸟，前歌后舞；更催云水，暮送朝迎。"

山川阻深

释义：山岳江河险阻幽深。形容路途艰难，往来不易。

出处：西汉伏生《尚书大传·金縢》："道路悠远，山川阻深，音使不通，故重译而朝。"

注释：音使：信使，使者。重译：辗转翻译。朝：朝见。

示例：西汉司马相如《谕巴蜀檄》："道里辽远，山川阻深，不能自致。"

亦作"**关山阻深**"。明代邓云霄《祭姑母文》："薄宦远游，关山阻深。岁时伏腊，酹酒南天。"

亦作**“关山阻隔”**。元代郑德辉《㑳梅香骗翰林风月》第一折：“我仔细寻思来，不争他回家去呵，路途遥远，关山阻隔，这亲事几时得就？”

亦作**“关山间隔”**。当代徐开垒《艺术家迎春》：“哪怕千里之遥，关山间隔，即使天涯游子，一到过年，也无不兴起归家的思念。”

亦作**“河山阻限”**。东汉王粲《为刘荆州与袁尚书》：“河山阻限，狼虎当路，虽遣驿使，或至或否。”

亦作**“江山悠隔”**。《晋书·凉武昭王李玄盛传》：“江山悠隔，朝宗无阶，延首云极，翘企遐方。”

亦作**“山河阻绝”**。南北朝庾信《枯树赋》：“若乃山河阻绝，飘零离别；拔本垂泪，伤根沥血。”

比屋而封

释义：家家都有德行，堪受旌表封赏，比喻教化富有成效，遍及四海。后泛称风俗淳美。

出处：西汉伏生《尚书大传》卷五：“周人可比屋而封。”

语译：周朝的家家户户皆可受到封赏。

注释：比伏生略晚的西汉陆贾《新语·无为》亦言：“尧舜之民，可比屋而封；桀纣之民，可比屋而诛者，教化使然也。”

示例：《汉书·王莽传》：“莽乃上奏曰：‘明圣之世，国多贤人，故唐、虞之时，可比屋而封，至功成事就，则加赏焉。’”

亦作**“比屋可封”**。南宋朱熹《朱子语类》：“吾友且说尧舜三代之世无浮屠氏，乃比屋可封，天下太平。及其后有浮屠，而为恶者满天下。若为恶者必待死然后治之，则生人立君又焉用？”

祝咽祝哽

释义：古代帝王行尊老之礼，以示仁惠。后指敬老、养老之礼。

出处：西汉伏生《尚书大传·略说》："天子重乡养，卜筮巫医御于前，祝咽祝哽以食。"

语译：周文王尊重乡间老人，行使礼仪宴请，卜人、巫医在老人跟前照料，叮嘱提醒进餐时不要让食物堵塞喉咙。

示例：明代江盈科《与苏东皋姑丈》："幸姑丈桑榆之年，愈益神王苍苍，长养善人，当与先秦黄发共登寿域。不肖执爵奉杖，祝咽祝哽，尚有待也。"

亦作**"祝哽祝噎"**。清代康有为《大同书》："而慈孝之至则爱恋愈深，事亲则疾病抚摩，割股为药，爱日祈年，祝哽祝噎，强健则窃喜，衰羸则私忧。"

黍油麦秀

释义：以之为亡国之痛的感叹。后多用以表示哀伤怀念亡国，感叹时移世易。

出处：西汉伏生《尚书大传·微子》："微子将朝周，过殷之墟，见麦秀之蔪蔪，曰：此父母之国。……为《麦秀》之歌，歌曰：'麦秀渐渐兮，禾黍油油。彼狡童兮，不我好仇！'"

语译：微子去朝见周武王，路过殷商故都宫室废墟，见麦子正在吐穗扬花，感叹道："这曾经是我的父母之国。……于是作《麦秀》之歌，唱道：'麦子吐穗麦芒尖，谷子黍子绿油油。那个浮华少年（指其弟殷纣王），不是我的好同伴！'"

注释：西汉司马迁《史记·宋微子世家》亦写道："于是武王乃封箕子于

朝鲜而不臣也。其后箕子朝周，过故殷墟，感宫室毁坏，生禾黍，箕子伤之，欲哭则不可，欲泣为其近妇人，乃作《麦秀》之诗，以歌咏之。其诗曰：'麦秀渐渐兮，禾黍油油。彼狡童兮。不与我好兮！'所谓狡童者，纣也。殷民闻之，皆为流涕。"

示例：清代叶德辉《书林清话·明毛晋汲古阁刻书之五》："观当时集事之为难，知乱世藏山之不易。黍油麦秀，感慨系之，盖距明亡已十有三年矣。"

亦作**"麦秀黍油"**。清代陈玉澍《〈盐城县志·逸民传〉书后》："当麦秀黍油，河山变易，慷慨自裁者，为李干才，为乐大章。"

亦作**"黍离麦秀"**。北宋张礼《游城南记》："倚塔，下瞰曲江宫殿，乐游燕喜之地，皆为野苹，不觉有黍离麦秀之感。"

别风淮雨

释义：用讹字以求新异。后比喻错字连篇，以讹传讹，也比喻事情上的差错。

出处：南朝梁代刘勰《文心雕龙·练字》："《尚书大传》有'别风淮雨'，《帝王丗纪》云'列风淫雨'。'别''列''淮''淫'，字似潜移。'淫''列'义当而不奇，'淮''别'理乖而新异。傅毅制诔，已用'淮雨'，元长作序，亦用'别风'，固知爱奇之心，古今一也。"

语译：《尚书大传》有"别风淮雨"之语，西晋皇甫谧写的《帝王世纪》则作"列风淫雨"。"别""淮"应原是"列""淫"，后因字形相近而被弄错了。"淫""列"字义恰当而不奇特，"淮""别"违背道理却很新异。东汉文学家傅毅写的《北海靖王兴诔》已用"淮雨"，南朝齐代王融写的序文亦用"别风"，实可知爱奇求异之心，古今相同。

示例：清代赵起杲《青本刻〈聊斋志异〉例言》："是书传抄既屡，别风淮雨，触处都有，今悉加校正。"

聱牙诘曲

释义：聱牙：不顺口。诘曲：曲折。指文章读起来不顺口。

出处：清代郑相如《汉林四传·开明君传》："文帝立，有荐伏生工《尚书》者，上诏中大夫晁错至其家，从七岁好口授书文，聱牙诘曲。"

语译：汉文帝登基，有人推荐伏生懂得《尚书》。文帝命令中大夫晁错到伏生家求教。伏生从七岁就喜欢口授《尚书》，但是文字艰涩，很不顺畅。

示例：清代钱谦益《题归太仆文集》："而又曰：'熙甫志墓文绝佳，惜铭词不古。'推公之意，其必以聱牙诘曲、不识字句者为古耶？"

亦作**"诘屈聱牙"**。唐代韩愈《进学解》："周诰殷盘，佶屈聱牙。"

亦作**"聱牙诘屈"**。当代浦江清《中国文学史讲义·明代中期文学》："前七子的毛病他们都有，如汪道昆说他们：'于古为徒，其书非先秦两汉不读，其言非古昔先王不称。'他们的散文摹仿先秦文体，聱牙诘屈，不能终篇。"

如狼牧羊

释义：如同狼放养羊一样。比喻酷吏欺压百姓。

出处：《史记·酷吏列传》："宁成家居，上欲以为郡守。御史大夫弘曰：'臣居山东为小吏时，宁成为济南都尉，其治如狼牧羊。成不可使治民。'上乃拜成为关都尉。"

语译：宁成在家闲居，汉武帝想让他担任郡守。御史大夫公孙弘说："我在山东当小官时，宁成任济南都尉（辅佐郡守并掌管全郡军事），他理政就像狼放羊一样。不能让宁成治理百姓。"汉武帝就任命宁成为函谷关都尉。

示例：明代魏校《庄渠李氏统宗谱·八世》：周洧狠而贪，"有司举洧为粮长，其贪如狼牧羊也”。

终军弃繻

释义：谓年少有远大志向。

出处：《汉书·终军传》：“初，军从济南当诣博士。步入关，关吏予军。军问：‘以此何为？’吏曰：‘为复传，还当以合符。’军曰：‘大丈夫西游，终不复传还。’弃繻而去。军为谒者，使行郡国，建节东出关，关吏识之，曰：‘此使者乃前弃繻生也。’”

语译：当初，终军从家乡济南前往都城长安拜见博士，步行入函谷关，守关的官吏发给他繻（帛上写字，裂为两半，过关验合），终军问：“这个做什么用？”关吏说：“这是你下次回来时出关的凭证，一繻你我各持一半，到时必须相合才行。”终军说：“大丈夫西游入关，就不打算再这样出关。”扔繻便走。后来终军担任谒者，离京巡视各郡国，持节杖东出函谷关，关吏认出了他，说：“这位使者就是先前弃繻的那位书生啊。”

注释：终军，字子云，西汉济南郡人，著名政治家、外交家。今济南市历城区仲宫街道，古称“终宫”“终翁聚”，相传是终军故里。终军少年好学，18 岁被选为博士弟子，西入京师长安，受到汉武帝赏识。元鼎四年（前 113），终军出使南越国，说服南越王从属汉朝，随后留驻镇抚。南越丞相吕嘉反对归附汉朝，翌年兴兵叛乱，终军遇害。终军死时年仅二十多岁，所以世人称他为“终童”。

示例：唐代杜甫《七月一日题终明府水楼二首》之一：“虑子弹琴邑宰日，终军弃繻英妙时。”

亦作**“终军意气”**。唐代黄滔《段先辈第二启》：“况乎来则无终军意气，动则有杨朱歧路。”

呼吸成变

释义：一呼一吸的顷刻之间即发生变化。

出处：《汉书·终军传》："军诘偃曰：'古者诸侯国异俗分，百里不通，时有聘会之事，安危之势，呼吸成变，故有不受辞造命颛己之宜；今天下为一，万里同风，故《春秋》"王者无外"。偃巡封域之中，称以出疆，何也？'"

语译：终军责问徐偃："古时候各诸侯国，国情民情不同，相距百里便难以交流，因此时常有访问会盟的事。国家的安危，一呼一吸之间就可能出现变化，所以可以有不请受君王旨意，把控命运，相机专断的行为；现在天下统一，到处政教相同。正如《春秋》所说的'天子统御，概莫能外'，你巡视于国家疆域之中，却说是出境，这是为什么？"

注释：颛，同"专"。

示例：西晋司马炎《答杜预征吴节度诏》："兵凶战危，呼吸成变，可不慎耶？"

万里同风

释义：指天下一统，政教相同。

出处：同上。

示例：《晋书·华谭传》："谭至洛阳，武帝亲策之曰：'今四海一统，万里同风，天下有道，莫斯之盛。'"

亦作 **"万国同风"**。三国魏国嵇康《声无哀乐论》："故凯乐之情，见于金石；含弘广大，显于音声也。若以往，则万国同风，芳荣齐茂，馥如秋兰，不期而信，不谋而诚，穆然相爱。犹舒锦布彩，粲炳可观也。"

终军请缨

释义：比喻自告奋勇，担当重任，建功报国。

出处：《汉书·终军传》："南越与汉和亲，乃遣军使南越，说其王，欲令入朝，比内诸侯。军自请：'愿受长缨，必羁南越王而致之阙下。'军遂往说越王。越王听许，请举国内属。"

语译：南越国（位于今广东、广西及越南北部）与汉朝和亲，汉武帝派遣终军出使南越，去说服南越王，要让他前来朝拜，比同内地的诸侯。终军主动请求："希望得到一根长绳，一定绑缚南越王而带回朝廷。"终军随即前往劝说越王。越王听允，同意举国臣服汉朝。

示例：唐代卢谏卿《何公墓志铭》："天下之人谓公为堂堂男子，落落丈夫矣。唯公武艺绝伦，妙略神假，制敌而墨子萦带，临难而终军请缨。"

请缨报国

释义：比喻主动请求为国家效力。

出处：同上。

示例：现代孙延钊《明季温州抗清事纂·忠烈汇传·林给事梦龙》："甲申春，神京陷，南服兴，闽浙继起。梦龙请缨报国，至绍兴联络鲁藩以图兴复。"

愿受长缨

释义：比喻愿为国家效力。

出处：同上。

示例：北宋苏轼《赐朝议大夫试户部尚书李常乞除沿边一州不允诏》："虽愿受长缨而往者，卿之本怀；然自以尺棰而鞭之，吾有余力。"

长缨入手

释义：比喻掌握克敌制胜的力量。

出处：同上。

示例：南宋刘克庄《贺新郎·实之三和有忧边之语，走笔答之》："国脉微如缕。问长缨何时入手，缚将戎主？"

当代刘逸生《归乡闲居》："最忆终军辞汉主，长缨入手缚西州。"

亦作**"长缨在手"**。毛泽东《清平乐·六盘山》："今日长缨在手，何时缚住苍龙？"

系越长缨

释义：比喻克敌制胜的方略和力量。

出处：同上。

示例：唐代独孤及《贾员外处见中书贾舍人巴陵诗集，览之怀旧，代书寄赠》："系越有长缨，封关只一丸。"

长缨系越

释义：比喻克敌制胜。

出处：同上。

示例：元代白朴《西江月·李元让赴广东帅幕》："长缨系越在须臾，看扫蛮烟瘴雨。"

投笔请缨

释义：指弃文就武，请战擒敌。

出处：同上。《后汉书·班超传》："家贫，常为官佣书以供养。久劳苦，尝辍业投笔叹曰：'大丈夫无他志略，犹当效傅介子、张骞立功异域，以取封侯，安能久事笔砚间乎？'"

语译：班超家里贫穷，经常受雇为官家抄书来养家糊口。时间长了劳苦不堪。他曾经停下抄书，将笔扔到一边，慨叹说："身为大丈夫，纵然没有志向谋略，也应当效仿傅介子和张骞去国外建功立业，以封侯晋爵，怎么能够长久地与笔砚打交道呢？"

示例：现代郭沫若《归国杂吟》："又当投笔请缨时，别妇抛雏断藕丝。"

无路请缨

释义：比喻没有立功报国的机遇。

出处：唐代王勃《滕王阁序》："勃，三尺微命，一介书生。无路请缨，等终军之弱冠；有怀投笔，慕宗悫之长风。”

语译：我是身份低微的一个书生。请缨报国无路，虽然如今同于终军出使时 20 岁的年龄；投笔从戎有心，仰慕宗悫所言“乘长风破万里浪”的志向。

示例：当代吴自强《说刘园》：“我和我的同龄人，有怀投笔，无路请缨，都感心情沉重。”

干名采誉

释义：干：求。用不正当的手段谋取名誉。

出处：《汉书·终军传》：“偃已前三奏，无诏，不惟所为不许，而直矫作威福，以从民望，干名采誉，此明圣所必加诛也。”

语译：终军责问徐偃：“你之前三次奏请胶东、鲁国经营盐铁，都没有得到皇帝的诏令，却不顾未被允许，而径直假托皇帝的命令作威作福，迎合民众中的私愿，博取个人的名声，这是圣明君王必定加以严惩的。”

示例：现代马其昶《奉吴至父先生书》：“盖尝念自古魁儒大师，奋出一时，干名采誉之士，争自刮磨求亲媚，以惊动时人耳目，所在皆能也。”

亦作“**沽名干誉**”。明代无名氏《鸣凤记》第十四出“写本”：“今日之本，我非侥幸不死，沽名干誉，多将颈血溅地，感悟君心。倘能剪除逆贼，得与夏、曾二公报仇，我杨继盛就丧九泉，亦瞑目矣！”

亦作“**沽名钓誉**”。金代张建《高陵县张公去思碑》：“非若沽名钓誉之徒，内有所不足，急于人闻，而专苛察督责，以祈当世之知。”

亦作“**钓名沽誉**”。清代曹雪芹《红楼梦》第三十六回“绣鸳鸯梦兆绛芸轩　识分定情悟梨香院”：“好好的一个清净洁白女子，也学的钓名沽誉，入了国贼禄鬼之流。”

亦作“**沽名邀誉**”。北宋田况《儒林公议》：“至于微小之事，耳目不接，则不敢喋喋，上烦圣听，以沽名邀誉也。”

亦作“**市名邀誉**”。当代易先德解说《李叔同说人》：“在李叔同的身上，市名邀誉的做法是看不到的，而他一直比较严格要求自己，就算批评人，也是温而厉的——从不说重话，但接触他的人没有不敬畏他的，因为他是一位注重人格感化的教育家。”

亦作**“弋名钓誉”**。清代沈起凤《谐铎·名妓沽名》：“今世之翩翩然号称名士者，定有一篇假议论，弋名钓誉，不意名妓亦然。”

亦作**“徇名求誉”**。见后“徇名求誉”条。

横草之功

释义：横草：踩踏野草，使之横倒。指微不足道的功劳。

出处：《汉书·终军传》：“当发使匈奴，军自请曰：‘军无横草之功，得列宿卫，食禄五年。边境时有风尘之警，臣宜被坚执锐，当矢石，启前行。驽下不习金革之事，今闻将遣匈奴使者，臣愿尽精厉气，奉佐明使，画吉凶于单于之前。’”

语译：当朝廷准备委派使者前往匈奴时，终军主动请求道：“我没有踩倒小草般的微薄的功劳，却担任宫中侍卫之臣，吃了五年俸禄。边境时有战争警报，我应该身披坚硬的铠甲，手执锐利的武器，冒着疾箭飞石，冲锋在前。我才能低下，不懂军事，如今听说要派遣赴匈奴的使者，我愿意竭尽全力，鼓足斗志，辅佐明白的使者，在单于面前摆明与汉朝关系中的是非利害。”

示例：唐代张说《为河内郡王武懿宗平冀州贼契丹等露布》：“叔向有言，实在明君之德。臣凭藉睿略，忝当戎政。神机密运，不待横草之功；天赞冥符，恭承破竹之势。”

亦作**“横草之劳”**。北宋司马光《郭昭选札子》：“无横草之劳，而数月之间恩命相继，是无功受赏也。”

亦作**“功微横草”**。唐代张说《为薛稷让官表》：“臣才乏济川，功微横草。”

风尘之警

释义：指战争或兵乱的警报和惊扰。

出处：同上。

示例：明代沈德符《万历野获编·河漕·徐州》："但州守权轻，属城不尽奉约束，仅一宪臣居城中。称兵使者，而一参戎同事，所部兵止数百人，脱有风尘之警，立见瓦裂。"

亦作**"风尘之惊"**。清代王闿运《振威将军张君墓志铭》："时东夷有风尘之惊，廷臣喧嚣，仓黄促战。"

一方之任

释义：负一方面责任的职务。

出处：《汉书·终军传》："臣年少材下，孤于外官，不足以亢一方之任，窃不胜愤懑。"

语译：我年轻才能低下，与皇宫之外百官没有交往，不足以承担独当一面的责任，心中有难以承受的郁闷。

示例：当代何根祥《〈论语〉通读》："在孔子眼中，要出仕为官，必须具备仁爱之心和宽容待人等美德。他认为，学生冉雍基本上具备了这些素质，所以他相信冉雍可以出仕任官，当一方之任。"

白鱼登舟

释义：为殷亡周兴之兆。比喻用兵必胜的征兆，或好兆头。

出处：《汉书·终军传》：终军说："盖六鹢退飞，逆也；白鱼登舟，顺也"。

语译：六只鹢鸟退着飞行，凶逆之兆；白鱼跃入船中，吉顺之兆。

注释：《史记·周本纪》记载：周武王九年（前 1048），周武王渡黄河，船到中流，有白鱼跃入武王的船中，武王俯身取来祭天。渡河后，没有约定而会于盟津的诸侯有八百个，都说："可以讨伐纣了。"

示例：东晋常璩《华阳国志·李特雄期寿势志》："陛下天性忠笃，受遗建节，志齐周、霍，诚贯神明；而志绪违理，颠覆顾命，管、蔡既兴，逸谀滋蔓。大义灭亲，拨乱济危，上指星辰，昭告天地，歃血盟众，举国称藩，天应人悦，白鱼登舟，霆震助威，烈风顺义，神诚允畅，日月光明。"

亦作**"白鱼入舟"**。《三国志·魏书·杨阜传》："昔文王有赤乌之符，而犹日昃不暇食；武王白鱼入舟，君臣变色而动。"

终贾之年

释义：指男子十八岁。

出处：南宋刘克庄《后村先生大全集》卷一百二十四《戊辰生日回蒲领卫启》："诸公服其终贾之年，一日出于樊孟之上。"

语译：诸多先生佩服他在终军、贾谊的年纪，忽然有一天，文辞像刘叉超越卢仝、孟郊一样，令樊宗师读后，特行敬礼。

注释：《后汉书·胡广传》："终贾扬声，亦在弱冠。"唐代李贤作注："终军年十八，为博士弟子，自请愿以长缨，必羁南越王而致之阙下。上奇其对，擢

为谏大夫,往说越。越听命,天子大悦。贾谊年十八,以诵《诗》属文称于郡中,文帝召为博士。”终军、贾谊皆西汉著名人物。后人据李贤之言,以“终贾之年”指男子十八岁。《新唐书·韩愈传》附《刘叉传》记载:“刘叉者,亦一节士。少放肆为侠行,因酒杀人亡命。会赦,出,更折节读书,能为歌诗。然恃故时所负,不能挽仰贵人,常穿屐、破衣。闻愈接天下士,步归之,作《冰柱》《雪车》二诗,出卢仝、孟郊右。樊宗师见,为独拜。”

示例:清代杜臻《哀词》:“余忝旧谊,且惜君以终贾之年而早赴玉楼之召也,爰作长言以哀之。”

亦作**“终贾之岁”**。清代丁宏诲《〈衍波词〉序》:“时贻上未及终贾之岁,琼枝玉树,映带千人。”

亦作**“终贾年华”**。现代沈昌直《与凌莘子书》:“抑以足下终贾年华,前程远大,发为文词,正当英多磊落,气象万千。”

山东英妙

释义:原指终军,后泛指年少而才华出众的人。

出处:西晋潘岳《西征赋》:“终童山东之英妙,贾生洛阳之才子。”

语译:终军是山东的少年英俊,贾谊是洛阳的才子。

示例:隋代薛道衡《豫章行》:“江南远地接闽瓯,山东英妙屡经游。”

威震郡国

释义:威名震动全国各地。

出处:《汉书·王䜣传》:“王䜣,济南人也。以郡县吏积功,稍迁为被阳令。武帝末,军旅数发,郡国盗贼群起,绣衣御史暴胜之使持斧逐捕盗贼,以军兴从事,诛二千石以下。胜之过被阳,欲斩䜣,䜣已解衣伏质,仰言曰:‘使君颛杀生之柄，威震郡国。今复斩一䜣，不足以增威，不如时有所宽，以明恩贷，令尽死力。'"

语译： 王䜣是济南人，由郡县小吏积累功劳，逐渐升为被阳县令。汉武帝末年，军队经常出征，各地盗贼群起，绣衣御史暴胜之奉命持斧追捕盗贼，并依照战时制度来考察地方官，握有诛杀二千石以下官吏的大权。暴胜之巡察到被阳，要腰斩王䜣。王䜣已被脱衣按伏在垫座之上，仰头对暴胜之说："您专擅生杀予夺之权，威震各郡国，但今天再斩我王䜣一人，并不足以增加您的权威，不如酌情有所宽恕，以示您的恩德气量，让我拼死为您效力。"

注释： 暴胜之出使回京，推荐王䜣，王䜣被征召为右辅都尉，镇守右扶风。汉昭帝时任御史大夫、丞相，封宜春侯。谥号"敬侯"。

示例： 当代王树林主编《中国文化世家·中州卷·上蔡翟方进世家》："翟义认为自己父子两代都深受汉朝重恩，于是决心为国讨贼。他联结东郡都尉刘宇、严乡侯刘信等起兵反抗王莽，立刘信为帝，自称大司马柱天大将军，部众达十余万人，一时声势浩大，威震郡国。"

亦作 **"威震天下"**。《史记·淮阴侯列传》："名闻海内，威震天下，农夫莫不辍耕释耒，褕衣甘食，倾耳以待命者。"

亦作 **"威动海内"**。《汉书·高帝纪第一下》："诸侯王皆曰：'大王起于细微，灭乱秦，威动海内。'"

亦作 **"威震六合"**。唐代韦应物《骊山行》："缵承鸿业圣明君，威震六合驱妖氛。"

落落难合

释义： 指事情不切实际，难以实现。后也形容为品行、学问孤高，与人寡合。

出处：《后汉书·耿弇传》："后数日，车驾至临淄，自劳军，群臣大会。帝谓弇曰：'昔韩信破历下以开基，今将军攻祝阿以发迹，此皆齐之西界，功足相方。而韩信袭击已降，将军独拔勍敌，其功乃难于信也。又田横烹郦生，及田横降，高帝诏卫尉不听为仇。张步前亦杀伏隆，若步来归命，吾当诏大司徒释其怨，又事尤相类也。将军前在南阳建此大策，常以为落落难合，有志者事竟成也！'”

语译：几天后，汉光武帝刘秀来到临淄，亲自慰劳军队，群臣齐聚。刘秀对耿弇说：“过去韩信攻克历下，开创了建功立业的基础，如今将军攻克祝阿，立勋扬名，两地皆在齐国西部边界，两功足以相提并论，然而韩信袭击的是已经降服的对手，将军却是独胜强敌，所立功劳难于韩信。再是，田横烹杀了郦食其，待田横投降时，高帝下诏给郦食其的弟弟卫尉郦商，不得报复。张步以前也杀了伏隆，如果张步归顺，我也要诏告伏隆的父亲大司徒伏湛，放下仇怨，这两件事更加类似。将军之前在南阳时，就进呈平定张步大计，我曾经以为太过高远，难以实施，如今看来，真是有志者事竟成啊！”

注释：东汉建武五年（29）光武帝刘秀诏令建威大将军耿弇，讨伐占据齐地十二郡的豪强张步。张步得到消息，就派大将军费邑屯兵历下，又分兵驻扎祝阿。耿弇渡过黄河先攻打祝阿，自太阳初升开始攻城，未到中午就攻克。费邑分派其弟费敢据守巨里，耿弇进兵先威胁巨里，砍伐许多树木，扬言用以填塞护城壕堑。几天后，便有前来投降的人说，费邑闻知耿弇要攻取巨里，计划前来援救。于是耿弇严令军中赶快修造攻城器具，传令各部三日后要全力攻城。又悄悄地放松对俘虏看守，故意让他们逃回。逃回的俘虏把耿弇攻城日期报告费邑。费邑到那一天果然亲率三万多精兵来援救。耿弇大喜，对一众将领说：“我之所以修造攻城器具，就是要诱骗费邑救援。今天他来，正如我愿。”耿弇随即分出三千兵士围守巨里，亲自带领精锐部队登上山冈，居高临下与敌军交战，势如破竹，阵上斩杀了费邑。接着将费邑头颅向城中示众，城里顿时惊扰恐惧。费敢及部下全都逃归张步。耿弇收缴费敢积聚的财物，发兵进击其余敌军驻扎之地，荡平四十余处营垒，平定了济南郡。耿弇继续东进，与张步在临淄进行了连日血战。把张步打得大败。历下：历下邑，位于今济南老城区一带。

示例：清代纪昀《阅微草堂笔记》卷九《如是我闻三·清高鬼》：“我本书生，不幸葬丛冢间，不能与马医夏畦伍，此辈亦厌我非其族，落落难合故，宁避嚣于此耳。”

亦作**“落落寡合”**。清代石玉昆《七侠五义》第六十九回“杜雍课读侍妾调奸 秦昌赔罪丫鬟丧命”:“原来此人姓杜名雍，是个饱学儒流，一生性气刚直，又是个落落寡合之人。”

亦作**“落落不合”**。清代永瑢《四库全书总目提要·〈汉滨集〉十六卷》:“之望当秦桧柄国时，落落不合，人咸称其有守。”

亦作**“寥寥寡合”**。当代李景贤《子真先生的博大气象》:“我也觉得先生是另一世界中人。他的思想和他的性格，与世寥寥寡合。”

亦作**“碌碌寡合”**。清代林则徐《札各学教官严查生员有无吸烟造册互保》:“除积惯兴贩，确有实据，或有瘾未断，照例治罪外，其系良善，只因碌碌寡合，以致结保无人，则由县另列一册存案，不必再行取结。”

亦作**“落落寡交”**。当代柯灵《促膝闲话钟书君——为〈联合文学·钱钟书专辑〉作》:“例如已故戏剧家陈西禾，落落寡交，钱氏却对他时有存问，西禾在沪病危，他闻讯远道代为延医求诊，关念备至。”

有志者事竟成

释义：有志气的人，做事终究会成功。

出处：同上。

示例：元代无名氏《冻苏秦衣锦还乡》第一折：“终有日时运亨通，封侯拜相，扬名六国，垂誉千秋。此乃有志者事竟成，大丈夫之所为也。”

甑尘釜鱼

释义：形容生活穷困，断炊已久。也比喻官吏清廉自守。

出处：《后汉书·独行传·范冉》:“桓帝时，以冉为莱芜长，遭母忧，不到官。后辟太尉府，以狷急不能从俗，常佩韦于朝。议者欲以为侍御史，因遁身逃命于梁沛之间，徒行敝服，卖卜于市。遭党人禁锢，遂推鹿车，载妻子，捃拾自资，或寓息客庐，或依宿树荫。如此十余年，乃结草室而居焉。所止单陋，有时粮粒尽，穷居自若，言貌无改，闾里歌之曰：'甑中生尘范史云，釜中生鱼范莱芜。'"

语译：范冉（字史云），汉桓帝时被任为莱芜县令，因母亲去世必须守丧未赴任，后来到太尉府任职。他自知性情急躁，不能依从习俗，入朝堂时便常佩戴熟皮（其性柔韧）以自警自缓。有人提议让他当侍御史，于是他悄悄地跑到梁国、沛国一带，徒步奔走，衣裳破旧，在街市占卜谋生。其时许多士大夫、太学生反对宦官当权，被汉桓帝列为党人下令禁锢，不得为官，范冉受此牵连。他推着鹿车（一种小车），载着妻子儿女，靠拾取田间遗落的麦穗过活，有时住客店，有时就在树下过夜，这样过了十多年，才盖了草屋安顿下来。住所很是简陋，有时连粮食也断顿了，但是生活再窘困范冉仍然一如既往，言语表情没有改变。民间传唱歌谣赞道："甑里积满了灰尘的是范史云，锅里能养鱼的是范莱芜。"

注释：汉代莱芜县故城在今淄博市淄川区境内，金代县治向西南迁至今济南市莱芜区境内。甑，古代蒸饭的一种瓦器。"釜中生鱼"亦解释作"锅里生了蠹鱼"。

示例：当代梁实秋《还乡》："假使杜公还乡之愿得遂，顺利到达洛阳，大兵之后举目蒿莱，井畔生葵，甑尘釜鱼，不知当有何感想？"

亦作**"釜中生鱼"**。当代刘佳《话说金文》："尽管他自己要靠变卖动产维持生活，家人窃笑他不顾'釜中生鱼'只想印书，还是千方百计筹款刊行出版。"

亦作**"釜鱼甑尘"**。清代黄宗羲《子刘子行状》："一旦以辎重被讦于监司，夫以巡方而黩货，又何问下吏之操守？釜鱼甑尘之风，空谷于天下矣。"

亦作**"鱼釜尘甑"**。清代陈烺《梅喜缘·情诉》："甘守着裙布钗荆，甘受尽鱼釜尘甑，不惭愧牛衣对影，也唯愿鹿车挽并。"

亦作**"鱼生空釜"**。南宋陆游《独立》："羊踏寒蔬新少梦，鱼生空釜久谙穷。"

亦作**"釜欲生鱼"**。金代元好问《寄西溪相禅师》:"门堪罗雀仍未害，釜欲生鱼当奈何。"

亦作**"釜中生尘"**。明代王世贞《艺苑卮言》卷八:"王章病无被,卧牛衣中。王充游市肆，阅所卖书。范史云釜中生尘。"

含笑入地

释义：比喻欣慰无憾地死去。

出处:《后汉书·韩韶传》:"乃以韶为嬴长。贼闻其贤，相戒不入嬴境。余县多被寇盗，废耕桑，其流入县界求索衣粮者甚众。韶愍其饥困，乃开仓赈之，所禀赡万余户。主者争谓不可。韶曰:'长活沟壑之人，而以此伏罪，含笑入地矣。'太守素知韶名德，竟无所坐。以病卒官。"

语译:韩韶被任为嬴县(故城在今济南市莱芜区羊里街道城子县村)县长。贼寇听说他的贤能，互相告诫不进入嬴县境内。其他各县多被贼寇侵扰，百姓的日常耕织劳作无法维持，很多人流亡到嬴县乞讨衣食。韩韶可怜流民的饥饿困顿，下令开仓赈济，领到公粮的有一万多户。主管粮仓的官吏争相劝告他不能这样做。韩韶说:"能够救活即将填埋到沟壑中的这些人，即使因此获罪，我也会含笑去死的。"泰山郡太守向来知道韩韶的名声与德行，竟然没有惩罚他。韩韶病逝在任上。

示例:《旧唐书·温大雅传》:"大雅将改葬其祖父，筮者曰:'葬于此地，害兄而福弟。'大雅曰:'若得家弟永康，我将含笑入地。'"

亦作**"含笑九泉"**。清代李汝珍《镜花缘》第三回"徐英公传檄起义兵　骆主簿修书寄良友":"我儿前去，得能替我出半臂之劳，我亦含笑九泉。"

亦作**"含笑黄泉"**。当代夏志清《亡兄济安杂忆》:"济安抗战时就在试写英文长篇，后来因为种种原因，此志未酬。他若知道两位入室弟子有志继续他未完成的工作，他一定可以含笑黄泉。"

号哭涕泗

释义：号啕大哭，眼泪和鼻涕横流。

出处：西汉扬雄《元后诔》："新室文母太后崩，天下哀痛，号哭涕泗，思慕功德，咸上柩。"

语译：汉元帝皇后王政君（王莽封其为"新室文母太皇太后"）逝世，天下人哀痛不已，号啕大哭，涕泪交流，怀念她的功业与德行，都去护送灵柩。

注释：王政君（前 71—13），祖籍济南郡平陵县（故城位于今济南市章丘区龙山街道），其祖父王贺因与乡人终氏结怨，迁至魏郡元城县（今河北省大名县）。王政君是汉元帝刘奭的皇后、汉成帝刘骜的生母。汉哀帝刘欣继位，尊为太皇太后。

示例：当代乔力、李少群主编《山东文学通史（上卷）》："诗只是依次平平叙来，并不务深曲委婉，也无号哭涕泗的激烈迸发语，然因贯注了患难与之的终生友谊，故看似静水无波，其实那深层饱蕴着极诚挚悲痛的感情，味来全由血泪铸就。"

狗猪不食其余

释义：狗猪都不吃他剩下的东西。形容人品行极其卑鄙龌龊。

出处：《汉书・元后传》："舜既见，太后知其为莽求玺，怒骂之曰：'而属父子宗族蒙汉家力，富贵累世，既无以报，受人孤寄，乘便利时，夺取其国，不复顾恩义。人如此者，狗猪不食其余，天下岂有而兄弟邪。'"

语译：王莽堂弟、安阳侯王舜见到太皇太后王政君，太后知道他是来为王莽索求御玺的，大怒骂道："你们父子家族依靠汉朝的力量世代富贵，不但不报答，反而趁着接受别人托付幼子的方便机会，夺取他的国家，不再顾念恩情大义。这样做人，连狗猪都不吃你们吃剩的东西，天下怎么会有你们这样的兄弟！”

注释：王莽（前 45—23），王政君之侄。汉哀帝去世后，汉平帝即位，王政君以太皇太后身份临朝称制，时王莽任大司马，操持国政。汉平帝死后，立刘婴（史称“孺子婴”）为太子，王莽以摄政名义据天子之位，群臣百姓称为“摄皇帝”。公元 9 年，王莽废孺子婴，篡位称帝，改国号为“新”，建年号为“始建国”，进行托古改制，下令变法。公元 23 年，绿林军攻入长安，王莽被杀。

示例：清代李修行《梦中缘》第九章“水小姐还愿祈母寿　王老妪索诗探才情”：“吴瑞生道：‘学生之心可以对天地，可以质鬼神，倘得小姐为妻而不如今日者，即狗猪不食其余。’”

亦作**“狗彘不食其余”**。南宋王明清《玉照新志》卷五：“士大夫为官爵所钓，用心至是，可谓狗彘不食其余矣。”

亦作**“狗彘不食汝余”**。《明史·李任传》：“汝为大将，不能杀贼，反为贼用，狗彘不食汝余。”

兴兵动众

释义：旧指大规模出兵。现多指为做某件事动用很多人。

出处：《汉书·王莽传上》载张竦《为刘嘉作奏称莽功德》：“而安众侯崇乃独怀悖惑之心，操畔逆之虑，兴兵动众，欲危宗庙，恶不忍闻，罪不容诛，诚臣子之仇，宗室之仇，国家之贼，天下之害也。”

语译：然而安众侯刘崇却独自怀着谬乱的心思，进行叛逆的谋划，纠集兵力，企图危害朝廷。他的丑恶行径使人难以听闻，其罪行即使处死刑也抵偿不了。确实是臣子的仇人，皇族的敌人，国家的蟊贼，天下的祸害。

示例：五代梁末帝朱友贞《给复宋亳等三十二州制》：“然则去害除妖，

兴兵动众，杀黑龙而济中土，刑白马而誓诸侯，终能永逸暂劳，以至同文共轨。”

亦作**“兴师动众”**。《吴子·励士》：“武侯问曰：‘严刑明赏，足以胜乎？’起对曰：‘严明之事，臣不能悉。虽然，非所恃也。夫发号布令，而人乐闻；兴师动众，而人乐战；交兵接刃，而人乐死。此三者，人主之所恃也。’”

亦作**“兴戎动众”**。唐代陆贽《马燧浑瑊副元帅招讨河中制》：“若犹不悛，乃用致讨。兴戎动众，何得已哉？”

亦作**“劳师动众”**。明代吴承恩《西游记》第四十三回“黑河妖孽擒僧去　西洋龙子捉鼍回”：“兄长既来赴席，如何又劳师动众，不入水府，扎营在此，又掼甲提兵，何也？”

亦作**“起师动众”**。《晋书·吕纂传》：“夫起师动众，必参之天人，苟非其时，圣贤所不为。”

亦作**“兴役动众”**。当代叶曙明著、汪泉改编《广州传（简明版）》：“广州开天辟地头一回建城墙，从规划位置，丈量地皮，到鸠工庀材，兴役动众，一筐土、一筐砂，把城墙垒起来了。”

亦作**“行军动众”**。《三国志·魏书·王朗传》：“今权之师未动，则助吴之军无为先征。且雨水方盛，非行军动众之时。”

罪不容诛

释义：罪大恶极，处死犹不足抵偿。

出处：同上。

示例：元代秦简夫《东堂老》第三折：“这厮有那一千桩儿情难容处，这厮若论着五刑发落，可便罪不容诛。”

亦作**“罪不容死”**。清代云中道人《钟馗平鬼传》第一回“万人县群鬼赏月”：“倘有恶贯满盈，罪不容死的，生擒前来，再以阴间刑法治之。”

亦作**“罪不胜诛”**。明代沈德符《万历野获编·词林》：“以上见各家记述中者，什仅得一二。修史之卤莽，罪不胜诛矣。”

亦作**“罪岂容诛”**。北宋苏轼《谢制科启》：“多言迂阔，罪岂容诛。”

亦作**“罪不容宥”**。明代无名氏《戚南塘剿平倭寇志传》：“今汪直勾引倭夷入寇为患，至今为烈，法当首论，罪不容宥，岂宜署以官爵？”

亦作**“罪不容恕”**。当代余明侠《诸葛亮评传》：“由此可知，马谡自己也深知罪不容恕。故以‘舜杀鲧用禹’的典实来拜托后事。”

纲纪废弛

释义：政纲法纪废弃懈怠。

出处：《汉书·王莽传上》载张竦《为陈崇草奏称莽功德》：“而公被胥、原之诉，远去就国。朝政崩坏，纲纪废弛，危亡之祸，不隧如发。《诗》云：‘人之云亡，邦国殄悴。’公之谓矣。”

语译：而安汉公王莽遭受伍子胥、屈原那样的谗毁，被迫离开朝廷，远去封国。这时朝廷政事混乱，法纪败坏，导致国家危亡的灾祸已经临头，犹如千钧一发。《诗经》讲道：“失去贤人，国家就会困苦。”这说的正是安汉公啊！

注释：公：安汉公。王莽获封的爵位。隧：通“坠”，落下。

示例：清代刘师培《国学发微》：“盖汉末之时，纲纪废弛，浸成积弱之俗，欲矫其弊，不得不尚严明。”

迫不得已

释义：被逼得没有办法，不得不这样。

出处：《汉书·王莽传上》载张竦《为陈崇草奏称莽功德》：“为皇帝定立妃后，有司上名，公女为首，公深辞让，迫不得已，然后受诏。”

语译：要为汉平帝刘衎选定后妃，主管官员呈上名单，安汉公王莽的女儿列于首位，安汉公再三辞让，实在没有办法，然后接受诏令。

示例：清代汪子青《〈绩邑上西坑族汪氏宗谱〉跋》："意欲会同诸族续修统谱，诚恐年深月久，殊属维艰，迫不得已，姑将本派而续修之。"

亦作"**逼不得已**"。现代徐向前《致胡宗南书》："国难当前，不欲自相残杀，伤国家之力，长寇焰也。若不见谅，必欲一战而后已。则敝部队已有相当之准备，逼不得已，当立于自卫地位，予必要之还击。"

日不移晷

释义：晷：日影。日影没有移动。谓时间极短。

出处：《汉书·王莽传上》载张竦《为陈崇草奏称莽功德》："是故董贤丧其魂魄，遂自绞杀，人不还踵，日不移晷，霍然四除，更为宁朝。"

语译：因此董贤魂飞胆丧，就上吊自杀了。人还没有转身，日影还没有移动，四境之内便迅速肃清，又成了安定的王朝。

示例：现代张惟骧《清代毗陵名人小传·王光燮》："应学政试，日不移晷，走笔成七艺，补学生员。"

亦作"**日不移影**"。元代关汉卿《状元堂陈母教子》第一折："攛过卷子，见了圣人，日不移影，应对百篇，圣人见喜，加小官头名状元。"

丘山之赏

释义：丘山：山丘。比喻优厚重大的赏赐。

出处：《汉书·王莽传上》载张竦《为陈崇草奏称莽功德》："及至青、戎，摽末之功，一言之劳，然犹皆蒙丘山之赏。"

注释：青：卫青，西汉时期因军功获授大司马大将军。戎：公孙戎，汉高祖刘邦时为旄头郎。刘邦兵围项羽时，听说部将樊哙反叛，公孙戎向刘邦说明樊哙不会反，樊哙果然未反，刘邦因此封公孙戎二千户。摽末：摽，通“镖”。刀尖。喻微末。

示例： 唐代邵说《代郭子仪谢兼河东节度使表》：“陛下不遗犬马，念以驱驰，收其分寸之劳，加以丘山之赏。”

市无二价

释义： 买卖公道，售价不因人而异。形容社会风气好。

出处：《汉书·王莽传上》：“又奏为市无二贾，官无狱讼，邑无盗贼，野无饥民，道不拾遗，男女异路之制，犯者象刑。”

语译： 王莽又上奏说市上物无二价，官府没有诉讼案件，城镇没有盗贼，乡野没有饥民，人们路不拾遗，男女道路上各走一边，犯法的人也只是受到象征性的处罚。

注释： 贾，通“价”。

示例：《晋书·陆云传》：“出补浚仪令。县居都会之要，名为难理。云到官肃然，下不能欺，市无二价。”

亦作**“市不二价”**。《三国志·魏志·王烈传》南朝宋代裴松之注引《先贤行状》：“烈居之历年，未尝有患，使辽东强不凌弱，众不暴寡，商贾之人，市不二价。”

大功毕成

释义： 指大工程或大任务宣告完成。

出处：《汉书·王莽传上》：“夫明堂、辟雍，堕废千载莫能兴，今安汉公起于第家，辅翼陛下，四年于兹，功德烂然。公以八月载生魄庚子奉使朝，用书临赋营筑，越若翊辛丑，诸生、庶民大和会，十万众并集，平作二旬，大功毕成。”

语译：那明堂、太学，堕毁废弃已上千年，没有人能够复建，而今安汉公出身于世代为官的大家，辅佐陛下，方才四年，功业与德行彰明。公于八月十六庚子日接受朝廷使命，即拿着分派工役的文书，亲临现场部署营造，第二天辛丑日，众儒生、百姓大聚会，十万人齐集，大干二十天，大功全成。

注释：明堂：古代皇帝宣明政教和祭祀的场所。辟雍：皇家设立的高等教育机构。王莽所建明堂、辟雍，二者实为一处建筑。安汉公：王莽获封的爵位。载生魄：农历每月十六日。载，始。魄，月魄，月初生或圆后始缺时不明亮的部分。越若：及至。翊：古同“翌”，明日。平作：平或作“丕”，谓大力劳作。

示例：当代龚重谟《汤显祖大传》：“但王安石并不以为然，忽泼墨题诗‘霜筠雪竹钟山寺，投老归欤寄此生’于壁上，表达他大功毕成之后归隐山林之心。”

亦作**“大功告成”**。清代章太炎《驳〈革命驳议〉》：“及大功告成，天下已定，而后实行其共和主义之政策，恢复我完全无缺之金瓯，则所革者政治之命耳，而社会之命，未始不随之而革也。”

名实不副

释义：名声、名分和实际不相符。

出处：《汉书·王莽传上》：“臣愚以为，宰衡官以正百僚、平海内为职，而无印信，名实不副。”

注释：宰衡：汉平帝时加给王莽的官名。商初贤相伊尹官名“阿衡”，周初摄政周公位居“太宰”。汉平帝兼采伊尹、周公的称号，加王莽号为“宰衡”，位上公。

示例：当代李浩《唐代关中士族与文学》：“柳宗元被称为河东人，其实先世早已迁入关中，他又出生于长安，这表面上看有些名实不副，但在中古文人中不乏其例。”

亦作**“名实不称”**。明代朱元璋《明太祖宝训》：“近朝臣为朕举贤，朕皆征用之。所举者多名实不称，徒应故事而已。”

亦作**“名不副实”**。当代孔哲《孔子庙建筑制度研究》：“有的钟鼓楼虽然名楼，但名不副实，就建筑形式说其实是亭。”

未可厚非

释义：指说话做事虽然有可指摘之处，但是不能全面否定。

出处：《汉书·王莽传中》：“莽怒，免英官。后颇觉悟，曰：‘英亦未可厚非。’复以英为长沙连率。”

语译：王莽大怒，罢免冯英的官职，后来想明白了，说：“对冯英不应过分责难。”又任命他为长沙连率。

注释：连率：新朝官职名，相当于太守。

示例：当代丰子恺《阿咪》：“即使不捕老鼠，也有功于人生。那么我今为猫写照，恐是未可厚非之事吧？”

亦作**“无可厚非”**。现代老舍《四世同堂》：“他虽回到北平，而决不打听家里的事。这太狠心，可是忘了家才能老记着国，也无可厚非。”

因缘为利

释义：相互勾结，谋取财利。后亦称借机谋利。

出处：《汉书·王莽传中》：王莽曰：“奸虐之人，因缘为利，至略卖人妻子，逆天心，悖人伦”。

注释：奸虐：阴险凶恶。略卖：劫掠贩卖。

示例：现代沈从文《中国人的病》：“自私原有许多种。有贪赃纳贿不能忠于职务的，有爱小便宜的，有懒惰的，有作汉奸因缘为利，贩卖仇货企图发财的。”

阳九之厄

释义：古代术数家以四千六百一十七岁为一元，初入元一百零六岁，内有旱灾九年，谓之“阳九”。指旱灾。亦指灾难之年和厄运。

出处：《汉书·王莽传中》：“莽下吏禄制度，曰：‘予遭阳九之厄，百六之会，国用不足，民人骚动，自公卿以下，一月之禄十緵布二匹，或帛一匹。’”

注释：百六之会，会：厄会。众灾会合。犹言厄运。参见“释义”。十緵：汉代每匹布宽二尺二寸，经线八十根为一緵，汉代粗布有七緵、八緵、九緵、十緵等。

示例：当代陈七一《佘翘和〈量江记〉》：“此案有数百官员被卷其中，贪廉莫辨，忠奸共罹阳九之厄。”

亦作**“阳九之会”**。《魏书·高祐传》：“昔尧汤之运，不能去阳九之会，陛下道同前圣，其如小旱何？”

亦作**“阳九厄会”**。《魏书·崔楷传》：“自比定冀水潦，无岁不饥；幽瀛川河，频年泛溢。岂是阳九厄会，百六钟期，故以人事而然，非为运极。”

亦作**“阳九之运”**。现代严复《与熊育钖》：“虽然阳九之运，会有所极，窃意欧战告终之后，天下将成大联邦之局。”

百六之会

释义：古代术数家以四千六百一十七岁为一元，初入元一百零六岁，内有旱灾九年。指厄运。参见“阳九之厄”条“释义”。

出处：同上。

示例：明代杨尔曾《东晋演义》第三百二十二回“玄文献计塞五龙”：“陛

下遭百六之会，正是勉强之秋，而反对女子悲泣，何其鄙也。”

亦作**“百六之厄”**。当代谢国桢《新岁赠同学秉南蒋子》：“昔萧尺木，生当明清甲乙际，身丁百六之厄，毅然高蹈，居于荒江老屋之中，闭户潜修，浊酒盈樽，罕与世接，当其酒酣耳热之时，脱帽露顶，点染山河，绘为《太平山水之图》。”

窥欲非望

释义：非分地图谋权位。

出处：《汉书·王莽传下》：“莽曰：‘宗属为皇孙，爵为上公，知宽等叛逆族类，而与交通；刻铜印三，文意甚害，不知厌足，窥欲非望。’”

语译：王莽说：“王宗亲属关系是皇孙，爵位是上公，明知吕宽等人是叛逆的外戚，还与之来往。刻制铜印三枚，印文意思大有危害，乃不知满足，所窥伺图谋的是非分的愿望。”

注释：欲，通“覦”，非分的希望。

示例：《晋书·桓温传》：“温性俭，每宴惟下七奠柈茶果而已。以雄武专朝，窥覦非望。”

亦作**“觊覦非望”**。《元史·秦长卿传》：“观其禁绝异议，杜塞忠言，其情似秦赵高；私蓄逾公家赀，觊覦非望，其事似汉董卓。”

敬上爱下

释义：尊敬在己之上者，爱护在己之下者。形容待人谦恭有礼。

出处：《汉书·王莽传下》：“莽曰：‘保成师友祭酒唐林、故谏议祭酒琅邪纪逡，孝弟忠恕，敬上爱下，博通旧闻，德行醇备，至于黄发，靡有愆失。’”

语译：王莽说：“保成师友祭酒唐林、原谏议祭酒琅邪郡人纪逡，孝顺父母，

尊敬兄长，待人忠诚宽厚，敬事上司，爱护下属，博通历史，德行纯粹完美，直到老年，也没有过失。”

注释：师友祭酒：官名，王莽置。再加“保成”“太子”等号。

示例：唐代无名氏《太公家教》：“衰败之家，慎莫为婚。市道接利，莫与为邻。敬上爱下，泛爱尊贤。孤儿寡妇，特可矜怜。”

亦作“**敬上接下**”。接：交往。东汉无名氏《汉故金乡守长侯君之碑》：“安贫乐道，忽于时荣。敬上接下，温故知新。”

闭门自守

释义：闭门不出，洁身自保。坚壁不出，严加防守。

出处：《汉书·王莽传下》：“莽遣使者即赦盗贼，还言盗贼解，辄复合。问其故，皆曰愁法禁烦苛，不得举手。力作所得，不足以给贡税。闭门自守，又坐邻伍铸钱挟铜，奸吏因以愁民。民穷，悉起为盗贼。”

语译：王莽派遣使者就地赦免盗贼之罪，使者回来说，盗贼解散后，常常又聚合。问他们缘由，都说苦于法律禁令烦琐苛刻，放不开手脚；努力劳动所得不够缴纳土贡和赋税；在家安分守己，又因邻居盗铸钱币、私自藏铜而连坐，奸吏借此敛取民财。民众贫穷，都造反做盗贼。

示例：《三国志·吴书·孙权传》南朝宋代裴松之注引西晋虞溥《江表传》：“是岁，举兵攻术于皖城，术闭门自守，求救于曹公，曹公不救，粮食乏尽，妇女或丸泥而吞之。遂屠其城，枭术首，徙其部曲三万余人。”

亦作“**闭关自守**”。现代鲁迅《两地书》五八：“我以为中山大学既然需我们商议，应该帮点忙，而且厦大也太过于闭关自守，此后还应该与他大学往还。”

岁荒民饥

释义：农作物收成不好，民众饥馑。

出处：《汉书·王莽传下》：王莽下书曰："今东方岁荒民饥，道路不通，东岳太师亟科条，开东方诸仓，赈贷穷乏，以施仁道"。

语译：王莽下文告说："现在东方年岁灾荒，人民饥饿，道路不通，东岳太师迅速制定法令条规，开放东方各处粮仓，救济贫苦人民，以施行仁爱的道义。"

注释：东岳太师：官名，王莽置。亟：急切，迅速。科条：法令规章。赈贷：救济。

示例：当代徐培均、范民声主编《三百种古典名剧欣赏·〈朝阳凤〉剧情》："明代嘉靖年间，淳安县（今属浙江）县令海瑞生性耿介，为官清廉，素以安民保国为志，到任以后，适逢岁荒民饥，他深感忧虑。"

亦作**"岁凶民饥"**。明代顾璘《南湖墓志铭》："及赴光州，设施未久，豪强敛迹，民有倚赖。岁凶民饥，请当道，得谷数万赈之，全活者甚众。"

亦作**"天饥岁荒"**。战国《韩非子》："相怜以衣食，相惠以佚乐，天饥岁荒，嫁妻卖子者，必是家也。"

事穷计迫

释义：事情陷入困境，仓促计谋。

出处：《汉书·王莽传下》："莽知天下溃畔，事穷计迫，乃议遣风俗大夫司国宪等分行天下，除井田、奴婢、山泽、六筦之禁，即位以来诏令不便于民者，皆收还之。"

语译：王莽知道全国民心溃散反叛，事势已经到了绝境，需要赶紧想办法，

于是商量派遣风俗大夫司国宪等人分路巡行全国，废除有关井田、奴婢、山泽及“六管”等禁令，登上帝位以来所不便于民的诏令都收回去。

注释：溃畔：溃散反叛。六筦：即“六管”。王莽为增加税收所实行的财政经济政策。即酒、盐、铁专卖，垄断铸币权，收山泽税，在都城长安及其他五个大城市设立五均官，负责均平物价。

示例：南宋陈均《中兴两朝编年纲目》：“及虏骑南骛，銮舆渡江，黄潜善及其党悉皆震恐，事穷计迫，无所从出，乃指邦昌为金人所立而迫之至死，遂以致寇。”

穷凶极恶

释义：穷：极端。形容极端残暴凶恶。

出处：《汉书·王莽传赞》：“及其窃位南面，处非所据，颠覆之势险于桀、纣，而莽晏然自以黄、虞复出也。乃始恣睢，奋其威诈，滔天虐民，穷凶极恶，流毒诸夏，乱延蛮貉，犹未足逞其欲焉。”

注释：黄：黄帝。虞：虞舜。恣睢：放纵暴戾。诸夏：指中国。蛮貉：指四方少数民族。

示例：当代王彦行《明代山西大移民原委考》：“伯颜还穷凶极恶地上书元顺帝，建议全部杀掉当时汉族的王、张、刘、李、赵等五大姓民。”

亦作“**穷凶极虐**”。南宋洪迈《容斋随笔》卷九“石宣为彗”：“予谓此乃石氏穷凶极虐，为天所弃。”

亦作“**穷凶极悖**”。北周无名氏《为行军元帅郧国公韦孝宽檄陈文》：“自古逆子乱臣，穷凶极悖，未有如斯者。”

亦作“**穷凶极逆**”。《陈书·始兴王陈叔陵传》：“皇太后奉临，又加锋刃，穷凶极逆，旷古未俦。”

亦作“**穷凶极暴**”。《晋书·苏峻传》：“遂陷宫城，纵兵大掠，侵逼六宫，穷凶极暴，残酷无道。”

同归殊途

释义：通过不同的途径，到达同一个目的地。比喻采取不同的方法，而得到相同的结果。

出处：《汉书·王莽传赞》："昔秦燔《诗》《书》以立私议，莽诵《六艺》以文奸言，同归殊途，俱用灭亡，皆炕龙绝气，非命之运，紫色蛙声，余分闰位，圣王之驱除云尔！"

语译：昔日秦朝焚烧《诗》《书》从而制定自己一家的主张，王莽口诵儒家六经来文饰奸邪之言。表现不同，目的一样，都因此导致灭亡的结局，二者皆是亢龙断了气数，并没有上天赋予的帝王之命，他们如同紫色、蛙声，是杂色邪音，如同闰日，是岁月的多余，他们只不过是圣王出现之时驱除的对象罢了。

注释：炕龙："炕"同"亢"。亢龙，比喻骄横无德之君。

示例：三国魏国嵇康《琴赋》："是以伯夷以之廉，颜回以之仁，比干以之忠，尾生以之信，惠施以之辩给，万石以之讷慎，其余触类而长，所致非一，同归殊途，或文或质，总中和以统物，咸日用而不失，其感人动物，盖亦弘矣。"

亦作**"殊路同归"**。西汉桓宽《盐铁论·利议第二十七》："文学曰：'诸生对册，殊路同归，指在于崇礼义，退财利，复往古之道，匡当世之失，莫不云太平。'"

亦作**"异途同归"**。西汉桓宽《盐铁论·论儒第十一》："圣人异途同归，或行或止，其趣一也。"

亦作**"殊途同归"**。北宋范仲淹《尧舜帅天下以仁赋》："殊途同归，皆得其垂衣而治，上行下效，终闻乎比屋可封。"

亦作**"殊方同致"**。《隋书·儒林传序》："大抵南人约简，得其英华；北学深芜，穷其枝叶。考其终始，要其会归，其立身成名，殊方同致矣。"

亦作“**殊途同会**”。北齐魏收《为侯景叛移梁朝文》：“殊途同会，百虑一归。”

亦作“**殊途同致**”。唐代魏徵《群书治要序》：“竞采浮艳之词，争驰迂诞之说，骋末学之博闻，饰雕虫之小伎，流宕忘反，殊途同致。”

亦作“**殊途一致**”。《晋书·刁协传》载蔡谟与庾冰书：“夫大道宰世，殊途一致。万机之事，或异或同，同不相善，异不相讥。”

亦作“**殊致同归**”。现代王亚南《中国传统的经济恐慌的特点》：“农事不修、赋敛不时所造成的农民穷困，正是高利贷业者活动的好机会，他们自己可以是商人，可以是官人，可以是士人，但最后殊致同归的是兼并土地。”

余分闰位

释义：谓非正统。余分：指地球环绕太阳运行一周的实际时间与纪年时间相比所余的零头数。中国的农历，二年或三年，需要加一个月，所加的这个月称“闰月”。闰：偏，副，伪，对“正”而言。

出处：同上。

示例：现代周谷城《中国社会之结构》：“帝后婚礼，止于德宗。宣统之立后，则余分闰位，不足指数。故清德宗之大婚，亦即千古帝后大婚之结局也。”

亡所忌惮

释义：亡，古同“无”。毫无顾忌，任意妄为。

出处：《汉书·诸侯王表第二》：“是故王莽知汉中外殚微，本末俱弱，亡所忌惮，生其奸心。”

注释：中外：里外。殚：尽。

示例：《旧唐书·郭英乂传》：“既至成都，肆行不轨，无所忌惮。”

亦作**“百无忌惮”**。元代张养浩《风宪忠告·按行第四》:“抑闻各道公宴,司官、书吏、奏差同堂而坐,喧哗笑谑,上下不分,所以致彼操纵自如,百无忌惮。”

亦作**“全无忌惮”**。北宋宗泽《与知兴仁府曾楙约人援京城书》:“毋为一向顾惜诸人私意,俾贼虏恣肆全无忌惮也。”

亦作**“肆无忌惮”**。《元史·卢世荣传》:“世荣居中书才数月,恃委任之专,肆无忌惮,视丞相犹虚位也。”

亦作**“了无忌惮”**。清代吴趼人《二十年目睹之怪现状》第二十九回“送出洋强盗读西书　卖轮船局员造私货”:“从此他便自以为足智多谋,了无忌惮起来。”

以伪乱真

释义:把假的混同真的,令真假不分。

出处:北齐颜之推《颜氏家训·勉学》:“《汉书·王莽赞》云:‘紫色蛙声,余分闰位。’谓以伪乱真耳!”

语译:参见“同归殊途”条。

示例:清代王应奎《柳南续笔》卷二:“己卯岁,车驾幸太湖,宋公购此茶以进,上以其名不雅,题之曰‘碧螺春’。自是地方大吏岁必采办,而售者往往以伪乱真。”

亦作**“以假乱真”**。当代李欧梵《香港电影经典作品》:“我个人却偏爱《英雄本色》第三集《夕阳之歌》,是徐克的呕心沥血之作,越南背景逼真,而最动人的一场是片终美国大使馆的撤退,几可以假乱真。”

亦作**“以假混真”**。清代曹雪芹、高鹗《红楼梦》第九十五回回目“因讹成实元妃薨逝　以假混真宝玉疯癫”。

亦作**“以假充真”**。当代张岱年《中国人的人文精神》:“在商业活动中,货真价实,童叟无欺,亦是信的表现。漫天要价,以假充真,就违反了信的原则。”

徇名求誉

释义：徇：谋求。用不正当的手段谋取名誉。

出处：唐代虞世南《帝王略论之二西汉新莽东汉》："若王莽者，天姿惨酷，诈伪人也。未达之前，徇名求誉；得志之后，矜能傲物，饰情既尽，而本质存焉。"

语译：王莽生性极其残酷，是个奸诈、虚伪的人。在未显达之前，沽名钓誉；得志之后，恃能傲物。矫饰之情完全消除，于是原形毕露。

示例：清代《宁洋县志·人物志·荐辟》："大约徇名求誉，始得者终必失。"

矜能傲物

释义：夸耀、显摆自己的才能，轻视他人。

出处：同上。

亦作"**恃才倨傲**"。《后汉书·文苑传·赵壹》："赵壹，字元叔，汉阳西县人也。体貌魁梧，身长九尺，美须豪眉，望之甚伟。而恃才倨傲，为乡党所摈。"

亦作"**恃才傲逸**"。《三国志·魏志·荀彧荀攸贾诩传第十》裴松之注引《平原祢衡传》："衡字正平，建安初，自荆州北游许都，恃才傲逸，臧否过差，见不如己者不与语，人皆以是憎之。"

亦作"**恃才傲物**"。《旧唐书·张昌龄传》："太宗甚悦，因谓之曰：'昔祢衡、潘岳，皆恃才傲物，以至非命。汝才不减二贤，宜追鉴前轨，以副吾所取也。'"

亦作"**恃才傲人**"。清代曾国藩《道光二十五年五月初五日与诸弟书》："而诸弟亦宜常存敬畏，勿谓有家人作官，则遂敢于侮人；勿谓己有文学，而遂敢于恃才傲人。常存此心，则是载福之道也。"

亦作**“恃才骄物”**。唐代魏徵《魏郑公谏录·对隋主博物有才》：“隋主虽有俊才。无人君之量，恃才骄物，所以至于灭亡。”

亦作**“恃才凌物”**。《宋史·曲端传》：“端有将略，使展尽其才，要未可量。然刚愎，恃才凌物，此其所以取祸云。”

亦作**“负才傲物”**。清代袁枚《子不语·夺状元须损寿》：“康熙癸未，江南士子赴都会试。解元某负才傲物，陵轹同辈。每曰：‘今岁状元，舍我其谁！’同辈不堪其侮。”

亦作**“怙才骄物”**。当代赵丹阳《〈反经〉中的大智慧》：“由于他自命清高、怙才骄物，八旗子弟都议论他爱慕虚名、巧伪趋利，认为应该处死，或至少加以圈禁。”

亦作**“倚才傲物”**。当代马宽厚《陕西文学史稿》：“今观《杨恽报孙会宗书》，细味其语，言简意赅，又多设问，行文含讥带诮，辞气怨激，其倚才傲物，不是唯唯诺诺之辈所能为者。”

自贯夷灭

释义：贯：招引，招致。夷灭：诛杀，消灭。所作所为招致灭亡。

出处：唐代权德舆《两汉辩亡论》：“言两汉所以亡者，皆曰莽、卓。予以为莽、卓篡逆，污神器以乱齐民，自贯夷灭，天下耳目，显然闻知。”

注释：莽：王莽。卓：董卓。东汉末年，凉州军阀董卓率兵进京，控制朝政，后废少帝，立献帝，位至相国，肆意妄为。其死后，权柄又落入曹操之手，东汉实已灭亡。神器：指帝位。齐民：百姓。

亦作**“自取夷灭”**。《三国志·吴书·是仪传》：“仪对曰：‘今刀锯已在臣颈，臣何敢为嘉隐讳，自取夷灭，为不忠之鬼！’”

亦作**“自取灭亡”**。现代杨东莼《高中本国史》第二十二章“清代之学术”：“这使一班留心经世之务的人，明白了西洋富强实有其所以致此之道，而‘抱残守阙、固步自封’反足以自取灭亡。”

亦作**“自取覆亡”**。当代熊达《沉默非福》:“国家应当设爵位奖励忠言直谏，岂可以言治罪，压制民意，自取覆亡！”

亦作**“自取屠灭”**。唐代陈子昂《安宗子科》:“虺贞等干纪乱常,自取屠灭，陛下惟罪其构逆者，更无他坐，宗室子弟，获以安宁。”

除残去秽

释义：清除残暴污秽的坏人。

出处：东汉曹操《让县自明本志令》:“故在济南，始除残去秽，平心选举，违忤诸常侍。以为强豪所忿，恐致家祸，故以病还。”

语译：我在济南任国相时，开始清除残暴和污浊势力，公正地选拔、推荐官吏，这就悖逆触犯了皇帝身边的诸位常侍。因而被豪强权贵忌恨，我担心给家族招来灾祸，于是托病辞官还乡了。

注释：曹操于汉中平元年（184）为济南国相，济南国故城位于今济南市章丘区龙山街道。

示例：西晋陈寿《三国志·吴书·周瑜传》:“将军以神武雄才，兼仗父兄之烈，割据江东，地方数千里，兵精足用，英雄乐业，尚当横行天下，为汉家除残去秽。”

亦作**“除残祛暴”**。明代冯梦龙《醒世恒言》第三十卷《李汧公穷邸遇侠客》:“房德上前，一把扯道:‘闻得义士素抱忠义，专一除残祛暴，济困扶危，有古烈士之风。今房某身抱大冤，义士反不见怜，料想此仇永不能报矣！’”

亦作**“除残去暴”**。《明史·礼十一·军礼》:“古者天子亲征，所以顺天应人，除残去暴，以安天下。”

亦作**“除凶去害”**。现代蔡东藩《后汉演义》第八十四回“召周郎东吴主战　破曹军赤壁鏖兵”:“瑜奋然道:‘操名为汉相，实是汉贼，将军承父兄遗烈，奄有江东，地方数千里，兵精粮足，当为汉家除残去害，奈何往迎汉贼哩？’”

亦作**“除凶去害”**。明代罗贯中《三国演义》第四十八回“宴长江曹操赋

诗　锁战船北军用武”：“吾自起义兵以来，与国家除凶去害，誓愿扫清四海，削平天下，所未得者江南也。”

亦作**“除残扫秽”**。南宋陈亮《酌古论·吕蒙》：“关将军以律行师，为汉家除残扫秽。”

亦作**“除奸剔秽”**。明代张芹《备遗录·翰林修撰王公》：“太祖皇帝除奸剔秽，抑强锄梗，如医者之去疾，农夫之去草。”

亦作**“除奸去暴”**。见后“除奸去暴”条。

亦作**“剪恶除奸”**。见后“剪恶除奸”条。

赃污狼藉

释义：指贪污受贿，名声败坏。

出处：《三国志·魏书·武帝纪》：“迁为济南相，国有十余县，长吏多阿附贵戚，赃污狼藉，于是奏免其八。禁断淫祀，奸宄逃窜，郡界肃然。”

语译：曹操升任济南相，济南国下辖十几个县，县官大多逢迎依附皇亲权贵，贪赃枉法，声名狼藉，于是上奏朝廷，罢免了其中八人。又严厉禁止不合礼制规定的祭祀，犯法作乱的纷纷逃窜，境内秩序良好，安定平静。

示例：《魏书·崔暹传》：“初以秀才累迁南兖州刺史，盗用官瓦，赃污狼籍，为御史中尉李平所纠，免官。”

魏晋南北朝隋唐五代时期

济南成语汇录

JINAN CHENGYUHUILU

唱筹量沙

释义：将沙当作粮食计量，并高声喊报筹策（计数用具）数字。比喻以假乱真，以无说有，制造假象迷惑对方，或以劣为优。

出处：《南史·檀道济传》："道济时与魏军三十余战多捷，军至历城，以资运竭乃还。时人降魏者具说粮食已罄，于是士卒忧惧，莫有固志。道济夜唱筹量沙，以所余少米散其上。及旦，魏军谓资粮有余，故不复追，以降者妄，斩以徇。"

语译：檀道济（时为南朝刘宋征南大将军）率兵征伐北魏，与魏军交战三十多次，大多获胜，打到历城（历城县，西晋后为济南郡、齐州、济南府治所）时，因军需物资供应不上而撤退，其时投降魏军的人都说宋军已经断粮了，士兵因此忧虑恐惧，没有坚定的斗志。檀道济见状在夜间以沙充米，高声喊报计量的筹策数字，把剩余的很少的米覆盖在沙子上。第二天天亮，魏军侦察后认为宋军粮食充足，就不再追赶，反而认为投降的人谎言胡说，把他们斩首示众。

注释：历城县梁王庄（明崇祯《历城县志》称"梁家庄"。清乾隆《历城县志》称"东梁家庄""西梁家庄"。今分为济南市历城区鲍山街道梁王一、二、三、四村四个行政村），相传是当年檀道济唱筹量沙的地方，"梁"字因与"粮"谐音而来。

示例：清代俞万春《荡寇志》第七十二回"女飞卫发怒锄奸　花太岁痴情中计"："高俅曾受我恩，今尚不昧良心，挨他半个月，必不至于用强。且疏了他的防备，那时同了你高飞远走，他怎生奈何我？这叫做唱筹量沙的计。"

亦作**"唱沙作米"**。清代李渔《闲情偶寄·词曲·宾白》："多而不觉其多者，多即是洁；少而尚病其多者，少亦近芜。予所谓多，谓不可删逸之多，非唱沙作米、强凫变鹤之多也。"

量沙聚米

释义：量沙：见“唱筹量沙”条“释义”。聚米：东汉大将马援随光武帝刘秀征伐隗嚣，马援在刘秀面前聚米为山谷，指画形势，开示军队往来路径，昭然可晓。比喻指画形势，运筹决策。

出处：参见“唱筹量沙”条“出处”。

示例：清代林则徐致《吴嘉宾》：“以簪豪侍从之臣，而有揽辔澄清之志，且具此料敌攻瑕之识，量沙聚米之才，彼行间将领闻之，能无颜汗耶？”

耳目一新

释义：听到和看到的与以前完全不同，令人感到新鲜。比喻变化很大，使人振奋。

出处：《魏书·河南王传》：“鉴，字绍达。少有父风，颇览书传。沉重少言，宽和好士……出为征虏将军、齐州刺史。时革变之始，百度惟新，鉴上遵高祖之旨，下采齐之旧风，轨制粲然，皆合规矩。高祖览其所上，嗟美者久之，顾谓侍臣曰：‘诸州刺史皆能如此，变风易俗，更有何难。’下诏褒美，班之天下，一如鉴所上。齐人爱咏，咸曰耳目更新。”

语译：元鉴（原名拓跋鉴），字绍达。年轻时有曾任齐州刺史的父亲拓跋平原的风范，喜欢读书，沉稳少言，待人宽厚和气，爱与有文化的人交往……北魏时经历多职后，又出任征虏将军、齐州（今济南）刺史。当时正值孝文帝元宏（原名拓跋宏，为推进汉化改革，改拓跋姓为元姓，庙号高祖）推行社会变革的起始，各种制度都要更新。王鉴上遵孝文帝的旨意，下吸纳齐州的风俗习惯，制定的规则明明白白，都合乎情理法度。孝文帝披览他的奏章，赞叹许久，回头对侍从的臣子说：‘如果各州刺史都能像王鉴一样，移风易俗，还能有什么困难。’于是下诏书称赞奖励，颁布天下，诏书所写与王鉴上奏之言完全相同。齐州人敬爱歌颂王鉴，都说齐州变化巨大，令人感到新鲜。

注释：唐代白居易《修香山寺记》写道："关塞之气色，龙潭之景象，香山之泉石，石楼之风月，与往来者耳目一时而新。"

示例：清代吴趼人《二十年目睹之怪现状》第十六回"观演水雷书生论战事　接来电信游子忽心惊"："虽不是什么'心旷神怡'的事情，也可以算是耳目一新的了。"

亦作"**一新耳目**"。当代冯友兰著、赵复三译《中国哲学简史》："有人认为，孟子代表儒家的左翼，荀子则代表儒家的右翼。这种说法虽能令人一新耳目，但不免过于简单化。"

水木明瑟

释义：形容湖池林木清爽洁净，风景优美。

出处：北魏郦道元《水经注·济水》："其水北为大明湖，西即大明寺。寺东北两面侧湖，此水便成净池也。池上有客亭，左右楸桐负日，俯仰目对鱼鸟，水木明瑟，可谓濠梁之性，物我无违矣。"

语译：泺水（发源于济南古城西南的趵突泉）北流汇为大明湖，湖西是大明寺，寺东面和北面临湖，湖就成了大明寺用水的净池了。池边有客亭，旁边高大的楸树、桐树浓荫蔽日，俯首观鱼，仰头见鸟，湖池林木清爽鲜洁，这正是春秋时庄子与惠子在濠水桥上观鱼，托情于物，逍遥游乐的意趣，令人感到与大自然融为一体了。

示例：明代张岱《陶庵梦忆·天镜园》："天镜园浴凫堂，高槐深竹，樾暗千层，坐对兰荡，一泓漾之，水木明瑟，鱼鸟藻荇，类若乘空。"

濠梁之性

释义：指与鱼鸟同乐、超凡脱俗的情趣。

出处：同上。

示例：清代黄绍箕《张南皮尚书六十寿序》："濠梁之性，无歉于真游；山泽之仪，常形于燕处。"

物我无违

释义：顺应天道，心境与自然万物融为一体。

出处：同上。

示例：当代成葆德主编《中国传统艺术的继承和弘扬》："《乐记》给音乐的定义是'天地之和也'，意即音乐的审美境界是人与自然的和谐，天人合一，物我无违。"

水火无交

释义：一点物品牵涉也没有。形容为官清正廉洁，或彼此毫无关系。

出处：《隋书·循吏传·赵轨》："在州四年，考绩连最。持节使者合阳公梁子恭状上，高祖嘉之，赐物三百段，米三百石，征轨入朝。父老相送者，各挥涕曰：'别驾在官，水火不与百姓交，是以不敢以壶酒相送。公清若水，请酌一杯水奉饯。'轨受而饮之。"

语译：赵轨任齐州（今济南）别驾四年，政绩考评连年第一。巡行州县监察的持节使者合阳公梁子恭上奏后，隋文帝杨坚（庙号“高祖”）嘉奖他，赐给杂帛三百段、米三百石，征召赵轨进入朝廷任职。父老乡亲送行的，都挥泪说：“别驾在位时，即使一碗水、一烛火的事，也不与百姓牵涉，所以今不敢用一壶酒送您，先生清廉若水，那就请饮一杯水，作为我们为您饯行。”赵轨接过喝了。

示例：明代无名氏《后西游记》：“妖自妖，僧自僧，本水火无交，不知有甚冤愆，忽作性命之对头；邪恶正，正恶邪，又相逢狭路，纵无丝毫仇恨，自是死生之敌国。”

亦作“**水菜不交**”。北周强独乐《周文王碑》：“王有阵敌之功，重勋难彰，除原州刺史。在任清俭，与民水菜不交，合绝私觌，皎然冰镜。”

亦作“**水米无交**”。元代关汉卿《钱大尹智宠谢天香》第四折：“老夫在此为理三年，治百姓水米无交，于天香秋毫不染。”

杯水之饯

释义：用一杯水为之送行。形容官员清廉。

出处：同上。

示例：当代石潇文《清廉若水　杯水之饯》：“作为统计工作人员，我们要对这些要求直言拒绝。我也将始终坚持‘杯水之饯’的态度，提高遵纪守法的自觉性，做到有所为更有所畏。”

杯水之敬

释义：意谓以微薄之物表示敬意和感谢。

出处：同上。

示例：清代李绿园《歧路灯》第三十八回“孔耘轩城南访教读　惠人也席

间露腐酸”：“孔耘轩道：‘小婿业师惠人老。原是弟说成的，今上学已经两月，弟尚无杯水之敬，所以并请三位陪光。’”

亦作**“杯水之谢”**。清代吴敬梓《儒林外史》第五十一回“少妇骗人折风月 壮士高兴试官刑”：“次日，凤四老爹果然别了万中书，不曾受他杯水之谢，取路往杭州去了。”

骨腾肉飞

释义：形容神魂颠倒。

出处：《隋书·地理志》：“齐郡旧曰济南，其俗好教饰子女淫哇之音，能使骨腾肉飞，倾诡人目。”

语译：齐郡过去称济南，其地风俗好教授训练年轻女子演唱情色放浪的歌曲，能使人神魂颠倒，眼迷心荡。

注释：此成语原形容奔驰跳跃迅速。见东汉赵晔《吴越春秋·阖闾内传》：“王曰：‘庆忌之勇，世所闻也。筋骨果劲，万人莫当，走追奔兽，手接飞鸟，骨腾肉飞，拊膝数百里。’”

吴王说：“庆忌的勇力，世人知闻，他筋骨刚劲，万人不可抵挡，能追上奔兽，能抓住飞鸟，身体腾跃如飞，拍打膝部后一跑就是数百里。”

示例：清代王士禛《香祖笔记》卷五：“古乐府诗云：‘百金买宝刀，悬著中梁柱，一日三摩娑，剧于十五女。’等是快语，语有令人骨腾肉飞者，此类是也。”

蜂扇蚁聚

释义：蜂翅扇动，蚂蚁聚合。比喻人虽众多但起不了大作用。

出处：《隋书·房彦谦传》：“况乎蕞尔一隅，蜂扇蚁聚，杨谅之愚鄙，群小之凶慝，而欲凭陵畿甸，觊幸非望者哉！”

语译：何况在小小的一个角落之地，像黄蜂、蚂蚁般喧嚣集聚，以杨谅的愚昧鄙陋，一群小人的凶恶，而想要侵犯京都及周围，不过是图求侥幸，非分企望罢了。

注释：房彦谦（547—615），字孝冲，隋代齐州历城（今济南）人，18岁任北齐齐州主簿，后任齐州治中，隋文帝仁寿年间任长葛（今河南省长葛市）县令，注重教化，政绩突出，"百姓号为慈父"，朝廷考察各州县长官称职与否，"以彦谦为天下第一"。（《隋书·房彦谦传》）唐太宗时，他的儿子房玄龄任宰相，因此被追赠徐州都督、临淄公，谥号"定"。房彦谦墓在今济南市历城区彩石街道赵山山麓。

示例：当代陈实《新加坡华文作家作品论》："各种思潮蜂扇蚁聚，鸡啼鹊噪，把握不定，常陷自己于进退维谷。"

亦作**"蜂屯蚁附"**。清代曾衍东《小豆棚》卷八《紫欢》："会当秋风桂子之年，人文聚萃，长板桥头、莫愁湖畔，无不蜂屯蚁附。"

亦作**"蜂趋蚁附"**。清代谢应沅《太和市联升社学序》："果然蜂趋蚁附，攘攘熙熙，诚不出神灵所料者矣。"

亦作**"蜂屯蚁聚"**。北宋李纲《上道君太上皇帝札子》："犬戎之众，蜂屯蚁聚，渡壕临城，梯长如云，箭落如雨。"

亦作**"蜂屯蚁结"**。南宋赵雄《韩蕲王神道碑》："大江之西，重湖之南，蜂屯蚁结，虎猛狼贪。"

亦作**"蜂拥蚁聚"**。现代罗振常《史可法别传》："王怒，日督劲卒用巨炮轰击，声如巨雷，守陴者犹不退，发矢石如雨。城下死者山积，攻者反藉叠尸以登，蜂拥蚁聚，城遂陷。"

亦作**"蜂拥蚁屯"**。清代孙士毅《绥缅纪事》卷五《缅甸归诚本末》："缅兵乘船猝至，帆樯衔接，倏忽蜂拥蚁屯者数千人，登岸攻栅。"

亦作**"蜂屯蚁杂"**。唐代韩愈《送郑尚书序》："撞搪呼号，以相和应。蜂屯蚁杂，不可爬梳。"

亦作**"蜂屯乌合"**。北宋王禹偁《贺圣驾还京表》："蕞尔林胡，无名内侮，蜂屯乌合，鼠窃狗偷。必想边民夺梃以殴攘，亭长持绳而絷缚。岂劳车驾，远涉山川？”

亦作**“猬聚蜂屯”**。五代姚乾光《李彦璋墓志》：“洎国朝沦陷贼庭，皇都逆竖占据，甸服之内，猬聚蜂屯。”

爱憎肆意

释义：爱憎全凭己意，指待人不公正。

出处：《隋书·房彦谦传》：“时左仆射高颎定考课，彦谦谓颎曰：‘比见诸州考校，执见不同，进退多少，参差不类。况复爱憎肆意，致乖平坦。清介孤直，未必高名，卑谄巧官，翻居上等。’”

语译：当时左仆射高颎主持官员考核，房彦谦对高颎说：“近来看到各州府的考核，执行的标准并不相同，官职升降、奖惩多少，差别很大，多有不当。何况有人在考核中根据自己的爱憎好恶任意而为，以致违背公正原则。清正耿直者，未必能获得高的名次，阿谀逢迎、虚浮不实者，反而位居上等。”

拓地开疆

释义：开拓疆域，扩展领土。

出处：唐代房玄龄《谏伐高丽表》：“臣谓陛下威名功德，亦可足矣；拓地开疆，亦可止矣。”

注释：房玄龄（579—648），名乔，字玄龄（一说名玄龄，字乔），济南人。唐初政治家，一代名相，唐太宗表彰的二十四功臣之一，画像入凌烟阁。官至尚书左仆射、司空、太子太傅、知门下省事，封梁国公，谥号“文昭”。

示例：明代朱元璋《宝训》：“自兵兴以来，天下豪杰纷起，予将兵渡江，赖上天之灵，将士之力，拓地开疆，削平敌国。”

亦作**“拓土开疆”**。五代南唐张绍《冲佑观》：“睿哲英断，雄略神智。拓土开疆，经天纬地。”

亦作**“开疆展土”**。明代施耐庵《水浒传》第六十三回“宋江兵打北京城　关胜议取梁山泊”：“此人幼读兵书，深通武艺，有万夫不当之勇。若以礼币请他，拜为上将，可以扫清水寨，殄灭狂徒。保国安民，开疆展土，端在此人。”

亦作**“开疆拓境”**。当代朱枝富《司马迁经济思想通论》：“对汉武帝征伐匈奴，历来有两种截然不同的评论意见，一种是认为汉武帝开疆拓境，雄才大略；一种是认为汉武穷兵黩武，祸流于世。”

亦作**“开疆辟土”**。当代郑连根《极简少年中国史》：“秦国地处西部，与中原国家往来较少，经济文化都很落后，在战国初期一直发展缓慢，不要说开疆辟土了，就连自己的大片河西之地都被魏国掠了过去。”

亦作**“开疆拓宇”**。《清史稿·高宗本纪》：“论曰：高宗运际郅隆，励精图治，开疆拓宇，四征不庭，揆文奋武，于斯为盛。”

计勋行赏

释义：按功劳的大小给予奖赏。

出处：唐代吴兢《贞观政要·封建第八》：“今计勋行赏，玄龄等有筹谋帷幄、画定社稷之功，所以汉之萧何，虽无汗马，指踪推毂，故得功居第一。”

语译：如今论功行赏，房玄龄等有出谋划策、安定国家之功，就像汉代萧何，虽然不曾冲锋陷阵，但是决断指挥，推举将才，所以功劳居于第一。

示例：崔生祥、张建文《痼疾的根治与防范——管理时弊剖析》：“唐太宗秉公用贤，不记私情，还表现在他不受皇亲国戚的干扰和坚持‘计勋行赏’上。”

亦作**“计功受赏”**。受，通“授”。《后汉书·南匈奴列传》：“其南部斩首获生，计功受赏如常科。”

亦作**“计功行赏”**。《三国志·吴书·虞翻传》南朝宋代裴松之注引西晋虞溥《江表传》：“翻既去，歆明旦出城，遣吏迎策。策既定豫章，引军还吴，飨赐将士，计功行赏。”

亦作**“计功行封”**。《晋书·齐王冏》：“公蒙犯矢石，躬贯甲胄，攻围陷阵，得济今日。计功行封，事殷未遍。三台纳言不恤王事，赏报稽缓，责不在府。”

筹谋帷幄

释义：帷幄：军中篷帐。运筹谋划战略方针、军机大事。

出处：同上。

示例：当代相涵《貂蝉前传》第十一集“邺城变”：“天下九州，吾得近半，皆是众将以死效命，谋士筹谋帷幄之功也。”

亦作**“坐筹帷幄”**。元代无名氏《包待制陈州粜米》第二折：“我想张良坐筹帷幄之中，决胜千里之外，辅佐高祖，定了天下。”

亦作**“坐运筹策”**。《汉书·项籍传》：“夫击轻锐，我不如公；坐运筹策，公不如我。”

亦作**“运筹帷幄”**。元代杨梓《功臣宴敬德不伏老》第三折：“吾乃高丽国大将是也，文通三略，武解六韬，运筹帷幄之中，决胜千里之外。”

亦作**“幄中运筹”**。北宋刘攽《上书行》：“君不见，下邳少年受书起，幄中运筹制千里，功成不受二万户，拂衣归从赤松子。”

尽心竭节

释义：费尽心力，坚持操守。

出处：唐代吴兢《贞观政要·任贤第三》：房玄龄“三年，拜尚书左仆射，监修国史，封梁国公，实封一千三百户。既总任百司，虔恭夙夜，尽心竭节，不欲一物失所”。

语译：贞观三年，房玄龄升任尚书左仆射，监督撰修国史，封为梁国公，实封食邑一千三百户。自负责总管各项朝政，便时时虔诚恭敬履职，用尽心力，坚持操守，不让一件事处理失当。

示例：北宋包拯《论宋庠》："执政大臣与国同体，不能尽心竭节，灼然树立，是谓之过，宜乎当黜。"

亦作**"尽节竭诚"**。《魏书·吕罗汉传》："自非尽节竭诚，将何以垂名竹帛？"

亦作**"尽心竭诚"**。东汉张禹《奏事》："是以臣下各得尽心竭诚，而事公明。"

亦作**"尽忠竭诚"**。西汉邹阳《狱中上梁王书》："今臣尽忠竭诚，毕议愿知，左右不明，卒从吏讯，为世所疑。"

亦作**"尽忠竭力"**。元代无名氏《随何赚风魔蒯通》第二折："你去后凶多吉少，干这般尽忠竭力。"

亦作**"尽忠竭节"**。北魏拓跋焘《诛赏诏》："近遣尚书封铁翦除亡命，其所部将士，有尽忠竭节以殒躯命者，今皆追赠爵号。"

亦作**"尽诚竭节"**。三国魏国曹丕《追赠夏侯尚诏》："尚自少侍从，尽诚竭节，虽云异姓，其犹骨肉，是以入为腹心，出当爪牙。"

衔恨入地

释义：衔：含在心里。心怀遗憾离开人世，死有遗恨。

出处：唐代吴兢《贞观政要·征伐第三十五》："贞观二十二年，太宗将重讨高丽。是时，房玄龄寝疾增剧，顾谓诸子曰：'当今天下清谧，咸得其宜，唯欲东讨高丽，方为国害。吾知而不言，可谓衔恨入地。'"

注释：寝：卧。寝疾：多指重病。

示例：北宋苏轼《论仓法札子》："臣材术短浅，老病日侵，常恐大恩不报，衔恨入地，故贪及未死之间，时进瞽言，但可以上益圣德，下济苍生者。"

亦作**"抱恨黄泉"**。东汉蔡邕《戍边上章》："臣所在孤危，悬命锋镝，湮灭土灰，呼吸无期。诚恐所怀随躯腐朽，抱恨黄泉。"

亦作**"抱恨泉壤"**。《北史·来护儿传》:"护儿叹曰:'吾备位大臣,荷国重任,不能肃清凶逆,遂令王室至此,抱恨泉壤,知复何言!'乃遇害。"

亦作**"抱恨泉台"**。唐代黄韬《颍川陈先生集序》:"俾其负不羁之才,蕴出人之行,殁身末路,抱恨泉台者多矣。"

亦作**"赍恨入地"**。清代李鸿章《为吴长庆请恤折》:"方今时事多艰,将材难得,如吴长庆者可为干城腹心之选,报国丹忱,赍恨入地,悼痛曷任。"

亦作**"含恨九原"**。清代王先谦《先太夫人年谱》:"儿必恪守家规,一如母生存时。谨身安分,以继先府君未竟之志,不使吾母含恨九原。"

亦作**"茹恨黄泉"**。清代纪昀《阅微草堂笔记·强鬼作怪》:"余谓鬼有强弱,人有盛衰。此本强鬼,又值二人之衰,故能为厉耳。其他茹恨黄泉,冤缠数世者,不知凡几,非竟神随形灭也。"

亦作**"衔恨黄泉"**。《后汉书·东海王强传》:"臣内自省视,气力羸劣,日夜浸困,终不复望见阙庭,奉承帷幄,孤负重恩,衔恨黄泉。"

房谋杜断

释义:唐朝大臣房玄龄多谋,杜如晦善断。两人相知同心,共成谋策,辅佐李世民。形容各有专长,也指同心合作。

出处:《旧唐书·房玄龄杜如晦传论》:"世传太宗尝与文昭图事,则曰:'非如晦莫能筹之。'及如晦至焉,竟从龄之策也。盖房知杜之能断大事,杜知房之善建嘉谋。"

语译:世人传说,唐太宗李世民曾与房玄龄谋划要事。房玄龄说:"除非杜如晦,没人能运筹此事。"待杜如晦到来,完全依从房玄龄的计策。这是因为房玄龄知道杜如晦能决断大事,杜如晦知道房玄龄善于提出高明的谋略。

注释:南宋刘克庄《谢丞相》写道:"兹盖伏遇某官有《伊训》《说命》之学,兼有房谋杜断之长。"

示例:清代赵炳麟《洗心社演说词》:"今日吾道陵夷极矣,然三晋父老团结坚固，犹有勤俭朴厚之遗风，将来必有房谋杜断之才，起而明道以救世。此炳麟愿与诸同志共勉也。”

笙磬同音

释义：笙：簧管乐器。磬：石制打击乐器。比喻人事和谐，关系融洽。

出处：《旧唐书·房玄龄杜如晦传赞》：“肇启圣君，必生贤辅。猗欤二公，实开运祚。文含经纬，谋深夹辅。笙磬同音，惟房与杜。”

语译：有初创基业的圣君，一定会涌现贤良的辅臣。了不起的二位先生，打开了国家的福运。有管理国家的出众才华，有辅佐君王的深远谋虑。又如笙磬乐声和谐的，唯有房玄龄与杜如晦啊。

注释：此成语原指笙和磬发出的乐声相和，见《诗经·小雅·鼓钟》：“鼓钟钦钦，鼓瑟鼓琴，笙磬同音。”

示例：清代天公《最近官场秘密史》第一回“演说官场备呈丑态　钻谋差使细诉奇形”：“立体仿诸稗史，纪事出以方言，恰与伯元所著，有笙磬同音之故，名之曰《最近官场秘密史》，非敢有所借也。”

耸壑凌霄

释义：耸出幽谷，高入云霄。比喻出人头地，成就超众。也形容志向高远，气度不凡。

出处：《旧唐书·房玄龄传》：“吏部侍郎高孝基素称知人，见之深相嗟挹，谓裴矩曰：‘仆阅人多矣，未见如此郎者，必成伟器，但恨不睹其耸壑凌霄耳。’”

语译：吏部侍郎高孝基向来以知人著称，见到房玄龄后甚为叹服，对裴矩说：“我见过的人多了，却从没见过这样的年轻人，必定成为卓越的人物，只

是遗憾不能看到他出人头地的那一天了。"

示例：南宋陈亮《祭叶正则母夫人文》："昔余识夫人之子于稚年，固已得其耸壑凌霄之气。"

亦作"**耸壑昂霄**"。见后"耸壑昂霄"条。

耸壑昂霄

释义：同上。

出处：《新唐书·房玄龄传》："吏部侍郎高孝基名知人，谓裴矩曰：'仆观人多矣，未有如此郎者，当为国器，但恨不见其耸壑昂霄云。'"

示例：明代吴承恩《西游记》第三十回"邪魔侵正法　意马忆心猿"："那国王见他耸壑昂霄，以为济世之梁栋。便问他：'驸马，你家在哪里居住？是何方人氏？几时得我公主配合？怎么今日才来认亲？'"

千里犹面

释义：比喻传达事情清楚确实。

出处：《旧唐书·房玄龄传》："玄龄在秦府十余年，常典管记，每军书表奏，驻马立成，文约理赡，初无稿草。高祖尝谓侍臣曰：'此人深识机宜，足堪委任。每为我儿陈事，必会人心，千里之外，犹对面语耳！'"

语译：房玄龄在李世民秦王府十余年，担任负责公文书信的管记，每需要军书奏表，把马停下的工夫即可写就，文辞简约，论述充分，从不打草稿。李世民父亲唐高祖李渊曾对身边的侍臣说："此人深知情势谋略，足可委以重任，每次替儿向我陈报事情，总是合乎双方的心思，尽管相隔千里，犹如面对面说话。"

示例：当代马力《天童寺》："佛力致远，千里犹面，纵是古凉州之音，会稽之地也能遥闻。"

一见如旧

释义：初次见面就相处融洽，如同老友一样。

出处：《新唐书·房玄龄传》："太宗以敦煌公徇渭北，杖策上谒军门，一见如旧，署渭北道行军记室参军。"

语译：李世民以敦煌公的身份率兵来到渭北，房玄龄策马到军营门前求见。两人初次见面就像老朋友，李世民任命房玄龄为渭北道行军记室参军。

示例：清俞樾《春在堂随笔》："余与彭雪琴侍郎初不相识，己巳之春，余来诂经精舍开课，适侍郎借寓湖楼，一见如旧。"

亦作**"一见如故"**。明代罗贯中《水浒传》第五十八回"三山聚义打青州众虎同心归水泊"："他便引我去拜见同伴的，一个是花和尚鲁智深，一个是青面兽杨志。他二人一见如故，便商议救兄一事。"

亦作**"一接如旧"**。北宋范仲淹《尚书度支郎中充天章阁待制知陕州军府事王公墓志铭》："余走尘土时，公一接如旧，以道义淡交者有年矣，结二姓之好，以亲仁人。"

决胜帷幄

释义：于帷幄之中谋划战局，决定最后的胜负。

出处：《新唐书·房玄龄传》："今玄龄等有决胜帷幄、定社稷功，此萧何所以先诸将也。"

注释：萧何：汉朝开国功臣，被誉为"汉初三杰"。汉朝建立后，名列功臣第一，担任相国。汉高祖刘邦说："镇国家，抚百姓，给馈饷，不绝粮道，吾不如萧何。"

示例：现代王正廷《论战之胜败》：“欧战时期，大将福煦统驭联军，决胜帷幄，才能克服强敌。”

席势凌人

释义：席势：倚仗势力。以势欺压、凌辱他人。

出处：《新唐书·房玄龄传》：“治家有法度，常恐诸子骄侈，席势凌人，乃集古今家诫，书为屏风，令各取一具，曰：‘留意于此，足以保躬矣！’”

注释：躬：身体，自己。

示例：南宋朱熹《与庆国夫人》：“故后生子弟为此官者无不傲慢纵恣，席势凌人。”

亦作**“怙势凌人”**。当代焕哲《姑苏侠影》：“她仗恃着皇上恩宠，与太监魏忠贤结成一党，一个在内廷弄权作威，怙势凌人，一个在外廷专权跋扈，操纵朝政。”

亦作**“挟势凌人”**。《明史·列传第七十七》：“正德间，给事、御史挟势凌人，趋权择便，凡朝廷大阙失，群臣大奸恶，缄口不言。”

亦作**“倚势欺人”**。当代鲍鹏山《江湖不远：水浒中的那些人》第一辑“绝对权力的下场方式”：“柴进和李逵讲道理：他虽是倚势欺人，我家放着有护持圣旨，这里和他理论不得，须是京师也有大似他的，放着明明的条例，和他打官司。”

亦作**“仗势欺人”**。元代无名氏《十探子大闹延安府》第二折：“你全不肯秉正直坚心报国，专则待倚权豪仗势欺人。”

亦作**“恃势欺人”**。明代余象斗《廉明公案·孟主簿明断争鹅》：“南昌府进贤县，有秀才周仲进者，家颇殷足。恃势欺人，素行无耻，惯使低银买人货物。”

耻与为伍

释义：为伍：作伙伴。认为与某人、某种人在一起是可耻的事。

出处：《旧唐书·罗士信传》："世充知其骁勇，厚礼之，与同寝食。后世充破李密，得密将邴元真等，尽拜为将军，不复专重之。士信耻与为伍，率所部千余人奔于谷州。高祖以为陕州道行军总管，使图世充。"

语译：王世充知道罗士信勇猛善战，以厚重的礼遇待他，同吃同住。后来王世充打败李密，得到李密的将领邴元真等人，都封为将军，不再格外看重罗士信。罗士信感到与邴元真等人并论很是耻辱，于是率领部下一千多人奔向谷州，归附唐朝。唐高祖李渊任命他为陕州道行军总管，让他攻打王世充。

注释：罗士信（603—622），齐州历城（今济南）人，隋唐时著名将领，少年英雄，仕唐官至绛州总管，封剡国公。《旧唐书》《新唐书》皆有传。明清以来的长篇小说《唐书志传通俗演义》《隋唐两朝志传》《大唐秦王词话》《隋史遗文》《隋唐演义》《说唐全传》，长篇评书《兴唐传》皆有罗士信（或以其为历史原型名"罗成"）的文学形象。济南城内县东巷20世纪60年代尚有罗姑井（亦称罗姑泉），元代于钦《齐乘》言："济南府城中有罗姑井，相传士信故宅。"

示例：当代陈乐民《陈宏谋的三句话》："现在某些人，浑身铜臭气，也冒充什么学者，招摇过市，纵使作'谦卑'状，也难免露出本相。此类人，吾甚耻与为伍。"

亦作**"羞与为伍"**。《后汉书·党锢传》："逮桓灵之间，主荒政缪，国命委于阉寺，士子羞与为伍。"

亦作**"羞与哙伍"**。清代胡林翼《致枫弟》："若不择人而滥举也，则鸡鸣狗盗依附杂沓，而自好之士反将避去，稍有气节稍有才能者，羞与哙伍，更入山唯恐不深，入林唯恐不密矣。"

语出《史记·淮阴侯列传》:“(韩)信尝过樊将军哙，哙跪拜送迎，言称臣，曰:‘大王乃肯临臣!’信出门，笑曰:‘生乃与哙等为伍。’”

亦作**“耻与哙伍”**。现代叶德辉《郎园读书志》:“盖耻与哙伍，非不肯师事先生也。”

指东打西

释义：指东边打西边，令对手难以应付。

出处：清代鸳湖渔叟校订《说唐》第五十六回“秦琼建祠报雄信　罗成奋勇擒五王”:“未及四个回合，罗成卖个破绽，被窦建德一刀砍来，罗成把枪一架，指东打西，一枪刺中孟海公的腿上，翻身落下马来，被手下捉拿去了。”

示例：当代甄供《从〈醉拳〉谈到醉》:“它虽然以醉打、醉态作为技击动作的外表形象，但又非刻意追求酩酊大醉的神似，而是借‘醉’来迷惑对手，虚守实发，指东打西，以冀出奇制胜。”

亦作**“指南打北”**。现代顾随《稼轩词说》:“此三十六个字，便真有不断与连环之妙。若只见他声东击西，指南打北，而不见他谨严绵密，岂非既负古人，又误自己。”

匹马孤剑

释义：原形容只身上阵。后比喻独力行事，或行动无人相助。

出处：唐代吕温《凌烟阁勋臣颂并序》:“尉迟秦程，刚毅木讷，气镇三军，力崩大敌，匹马孤剑，为王前驱。”

注释：尉迟：尉迟恭。秦：秦琼。程：程咬金。秦琼(？—638)字叔宝，齐州历城(今济南)人，隋唐时著名将领，仕唐官至左武卫大将军，唐太宗表彰的二十四功臣之一，画像入凌烟阁。赠徐州都督，封胡国公。至元代被民间奉为门神。其父秦爱旧宅在唐代历城县怀智里。元代历城人张养浩《复龙祥观施田记》言：年幼时“数往来五龙潭。闻故老言，此唐胡国公秦琼第遗址，一夕雷雨，溃而为渊”。

示例：元代杜仁杰《故总帅高侯新茔之碑》：“当辽金迭兴，一时豪杰，匹马孤剑，角逐功名者，为数不少。”

亦作**“单枪匹马”**。唐代汪遵《乌江》：“兵散弓残挫虎威，单枪匹马突重围。英雄去尽羞容在，看却江东不得归。”

亦作**“单人独马”**。明代罗贯中《三国演义》第一百一十回“文鸯单骑退雄兵　姜维背水破大敌”：“鸯部下兵各自逃散，只文鸯单人独马，冲开魏兵，望南而走。”

亦作**“匹马单刀”**。现代冰心《赴敌》：“晓角再吹，余音在树，远远的敌人来也！匹马单刀，苍皇急遽，他也无人相助！”

亦作**“单枪独马”**。清代鸳湖渔叟校订《说唐》第十九回“伍云召弃城败走　勇朱灿杀退师徒”：“曾记得前番打围出来，好不威风，如今弄得单枪独马，如离群之鸟、失队之鱼，好不凄惨。”

肚里打稿

释义：思考作品的内容与作法。喻指心里暗算计。

出处：明代袁于令改编《隋史遗文》第六回“蔡太守随时行赏罚　王小二转面起炎凉”：“叔宝写账：九月十八日结算，除收，净欠纹银一十四两无零。王小二口里虽说秦客人住着好，肚里打稿儿：‘那几件行李值不多银子，有一匹马，又是张口货，他骑了饮水去，我好拦他？就到齐州府寻着公门中的豪杰，那里替他缠得清，倒要折了盘费，丢了工夫，去讨饭账不成？’”

示例：清代嗤嗤道人《警寤钟》第十四回“奸谋鬼赔钱折贴”：“二人遂取两碟小菜，几壶热酒，就在榻前对饮。吃得半酣，杨二心犹在海氏，又放不下那些所去之物，肚里打稿儿，思量事若不成，怎生设个计较，转央林显瑞去取。”

亦作**“腹中打稿”**。明代冯梦龙《警世通言》第二十五卷《桂员外途穷忏悔》：“谁知桂迁自见了施小官人之后，却也腹中打稿，要厚赠他母子回去。”

恩同再造

释义：恩情等同于使人再生。比喻恩情极大，像给了第二次生命一样。

出处：明代袁于令改编《隋史遗文》第十四回“秦夫人见侄起悲伤　罗公子瞒父观操演”：“叔宝躬身答道：‘若蒙姑爹提拔，惠小侄终身遭济，恩同再造。’”

示例：清代李汝珍《镜花缘》第三十回“觅蝇头林郎货禽鸟　因恙体枝女作螟蛉”：“求大贤细细诊视，可有几希之望？倘能救其一命，真是恩同再造。”

亦作**“洪恩再造”**。清代天花藏主人《玉支矶》第十九回“二小姐惊惊喜喜说幽心　两尚书假假真真讨情面”：“尚望老先生推天地之量，广日月之仁，再为一解，则小儿之生，实洪恩再造矣。”

知高识下

释义：谓说话、做事懂得掌握分寸。

出处：明代袁于令改编《隋史遗文》第十九回“柴郡马留寓报德祠　陶苍头送进光泰门”：“齐国远、李如，啸聚山林，青天白日，放火杀人，天地神鬼都不怕他，那里怕那个打黄伞的。却不像秦叔宝委身于公门，知高识下，赶在甬道中间，将四友拦住。”

亦作**“知高识低”**。明代凌濛初《二刻拍案惊奇》卷六“李将军错认舅　刘氏女诡从夫”：“金生是个聪明的人，在他门下，知高识低，温和待人，自内至外没一个不喜欢他的。”

丢在爪哇国

释义：爪哇国，亦写作“爪洼国”，海外古国，其境在今印度尼西亚爪哇岛一带。借指遥远之处。

出处：明代袁于令改编《隋史遗文》第二十三回“老妇人失女诉冤情　众好汉抱愤成义举”：“这个时候连秦叔宝把李药师之言，却丢在爪哇国里去了。”

注释：与袁于令同时期的凌濛初在《初刻拍案惊奇》卷二“姚滴珠避羞惹羞　郑月娥将错就错”写道：“吃这一惊，把那一点勃勃的春兴，丢在爪哇国去了。”

示例：清代曹雪芹《红楼梦》第十回“金寡妇贪利权受辱　张太医论病细穷源”：“金氏听了这半日话，把方才在他嫂子家的那一团要向秦氏理论的盛气，早吓的都丢在爪洼国去了。”

亦作**“钻过爪洼国”**。明代施耐庵《水浒传》第二十三回“王婆贪贿说风情　郓哥不忿闹茶肆”：“那人立住了脚，意思要发作；回过脸来看时，却是一个妖娆的妇人，先自酥了半边，那怒气直钻过爪洼国去了，变作笑吟吟的脸儿。”

亦作**“撇在爪哇国”**。清代东壁山房主人《今古奇闻》卷四《吴保安酬知己忘家》第一回：“此二人面也未曾识认，不过音书传达，遂为知己，生死交情，真是全始全终的了。以视今人受人厚恩，一朝得志，就撇在爪哇国里去的，岂不大相悬绝。”

亦作**“丢到爪哇国”**。当代王春瑜《再说神童》：“到了十二三岁，仲永便完全成了毫无才气的庸人，连他当年红得发紫时作的诗都忘得一干二净，昔日的颖慧，早丢到爪哇国去了。”

亦作**“落向爪哇国”**。明代兰陵笑笑生《金瓶梅词话》第五十四回“应伯爵郊园会诸友　任医官豪家看病症”：“西门庆一个惊魂落向爪哇国去了。”

亦作**“飞到爪洼国”**。清代曾朴《孽海花》第十八回“游草地商量请客单 借花园开设谈瀛会”:“听她哭得凄惨，不要说一团疑云自然飞到爪洼国去，倒更起了怜惜之心。”

秦琼卖马

释义：秦琼卖掉自己的坐骑。指英雄到了困境。

出处：清代褚人获《隋唐演义》第八回“三义坊当铜受腌臜　二贤庄卖马识豪杰”。清代鸳湖渔叟校订《说唐》第五回“秦叔宝穷途卖骏马　单雄信交臂失知音”。

示例：清代唐芸洲《七剑十三侠》第三十六回“杨小舫穷途逢义友　周湘帆好侠结金兰”:“常言：出外一时难。秦琼卖马，子胥吹箫，自古英雄，也曾困乏。”

两肋插刀

释义：指为朋友甘愿做出很大的牺牲。形容重情重义。

出处：清代华广生《白雪遗音·古人名》:“秦琼为友，劫过狱牢，两肋插刀。”

示例：当代梁斌《播火记》:“他好义气，为朋友两肋插刀，不惜牺牲一切。”

杀手锏

释义：锏：一种兵器。指厮杀时击敌制胜的必杀技，比喻最厉害的绝招。

出处：清代鸳湖渔叟校订《说唐》第八回“叔宝神箭射双雕　伍魁妒贤

成大隙”：“若说叔宝的锏，不是父亲所传，一定平常的了，这却又有个缘故，当时秦彝见国家多故，社稷将倾，不知这一腔热血溅于何地，所虑儿子尚幼，恐这秦家锏法从此绝传，岂不可惜！因见总管秦安为人诚实，可托大事，所以将九九八十一路锏法，尽心教传。更有一桩绝技：在阵上杀得人家过，便罢；如若杀不过，只消败下去，使出他秦家的杀手锏来，真乃百发百中，取上将首级如探囊取物。秦安受此重托，后来传了小主，不至埋没秦家双锏。”

示例：现代夏仁虎《旧京琐记》：“当时派陆军大臣荫昌率陆军由京赴汉，而海军大臣萨镇冰以舰队会于长江。某君闻之曰：‘败矣！此所谓杀手锏也。陆、海两大臣同时并出，苟一挫折，孰继其后？’”

亦作**“撒手锏”**。当代陈荫荣讲述《兴唐传》：“山上众人齐声喝彩：‘好锏！’单说这手撒手锏，这是秦琼祖父秦旭传下来的绝技，轻易不能使，因为万一没打中敌人，自己就有性命危险。撒手锏共有三种使法，今天使的这是马上连环撒手锏，还有步下连环撒手锏和马上的致命的撒手单锏。秦琼一辈子一共就使过三回撒手锏，这是头一回。”

欲言又止

释义：想说又停下不说。

出处：清代褚人获《隋唐演义》第十回“东岳庙英雄染病　二贤庄知己谈心”：“雄信点头咨嗟：‘我说这个人，怎么有个欲言又止之意？原来就是叔宝，如今往那里去了？’”

示例：当代王月鹏《另一种桥》：“我一次次走近又离开那座栈桥。当我试图表达我的感受时，总是欲言又止。”

亦作**“欲言而止”**。南宋朱熹、赵师渊《资治通鉴纲目》卷十六：“会侍宴凌云台，瓘佯醉，跪晋主前，欲言而止者三。”

亦作**“欲吐辄止”**。南宋陈亮《与章德茂侍郎》：“每欲与侍郎剧谈一番，而坐有他客，欲吐辄止。”

亦作**"欲吐复茹"**。当代黄树森《〈于无声处〉与思想解放》:"作者们每苦于无一事得免于触犯忌讳,下笔时不能不小心检点,欲吐复茹,百不自在,哪里还有'活跃'的兴致。"

关公战秦琼

释义:把两个根本不相干的事物硬拉扯到一起。多表贬义。

出处:现代老玄坛(本名张杰尧)《笑海》:"翁不解京戏,大怒,唤班主至,令速换一出,再不合意,当下逐客令。班主恐另出再不满意,随请翁自选之。翁又问曰:'汝班中有唱红脸的吗?'班主回答:'有。'(豫人谓须生为红脸)翁又问:'叫何名?'班主误答:'红脸的即是关公。'翁令速演《关公战秦琼》。"

示例:当代王广《颜师古学术思想研究》:"考证时间和空间是准确叙述历史事件的两个重要因素。如果时间因素出错,就会闹出关公战秦琼的笑话,所以颜师古在对史料考证时,非常注重对时间错误做出详细辨析。"

黄幡豹尾

释义:黄幡:黄色的长幅下垂的旗子。豹尾:一种旌旗,常居黄幡对冲。黄幡、豹尾,两者象征太岁身边的神煞,所在之方与太岁一样不可犯。比喻灾祸。

出处:唐代义净译《佛说天地八阳神咒经》:"日游月杀,大将军太岁,黄幡豹尾,五土地神。"

注释:义净:义净(635—713),俗姓张,名文明,唐代高僧,齐州山茌(今济南市长清区)人。咸亨二年(671)由海路前往印度求法取经,历时二十余年,证圣元年(695)回到洛阳,带回梵本经、律、论四百余部,武则天亲自到洛阳东门外迎接,后在洛阳、长安主持翻译六十一部。自著《南海寄归内法传》四卷、《大唐西域求法高僧传》二卷。中国佛教四大译经家之一。《全唐诗》

存其诗七首。日游：日游神，四处游荡的凶神。月杀：亦作“月煞”，月煞神（又名月虚神），既是月内之杀神，也是月内虚耗之神。

示例：明代沈鲸《双珠记》第十六出“狱中冤恨”：“丧门白虎犹粘体，又撞黄幡豹尾来。”

气冲斗牛

释义：气势直冲牵牛星和北斗星。形容怒气或豪气很盛。

出处：唐代崔融《咏宝剑》：“匣气冲牛斗，山形转辘轳。”

语译：匣中宝剑的精气直冲星空，辘轳状的剑首刻有山形花纹。

注释：崔融（653—706），字安成。唐代齐州全节县（今济南市历城区与章丘区交界一带，故城位于历城区董家街道城子村）人，年轻时与李峤、苏味道、杜审言并称“文章四友”，名列第一。参加科举八种科目的考试皆及第。唐中宗李显为太子时任侍读。曾任凤阁舍人、司理少卿、国子司业，唐中宗神龙二年（706）以预修《则天实录》成，封清河县子。去世后追赠卫州刺史，谥号“文”。著有《唐朝新定诗格》，为一代文章大家。

示例：明代戚继光《凯歌》：“万人一心兮，泰山可撼。惟忠与义兮，气冲斗牛。”

亦作**“气冲牛斗”**。元代高文秀《保成公径赴渑池会·楔子》：“恼的我发乍冲冠，怒的我气冲牛斗。他怎做我列臣僚，见廉颇躬身叉手？”

亦作**“气贯斗牛”**。当代段少舫《呼延庆出世》第二十六回“相国寺欧子英立擂　三虎庄老高保搬兵”：“这时，焦夫人一瞧小哥仨个个怒目瞪圆，气贯斗牛。看样子他们早就憋不住了，恨不能肋下生翅，飞奔京城。”

亦作**“志冲斗牛”**。明代无名氏《赵匡胤打董达》第五折：“三位将军，乃人中豪杰，志冲斗牛，气吐凌云。”

大张旗鼓

释义：形容声势和规模很大。

出处：唐代崔融《塞垣行》："蔽山张旗鼓，间道潜锋镝。"

语译：山岭布满了旌旗战鼓，小路埋伏着刀枪剑戟。

注释：此诗《全唐诗》同时收入崔湜名下。明代《神宗实录》卷三百一十七写道："恐行长自金山来援，令中协兵马近宜城，东援两协，西扼援倭。又于三协中摘马兵千五百，与朝鲜合营，由天安、全州、南原而下，大张旗鼓，诈攻顺天等处，以牵行长。"

示例：当代钟叔河《牛头马面》："所以尽管周兴努力学做牛头马面，大张旗鼓地砍脑壳，大张旗鼓地宣传，还是当不上一把手。结果他被交付来俊臣审查，被'请君入瓮'了。"

出尘不染

释义：出于尘泥而不受沾染。比喻身处污浊的环境而能保持纯洁的节操。

出处：唐代崔融《为百官贺千叶莲表》："夫莲花者，出尘离染，清净无瑕。"

注释：北宋周敦颐《爱莲说》写道："予独爱莲之出淤泥而不染，濯清涟而不妖。"南宋史绳祖《学斋占毕》写道："《楚辞》颂橘，取其渡淮为枳，秉性不移；茂叔爱莲，以其濯水弥鲜，出尘不染。"

示例：当代王文耀《音乐艺术》："古奥难解的琴声，是历代失意文人出尘不染、桀骜不驯性格的流露，是中国封建社会严酷地排斥、迫害有用人才的文化折射。"

旷古未闻

释义：自古以来没有听说过。

出处：唐代崔融《为百官贺千叶瑞莲表》："非常之贶，旷古未闻，殊特之珍，历代一见，手舞足蹈，倍百常情。"

语译：这是上天不同寻常的赐赠，自古以来没有听说过，尤为特殊的珍物，过去了多少朝代才得一见，手摇脚跳，高兴的程度超乎常情百倍。

示例：北宋丁特起《靖康纪闻》："切惟赵氏德泽洽于民心，主上仁圣慈俭，天下忻戴。独以奸臣卖国，坐致金兵犯阙，祸变之大，旷古未闻。"

亦作"**亘古未闻**"。明代沈德符《万历野获编·戏物》："蛇未闻能语，若解蛇语则更怪矣。此亘古未闻。"

亦作"**从古未闻**"。唐代白居易《和微之诗二十三首序》："况曩者唱酬，近来因继，已十六卷，凡千余首矣。其为敌也，当今不见；其为多也，从古未闻。所谓'天下英雄，唯使君与操耳'。"

亦作"**自古未闻**"。明代张景岳著《本草正·烟》："此物自古未闻也，近自我明万历时始出于闽广之间，自后吴楚间皆种植之矣。"

手舞足蹈

释义：手摇动，脚跳动，形容极其高兴的情状。亦形容朝仪乐奏，臣下拜舞。

出处：同上。

示例：明代洪应明《菜根谭》："善读书者，要读到手舞足蹈处，方不落筌蹄；善观物者，要观到心融神洽时，方不泥迹象。"

才疏艺薄

释义：才能粗疏，技艺浅薄。

出处：唐代崔融《为王起避讳辞澧阳县令表》："臣才疏艺薄，植此无庸，命偶时来，遘兹多幸。"

语译：我才能粗疏，技艺浅薄，安排在县令位置上实在没有用处。好运投合，时机降临，与之相遇是太多的幸运。

亦作"**才疏学浅**"。清代钱彩《说岳全传》第四十回"杀番兵岳云保家属　赠赤兔关铃结义兄"："先生提了一句，他倒晓得了十句，差不多先生反被学生难倒了，只得见了太夫人说：'小子才疏学浅，做不得他的业师，只好另请高才。'"

亦作"**才蔽识浅**"。南朝梁代江淹《为萧重让扬州表》："臣才蔽识浅，非集誉于乡曲。"

亦作"**才薄能鲜**"。现代杨春洲《呈请熊庆来增加附中预算》："职自蒙青眼，承乏附中以来，虽抱鞠躬尽瘁之心，废寝忘食，终岁彖彖，然才薄能鲜，未能使校致臻于完善，自应引咎，呈请处分。"

亦作"**才疏识暗**"。当代蒋宗许《释"闹篮"》："笔者不惭肤浅，寻绎研索再三，似略有会意。自知才疏识暗，或竟未着边际，故谨陋陈于下，以就教高明。"

亦作"**才浅识薄**"。明代方汝浩《禅真逸史》第十八回"梁武帝愎谏纳降　虞天敏感妻死节"："傅岐俯伏道：'臣才浅识薄，惟恐独力难支。伏乞陛下速选大将，统领羽林军士，背城一战，以决兴亡，岂可束手受困。'"

亦作"**才微识浅**"。清代《赖文光自述》："予虽才微识浅，久知独力难持、孤军难立之势。"

亦作"**学薄才钝**"。《三国志·臧洪传》："学薄才钝，不足塞诘。"

博闻强学

释义：见闻广博，学识充实。

出处：唐代崔融《报三原李少府书》："足下博闻强学，丰才赡思。"

注释：赡：充足，丰富。

示例：当代刘海峰《再论唐代秀才科的存废》："很难想象博闻强学、深明历代制度沿革的杜佑会不知道曾作《初学记》等书之徐坚，曾于贞元四年、五年知贡举的礼部侍郎刘太真等人是'秀才及第'。"

亦作**"博学多识"**。当代王永宽《古籍所见超强记忆事实·一行》："当时有位名叫卢鸿的文士，道行很高而且博学多识，在嵩山隐居，普寂就请卢鸿写一篇文章记述这次盛大的法会。"

亦作**"博学多闻"**。西汉刘安《淮南子·本经训》："晚世学者，不知道之所一体，德之所总要，取成之迹，相与危坐而说之，鼓歌而舞之，故博学多闻而不免于惑。"

亦作**"达学洽闻"**。《后汉书·班固传》："弘农功曹史殷肃，达学洽闻，才能绝伦，诵《诗》三百，奉使专对。"

亦作**"博学通识"**。北宋余靖《荐李觏状》："臣窃见建昌军草泽李觏，博学通识，包括古今，潜心著书，研极治乱，江南儒士，共所师法。"

亦作**"硕学多闻"**。南朝陈代慧恺《阿毗达磨俱舍释论序》："有三藏法师俱罗那他，聪敏强记，才辩无竭，硕学多闻，该通内外。"

亦作**"赡学多闻"**。见后"赡学多闻"条。

赡学多闻

释义：学识丰赡，见闻广博。

出处：唐代李峤《授崔融著作郎制》："具官崔融，长才广度，赡学多闻，词丽杨班，行高曾史。"

注释：具官：官吏在奏疏中，把应写明的官职写作"具官"。长才广度：才能出众，器量宏大。杨班：汉代文学家扬雄与班固的并称。杨，通"扬"。曾史：春秋时期曾参和史鳅的并称。古代视为仁与义的典型人物。

示例：唐代崔尚《唐天台山新桐柏观颂并序》："夫其通才练识，赡学多闻，翰墨之工，文章之美，皆忘其所能也。"

重光累洽

释义：洽：融洽，谐和。指前后帝王功绩相继，国家累世升平。

出处：唐代崔融《嵩山启母庙碑》："重光累洽，下武嗣文，负扆而化，垂衣以君。"

语译：传接光明，再续融洽，圣者继承先王功业。背靠屏风，临朝而教化万民；定衣之制，示礼以治理天下。

示例：北宋章惇《清汴记》："圣作神述，重光累洽，文柔武刚，迩和远怀。"

亦作**"重熙累洽"**。东汉班固《东都赋》："至乎永平之际，重熙而累洽。"唐代刘晏《郊庙歌辞·享太庙乐章·惟新舞》："三光再朗，庶绩其凝。重熙累洽，景命是膺。"

亦作**"重熙累盛"**。南宋邵䌖《〈崧庵集〉跋》："列圣相承，重熙累盛。"

亦作**"重熙累叶"**。清代吴伦彰《〈庆元县志〉序》"我国家重熙累叶，大化涵濡，稽古右文，崇儒重道，固已集四库之大成，合三通而美备矣。"

风雨萧条

释义：风雨交加，景象冷清寂寥。

出处：唐代崔融《嵩山启母庙碑》："访遗踪于女峡，风雨萧条；征往事于姑泉，弦歌响亮。"

语译：寻访遗踪于长江神女峡（即巫峡），仍然风雨交加，景象凄清；验证往事于临城舒姑泉，依旧奏乐歌唱，声音响亮。

示例：明代汤显祖《还魂记·闹殇》："春香侍奉小姐，伤春病到深秋，今夕中秋佳节，风雨萧条。"

郢匠挥斤

释义：《庄子·徐无鬼》载，名叫石的匠人挥斧削去郢（楚国都城）人涂在鼻端的白粉，而不伤其人。比喻技艺纯熟高超。

出处：唐代崔融《嵩山启母庙碑》："周官置臬，郢匠挥斤，异态神行，全模化造。"

语译：周朝官员设置测量日影的标杆，郢城匠人挥斧削去鼻端的白粉，神异的姿态和行为，完全是仿效与顺应自然万物。

示例：清代朱依真《论词绝句》："不逢郢匠挥斤手，楮叶三年刻未成。"

亦作**"郢人斤斧"**。北宋苏辙《和子瞻濠州七绝·观鱼台》："庄子谈空惠子听，郢人斤斧俟忘形。"

亦作**"郢人斤斫"**。唐代刘禹锡《翰林白二十二学士见寄诗一百篇，因以答贶》："郢人斤斫无痕迹，仙人衣裳弃刀尺。"

亦作**“郢人运斧”**。当代周振甫《中国修辞学史》：“用笔极为巧妙，像郢人运斧削去涂在鼻上薄如蝇翼的白土。”

亦作**“大匠挥斤”**。清代车万育《声律启蒙》：“贤人视履循规矩，大匠挥斤校准绳。”

亦作**“大匠运斤”**。南宋惠洪《冷斋夜话》：苏东坡曾经说：“渊明诗初视若散缓，熟看有奇句……大率才高意远，则所寓得其妙，造语精到之至，遂能如此，如大匠运斤，不见斧凿之痕”。

亦作**“运斤成风”**。北宋苏轼《书吴道子画后》：“出新意于法度之中，寄妙理于豪放之外，所谓游刃余地，运斤成风，盖古今一人而已。”

亦作**“郢匠乘风”**。唐代张怀瓘《书断》：王洽“书兼诸法，于草尤工。落简挥毫，有郢匠乘风之势”。

亦作**“郢人斫垩”**。见后“郢人斫垩”条。

恶贯祸盈

释义：贯：钱串。形容作恶太多，罪大恶极，末日临头。

出处：唐代崔融《谏税关市疏》：“独有默啜，假息孤恩，恶贯祸盈，覆亡不暇。”

语译：唯独有突厥首领默啜，苟延残喘，忘恩负义，罪大恶极，其倾覆灭亡已经来不及挽回。

示例：现代醴陵浙赣铁路抗敌后援会《致航总指挥部电》：“倭寇侵略，恶贯祸盈，我飞将军，勇敢杀贼，屡挫凶锋，近更远征海外，建立奇功，声威所播，薄海同钦。”

亦作**“恶积祸盈”**。南朝梁代丘迟《与陈伯之书》：“北虏僭盗中原，多历年所，恶积祸盈，理至燋烂。”

亦作**“恶贯满盈”**。明代许仲琳《封神演义》第二十九回“斩侯虎文王托孤”：“子牙曰：‘崇侯虎恶贯满盈，今日自犯天诛，有何理说？’”

亦作“**恶贯久盈**”。唐代陆贽《议汴州逐刘士宁事状》：“伏以刘士宁昏荒暴慢，恶贯久盈。”

亦作“**恶贯已盈**”。清代梁恭辰《池上草堂笔记》：“盖巨盗恶贯已盈，不能幸逃国法。”

亦作“**恶稔贯盈**”。唐高祖李渊《讨王世充诏》：“贼既粮尽计竭，众叛亲离，恶稔贯盈，亡征已见。”

亦作“**恶稔祸盈**”。唐代柳宗元《为裴中丞上裴相贺破东平状》：“况师道恶稔祸盈，鬼怨神怒，恣行悖慢，敢肆欺诬。天兵四临，所至皆捷。”

亦作“**恶稔罪盈**”。唐代张巡《谢金吾将军表》：“臣被围四十七日，凡一千八百余战。主辱臣死，当臣效命之时；恶稔罪盈，是贼灭亡之日。”

轻死重义

释义：指以义气为重而不怕死。

出处：唐代崔融《谏税关市疏》：“若乃富商大贾，豪宗恶少，轻死重义，结党连群。”

语译：至于有钱有势的大商人、豪门大族、为非作歹的年轻人，讲究义气，不顾生死，结为同党，连成群体。

示例：清代张亮采《中国风俗史》：“战国时代，强力轻死之风尤甚，故任侠刺客如豫让、要离、墨子、孟胜、徐弱、聂政、蔺相如、信陵君、朱亥、毛遂、鲁仲连、王蠋、虞卿、平原君、唐雎、缩高、荆轲、高渐离、田光、樊於期辈，皆先人后己，勇悍坚卓。其轻死重义之风操，若能尽轨于正，因可使社会上无不平之事也。”

亦作“**轻死重气**”。东汉张衡《西京赋》：“都邑游侠，张赵之伦。齐志无忌，拟迹田文。轻死重气，结党连群。实蕃有徒，其从如云。”

兽穷则搏

释义：指野兽陷于绝境必然进行搏噬反扑。喻人被逼入困窘之境，便会竭力反击。

出处：唐代崔融《谏税关市疏》："加之以重税，因之以威胁，一旦兽穷则搏，鸟穷则攫，执事者复何以安之哉？"

示例：北宋张方平《安民》："语曰：鸟穷则啄，兽穷则搏，民穷斯为盗矣。"

亦作**"兽穷则啮"**。西汉韩婴《韩诗外传》卷二："兽穷则啮，鸟穷则啄，人穷则诈。自古及今，穷其下能不危者，未之有也。"

亦作**"兽穷则攫"**。北宋司马光《应诏言朝政关失事》："臣恐鸟穷则啄，兽穷则攫，民穷困已极，而无人救恤，羸者不转死沟壑，壮者不聚为盗贼，将何之矣？"

亦作**"兽困则噬"**。《宋书·谢晦传》："然归死难图，兽困则噬，是以爰整其旅，用为过防。"

正末端本

释义：若矫正末梢，首先须端正根本。

出处：唐代崔融《代皇太子清家令寺地给贫人表》："关辅之地，萌庶孔殷，丁壮受田，罕能充足，所以水旱之岁，家室未丰；正末端本，思有裨助。"

注释：关辅：京城长安附近地区。萌庶：百姓。孔殷：众多。裨助：助益。后多写作"端本正末"。

示例：当代黎臻《两晋文士的人生趣味与文学世界》："潘岳指出统治阶级要以民为本，以农为先，端本正末，才能使天下富足。"

亦作**“端本肇末”**。唐代张九龄《故襄州刺史靳公遗爱铭并序》:“莫不教之诲之，优之柔之，从者善之，否则威之，先德后刑，端本肇末。”

亦作**“端本靖末”**。《晋书·王导传》:“先进忘揖让之容，后生惟金鼓是闻，干戈日寻，俎豆不设，先王之道弥远，华伪之俗遂滋，非所以端本靖末之谓也。”

浅知薄能

释义：知，同“智”。识见肤浅，才能薄弱。

出处：唐代崔融《为温给事请致仕归侍表》:“贪荣徇禄，惟迫于甘旨；浅知薄能，岂期于闻达。”

注释：徇禄：营求俸禄。指出仕。甘旨：养亲的食物。指对双亲的奉养。闻达：显达，被称扬荐拔。

亦作**“浅智褊能”**。西汉东方朔《七谏·初放》:“浅智褊能兮，闻见又寡。”

亦作**“才薄智浅”**。明代罗贯中《三国演义》第九十八回“追汉军王双受诛 袭陈仓武侯取胜”:“懿曰:‘某才薄智浅，不称其职。’”

良金美玉

释义：比喻精粹完美。

出处：《旧唐书·杨炯传》:“说曰:‘李峤、崔融、薛稷、宋之问之文，如良金美玉，无施不可。’”

语译：张说说道:“李峤、崔融、薛稷、宋之问的诗文，有如良金美玉，无论用在何处都很得当。”

示例：《宋史·黄洽传》:“上首肯再三，乃曰:‘卿如良金美玉，浑厚无瑕，天其以卿为朕弼？’”

亦作**“精金美玉”**。北宋苏轼《答谢民师书》:“欧阳文忠公言，文章如精

金美玉，市有定价，非人所能以口舌定贵贱也。”

亦作“**精金良玉**”。南宋牟子才《乞斥枉道干谒者疏》：“天下惟精金不变，惟良玉不烬，惟大廉不污，惟真儒不磷。或变或烬，非精金良玉也。或贪或磷，非大廉真儒也。”

无施不可

释义：用在任何地方均甚得当。

出处：同上。

示例：北宋欧阳修在《六一诗话》：“退之笔力，无施不可，而尝以诗为文章末事，故其诗曰：‘多情怀酒伴，余事做诗人’也。”

方寸地

释义：一小块地方。

出处：《新唐书·员半千传》：“陛下何惜玉陛方寸地，不使臣披露肝胆乎？”

语译：陛下为何吝惜宫殿台阶前的方寸之地，不让臣到那里向您表明忠肝赤胆呢？

注释：员半千（628—721），字荣期，唐代齐州全节（今济南）人。本名余庆，年轻时拜王义方为师，深受赏识，老师常说：“五百年出现一位贤者生，您正应了这句话。”因此改为半千。入仕后得高宗、武后器重。中宗时为濠州刺史。睿宗时官至太子右谕德，兼崇文馆学士，加银青光禄大夫，封平原郡公。玄宗开元初年去世。《新唐书》写道：“半千事五君，有清白节。”亦指心田。《列子·仲尼》写道：“吾见子之心矣，方寸之地虚矣。”南宋罗大经《鹤林玉露》写道：“俗语云：‘但存方寸地，留与子孙耕。’指心而言也。三字虽不见于经传，却亦甚雅。”

示例：师长生、戴克《骗术世界——旧上海骗局写真》："茶馆方寸地，骗术万花筒。"

青钱万选

释义：原指文辞极佳，有如青钱，人人喜爱，万选万中。后比喻文才出众。

出处：《新唐书·张荐传》："员外郎员半千数为公卿称鷟文辞犹青铜钱，万选万中。时号鷟'青钱学士'。"

语译：任员外郎的员半千多次对高官说："张鷟的文章，好像是青铜钱，万选万中。"当时的人们称张鷟"青钱学士"。

注释：青铜钱：专指初唐时铸造的一种铜色青白的开元通宝，厚重精美，超逾常制。

示例：北宋晏殊《示张寺丞王校勘》："无可奈何花落去，似曾相识燕归来。游梁赋客多风味，莫惜青钱万选才。"

亦作**"万选青钱"**。清代荻岸山人《平山冷燕》第十九回"道路联姻奇作合"："二人到了三场，场中做的文字，犹如万选青钱，无人不赏。及放榜之期，燕白颔高高中第一名解元，平如衡中了第六名亚魁。"

青钱学士

释义：誉称才学之士。

出处：同上。

示例：北宋刘子翚《有怀·张巨山》："青钱学士妙文章，便合含毫侍帝旁。"

青钱入选

释义：称科举考试高中。

出处：同上。

示例：明代朱鼎《玉镜台记》第十六出“绝裾辞母”：“堪叹青钱入选，名利牵人一线。”

亦作**“青钱中选”**。明代沈鲸《双珠记》第三十五出“廷对及第”：“神龙出潜，际风云飞腾广渊；青钱中选，泥金信乡闾喜谈。”

亦作**“青钱高选”**。清代云封山人《铁花仙史》第十四回“真节烈逢狼狈接木移花”：“先至诚斋衙中，叔侄相见，诚斋见侄儿青钱高选，自然喜悦。”

青钱选

释义：喻科举考试。

出处：同上。

示例：北宋黄庭坚《次韵文潜立春日三绝句》之（其二）：“谁怜旧日青钱选，不立春风玉笋班。”

亦作**“青钱之选”**。清代云封山人《铁花仙史》第十八回“定海关文士谈兵”：“秋遴道：‘儒兄既就绛帐之约，紫兄亦赴青钱之选，二兄行色匆匆，俱于明日就道，弟在此得无离索之叹乎？’”

万选万中

释义：每次都被选中。

出处：同上。

示例：明代江珰《新刻伤寒论序》："盖一证一方，万选万中，回生起死，千载合符，陶隐居称为群方之祖，孙真人叹其特有神功，岂无征哉！"

狂风暴雨

释义：指大风大雨。亦比喻声势猛烈或处境险恶。

出处：唐代孟云卿《行路难》："君不见长松百尺多劲节，狂风暴雨终摧折。"

注释：孟云卿（725—？），字升之，唐代平昌人（一说河南人，昌平乃其郡望），诗人，进士，官校书郎，今存诗 18 首。平昌县，五代时改为德平县，1956 年德平县撤销。今多有学者认为孟云卿故里在今济南市商河县西北，或言在原德平县城东南二十里许（比如张忠纲、綦维、孙微著《山东杜诗学文献研究》，齐鲁书社 2004 年出版）。原德平县城东南二十里的怀仁区 1956 年划归商河县，今为位于商河县西北的怀仁镇。

示例：宋代梅尧臣《惜春三首》之二："前日看花心未足，狂风暴雨忽无凭。"

亦作**"狂风骤雨"**。元代杨显之《临江驿潇湘秋夜雨》第四折："我沉吟罢仔细听来，原来是唤醒人狂风骤雨。"

亦作**"暴风骤雨"**。明代吴承恩《西游记》第六十九回"心主夜间修药物　君王筵上论妖邪"："行者笑道：'有雌雄二鸟，原在一处同飞，忽被暴风骤雨惊散。雌不能见雄，雄不能见雌，雌乃想雄，雄亦想雌，这不是"双鸟失群"也？'"

亦作**“飘风骤雨”**。唐代李白《草书歌行》:“吾师醉后倚绳床，须臾扫尽数千张。飘风骤雨惊飒飒，落花飞雪何茫茫。”

亦作**“飘风暴雨”**。管仲《管子·小匡》:“时雨甘露不将，飘风暴雨数臻。”

亦作**“飘风急雨”**。宋代王安石《祭欧阳文忠公文》:“其清音幽韵，凄如飘风急雨之骤至；其雄辞闳辩，快如轻车骏马之奔驰。”

亦作**“飘风疾雨”**。明代沈德符《万历野获编·内阁二·大臣被论》:“盖一时同声附和，正如飘风疾雨，久之天日自然清明。物论之定，固不待盖棺也。”

行无定止

释义：不停地前行。

出处：唐代张彪《北游还酬孟云卿》:“行行无定止，懔坎难归来。”

语译：走了又走，没有安顿止息的地方，生活失意坎坷，难以回来。

示例：南宋杨万里《和仲良春晚即事》:“欲与东风说，休吹堕絮飞。吾行无定止，魂梦岂忘归。”

宋金元时期

济南成语汇录

JINAN CHENGYUHUILU

扬袂倚市

释义：街市上倚门招手，招揽顾客。

出处：北宋苏轼《书刘庭式事》："庭式曰：'吾知丧吾妻而已。有目亦吾妻也，无目亦吾妻也。吾若缘色而生爱，缘爱而生哀，色衰爱弛，吾哀亦忘。则凡扬袂倚市，目挑而心招者，皆可以为妻也耶？'"

语译：刘庭式说："我只是知道我妻子死了。她有眼睛也是我妻子，没有眼睛还是我妻子。我如果是因为美貌而生爱，因为爱而生悲哀，爱就会因为美貌衰减而消退，我的悲哀也会忘掉。那么凡是在街市上扬袖倚门、眼睛挑逗、神情招引的女子，都可以做我的妻子吗？"

注释：刘庭式，字得之，北宋齐州（今济南）人，进士，其任密州（今山东省诸城市）通判时，苏轼任知州，苏轼弟苏辙任齐州掌书记。刘庭式后曾任朝请郎、监太平观（位于今江西省九江市）。

示例：当代杨栋《闲话食谱》："好多次出差坐在车上，凭窗而望，常见许多'路边店'酒旗飞扬，生意兴隆，更有不少美人娇女，扬袂倚市，红裙广袖，目挑心招。"

露红烟紫

释义：形容花木的色彩鲜艳。

出处：北宋曾巩《芍药厅》："小碧阑干四月天，露红烟紫不胜妍。"

语译：春天的四月，嫩绿枝叶纵横交错，各色花朵浥露笼烟，十分娇艳。

注释：曾巩（1019—1083），字子固，世称南丰先生。江西南丰人。宋代著名史学家、文学家，明清时被标举为散文写作的"唐宋八大家"之一。熙宁四年（1071）六月至六年（1073）九月任齐州（今济南）知州，《芍药厅》诗作于熙宁五年（1072）。芍药厅应位于州署内。

示例：当代朱大路《琉森》："有六百多年历史的卡佩尔桥，带着一溜屋檐，雄踞在罗伊斯河上，木头桥身缀满了花朵，露红烟紫，一片娇妍，像在操办盛事。"

亦作**"露红烟绿"**。北宋晏几道《泛清波摘遍》："催花雨小，著柳风柔，都似去年时候好。露红烟绿，尽有狂情斗春早。"

人微言贱

释义：地位低下，言论不受人重视。亦用作自谦之词。

出处：北宋曾巩《泰山祈雨文》："方夏久旱，麦苗将萎。吏思其由，奔走群望，而人微言贱，不能上动。频阴复散，忽已兼旬。"

语译：时值夏初，齐州已经久旱，麦苗将要枯死。我自省为官之失，不停地奔走去祭拜山灵天神，然人物渺小，话语轻贱，不能感动上苍。阴云频频聚合，却又无雨而散，如此这般忽忽已经二十天了。

注释：此文作于熙宁六年（1073）齐州知州任上。

示例：当代《李国文新评〈三国演义〉》："因为作为单个的人来讲，处在社会生活的较低层面，人微言贱，无足轻重，攀援乏力，出头无望。只有同声共气，相互援引，生死以助，不分你我的义兄义弟，才能立足，才能挣扎，也才能奋斗。结义的实质，不就是这么一回事么？"

亦作**"人微言轻"**。北宋苏轼《上执政乞度牒赈济及因修廨宇书》："某已三奏其事，至今未报，盖人微言轻，理当自尔，然亦恐监司诸郡，不尽以实奏。"

亦作**"人微言薄"**。南宋吕祖谦《与陈莹中书》："有知识者，孰不欲辨明？第以人微言薄，不足以胜朋奸之凶焰，故隐忍耳。"

亦作**"身轻言微"**。《后汉书·孟尝传》："桓帝时，尚书同郡杨乔上书荐尝曰：'臣前后七表言故合浦太守孟尝，而身轻言微，终不蒙察。'"

垂光简编

释义：作品在古今图书中光芒四射。

出处：北宋曾巩《祭欧阳少师文》："惟公学为儒宗，材不世出。文章逸发，醇深炳蔚。体备韩马，思兼庄屈。垂光简编，焯若星日。绝去刀尺，浑然天质。"

注释：此文是熙宁五年（1072）在齐州知州任上，为祭悼当年八月逝世的其师欧阳修所作。逸发：高超，舒展。炳蔚：文采鲜明华美。韩马：韩愈，司马迁。庄屈：庄子，屈原。刀尺：喻指文辞刻意经营。

示例：清代爱新觉罗·玄烨:《省台箴》："古昔诤臣，风规凛然，吁谟谠论，垂光简编。朕每览绎，如鉴在悬。"

绝去刀尺

释义：完全不去刻意剪裁、过分雕琢。

出处：同上。

示例：南宋孙觌《曾公卷文集序》："公文章固自守家法，而学诗以母夫人鲁国魏氏为师。句法清丽，绝去刀尺，有古诗之风。"

浑然天质

释义：形容诗文结构严密自然，用词运典毫无斧凿痕迹。亦形容人的才德纯朴完美。

出处：同上。

示例：南宋真德秀《〈梅溪续集〉跋》："至于为诗与文，绝去雕琢，浑然天质，一登临，一燕赏，以至赋一卉木，题一岩石，惓惓忠笃之意，亦随寓焉。"

亦作**"浑然天成"**。唐代韩愈《上襄阳于相公书》："阁下负超卓之奇才，蓄雄刚之俊德，浑然天成，无有畔岸。"

亦作**"天然浑成"**。明代王世贞《书李西涯古乐府后》："吾向者妄谓乐府发自性情，规沿风雅。大篇贵朴，天然浑成；小语虽巧，勿离本色。"

亦作**"浑然自成"**。当代李晓黎《中国风景名胜区中的文化景观》："中国风景名胜区中园林创作注重将具备瘦、皱、漏、透等性质特征的山石以独特技法加以堆叠，作为园景中重要视线焦点或障景之物，造就了浑然自成的园林意境。"

初终若一

释义：自始至终一个样子。指能坚持，不间断。

出处：北宋曾巩《祭欧阳少师文》："维公平生，恺悌忠实。内外洞彻，初终若一。"

注释：恺悌：安和快乐，谦逊和蔼。

示例：当代黄炳章《为学做人，初终若一——记白敦仁老师》。

亦作**"终始如一"**。《荀子·议兵》："虑必先事而申之以敬，慎终如始，终始如一，夫是之谓大吉。"

亦作**"始终如一"**。南朝梁代萧统《与晋安王纲令》："明公儒学稽古，淳厚笃诚，立身行道，始终如一。"

亦作**"始终若一"**。《北史·房谟传论》："房谟忠勤之操，始终若一。"

亦作**"终始若一"**。《魏书·高闾传》："为政之道，终始若一。"

亦作**"初终如一"**。明代李贽《答周柳塘》："氏既初终如一，敬礼不废，我自报德而重念之，有冤必代雪，有屈必代伸。"

亦作**"始终一贯"**。现代鲁迅《我观北大》："虽然很中了许多暗箭，背了许多谣言；教授和学生也都逐年地有些改换了，而那向上的精神还是始终一贯，不见得弛懈。”

朝秦暮楚

释义：早上还在秦地，晚上已到楚地。比喻行踪不定，四处漂泊。战国时期秦楚两个诸侯大国相互争斗，有的小国和游说之士，时而依附秦，时而依附楚。比喻人或事反复无常。

出处：北宋晁补之《北渚亭赋》：“仕如行贾，孰非逆旅，托生理于四方，固朝秦而暮楚。”

语译：外出做官如行走各地的商人，哪人不是旅居客馆？奔走四方以求生计，自然行踪无定，早上在秦地，晚上就到了楚地。

注释：晁补之（1053—1110），字无咎，号归来子。济州巨野（今山东省巨野县）人，宋代著名文学家。元丰二年（1079）举进士第一。“苏门四学士”之一。元祐八年（1093）六月至绍圣二年（1095）正月任齐州知州。北渚亭，曾巩任齐州知州时建，位于州城北城墙之上。二十余年后，晁补之见其久废，重建。“朝秦暮楚”的“反复无常”之义，亦见于晁补之《海陵集序》：“战国异甚，士一切趋利邀合，朝秦而暮楚不耻，无春秋时诸大夫事业矣。”晁补之《续楚辞序》：“与夫去君事君、朝楚而暮秦、行若犬彘者比，谓原虽与日月争光可也，岂过乎哉！”

示例：清代李汝珍《镜花缘》第三十四章“悟心性证本真还归仙界”：“他道：‘你这猴子好不晓事，也不看看外面光景。此时四处兵荒马乱，朝秦暮楚，我勉强做了一部《旧唐书》，哪里还有闲情逸致弄这笔墨。’”

亦作**“朝梁暮晋”**。元代马致远《西华山陈抟高卧》第一折：“因见五代间世路干戈，生民涂炭，朝梁暮晋，天下纷纷，隐居太华山中，以观时变。”

亦作**“朝梁暮周”**。明代李东阳《王凝妻》：“不憾妾身出无主，但憾妾身为妇女。君不见中原将相夸男儿，朝梁暮周皆逆旅。”

亦作**“朝梁暮陈”**。明代杨慎《绝句衍义笺注》:“昨别下泪而送旧，今已红妆而迎新，娼楼之本色也。六朝君臣，朝梁暮陈，何异于此。”

亦作**“晨秦暮楚”**。清代王夫之《读四书大全说·孟子·公孙丑下二》:“乃游士之失守者，唯恐不得为臣，而早定臣礼，于是晨秦暮楚，无国而不为臣，无君而非其君。此与失节之妇，尽人可夫者无以异，则不但毁道轻身，而君臣之伦亦丧。”

亦作**“暮楚朝秦”**。明代张岱《陶庵梦忆·日月湖》:“四明缙绅，田宅及其子，园亭及其身。平泉木石，多暮楚朝秦，故园亭亦聊且为之，如传舍衙署焉。”

亦作**“朝吴暮楚”**。明代祝允明《与唐寅书》:“夫谓千里马者，必其朝吴暮楚，果见其迹耳；非谓表露骨相，令识者苟以千里目，而终未尝一长驱，骇观于千里之人，令慕服誉赞，不容为异词也。”

浩若烟海

释义：广大繁多如雾气迷茫的大海。

出处：北宋晁补之《北渚亭赋》:“其下陂湖汗漫，葭芦无畔，菱荷荇藻，蘅茎杜茝，众物居之，浩若烟海。”

注释：汗漫：渺茫无际。蘅：蘅芜，古书上说的一种香草。茎：古书上说的一种香草。杜：杜衡，多年生草本，花暗紫色。《楚辞·九歌·湘夫人》写道：“芷葺兮荷屋，缭之兮杜衡。”茝：古书上说的一种香草。

示例：当代黄世瑞《中国古代科学技术史纲：农学卷》:“中国是一个伟大的诗之国，千百年来，著名诗人，灿若群星，光辉诗篇，浩若烟海。”

亦作**“浩如烟海”**。北宋司马光《进〈资治通鉴〉表》:“遍阅旧史，旁采小说，简牍盈积，浩如烟海，抉擿幽隐，校计毫厘。”

亦作**“浩如沧海”**。隋代释真观《梦赋》:“浩如沧海，郁似邓林。”

亦作**“浩若渊海”**。清代刘振镛《汲古集联后序》:“夫有奇必有偶，前哲固已言之，然古今文字浩若渊海，岂易探骊得珠，尝见一语天然，即已脍炙人口。”

良工巧匠

释义：指工艺技术高超的人。

出处：北宋李格非《洛阳名园记·李氏仁丰园》：“李卫公有《平泉花木记》，百余种耳，今洛阳良工巧匠，批红判白，接以他木，与造化争妙，故岁岁益奇且广。”

语译：唐代李德裕著有《平泉山居草木记》，记载花木不过一百余种。如今洛阳的技术高超的花匠，削截剖分，嫁接花木，与大自然竞美争妙，因此花木一年比一年形态更奇，品种更多。

注释：李格非，字文叔，齐州（今济南）人，北宋文学家，女词人李清照之父，“苏门后四学士”之一。熙宁九年（1076）进士及第，曾任礼部员外郎、提点东京刑狱等官。

示例：现代侯仁之《北京城的生命印记》：“自然，它的建成，首先要归功于劳动人民的胼手胝足，但是这其间还有哪些良工巧匠，想来更是大家所想知道的。”

亦作**“能工巧匠”**。明代许仲琳《封神演义》第三回“姬昌解围进妲己”：“能工巧匠费经营，老君炉里炼成兵。造出一根银尖戟，安邦定国正乾坤。”

亦作**“能人巧匠”**。当代康濯《太阳初升的时候》：“这个青年二十岁，细高条儿，黑黑的俊俊的脸蛋，眉眼和神情透着逗人喜爱的腼腆。其实既是个细琢细磨的能人巧匠，也有着敢想敢干的猛烈劲儿。”

批红判白

释义：批：削。判：分开。红白：指花卉。谓嫁接花木，亦指对花木品评挑选。

出处：同上。

示例：当代陈从周《扬州园林与住宅》："按扬州画派的作品，以花卉为多，摹写对象当然为习见的园林花木，经画家们的挥洒点染，都成了佳作，则扬州园林中的花木其影响可见。反之，画家对园林花木批红判白，以及剪裁、配置、构图等对花木匠师亦有一定的启发与促进。"

天授地设

释义：天然所成就的事物。形容人或事物浑然天成。

出处：北宋李格非《洛阳名园记·水北胡氏二园》："凡登览而惝恍，俯瞰而峭绝，天授地设，不待人力而巧者，洛阳独有此园尔。"

语译：凡是登高览胜者无不徘徊，俯瞰景物者皆感陡峭耸立，其美好如天然生成、无须人工的，洛阳只有这个园林了。

示例：当代张亦文《清明杂谈——从〈清明上河图〉谈起》："艮岳之美犹如天授地设，为浩穰京师之美锦上添花，但由于金人的烧杀虏掠和黄水灭顶之灾，一切辉煌成就均已灰飞烟灭或湮没于地下。"

亦作**"天生地设"**。清代曹雪芹《红楼梦》第五十七回"慧紫鹃情辞试忙玉　慈姨妈爱语慰痴颦"："因薛蟠素习行止浮奢，又恐糟蹋人家的女儿。正在踌躇之际，忽想起薛蝌未娶，看他二人恰是一对天生地设的夫妻，因谋之于凤姐儿。"

亦作**"天造地设"**。北宋赵佶《艮岳记》："真天造地设，神谋化力，非人所能为者。"

一己之私

释义：个人的私欲。亦指个人的私见。

出处：北宋李格非《书〈洛阳名园记〉后》："公卿大夫方进于朝，放乎一己之私，自为之而忘天下之治忽，欲退享此，得乎？"

语译：公卿大夫们正为朝廷任用时，若放纵个人的私欲，为所欲为，而不顾国家的安定与混乱，只想退休后享受园林之乐，这能得到吗？

示例：清代陈讲《饬群臣和衷疏》："大小臣工，正当蹇躬尽瘁，协志同心，以承陛下之德，以建太平之基，可也。而可相忌相疑，切齿忿恨，倒戈相攻，以快一己之私哉？"

亦作**"一己之见"**。南宋周煇《清波杂志》卷八："近时曾公端伯亦编《皇宋百家诗选》，去取任一己之见。"

识明智审

释义：识见明敏，智虑周详。

出处：南宋张琰《〈洛阳名园记〉序》："观文叔之记，可以致近世之盛，又可以信文叔之言为不苟。且夫识明智审，则虑事精而信道笃，随其所见浅深为近远小大之应。"

语译：读李格非这篇记，可以获知近代（指北宋）的繁盛，又可以确信李格非为文不草率。况且李格非识见明敏，智思周详，因此谋虑事情精细，信奉正道坚定，他所作的不同的前瞻和预判，后来皆有相应的明验。

示例：当代张海龙《唐君毅之〈老子〉哲学研究述论》："若只从某一方面来说，显然是不全面、不准确的；或虽然注意到了其不同的层面，但却各自为政，不讲四个层面之间的贯通性也非明智之举；或注意到了四个层面之间的贯通性而忽略了它们之间的差别，更非识明智审。”

争妍竞巧

释义：互相竞争以各自的美丽和精巧。

出处：南宋张琰《〈洛阳名园记〉序》：“加以富贵利达、优游闲暇之士，配造物而相妩媚，争妍竞巧于鼎新革故之际。”

语译：加上富贵显达、退隐悠闲之人，依据自然条件又设法与之相互辉映，在王安石变法时建造的园林竞显美丽精巧。

示例：明代萧大亨《〈九愚山房集〉序》：“夫先生既以其宏且巨者，用之于经世济物，复出其绪余，勒成一家言，犹足以追正始之音，标作者之帜，则功业文章，盖兼而有之，岂仅仅雕虫刻画，与夫操觚缀文之士争妍竞巧于词章之末已也？”

亦作**“争妍斗奇”**。南宋吴曾《能改斋漫录·方物·芍药谱》：“孔常甫初官维扬，以维扬芍药甲天下，因取其名以叙云：‘扬州芍药，名于天下，非特以多为夸也。其敷腴盛大，而纤丽巧密，皆他州之所不及。至于名品相压，争妍斗奇，故者未厌，而新者已盛。州人相与惊异，交口称说，传于四方。’”

绿肥红瘦

释义：绿叶始盛，红花渐谢。指暮春景色。

出处：北宋李清照《如梦令·昨夜雨疏风骤》：“试问卷帘人，却道海棠依旧。知否，知否，应是绿肥红瘦。”

注释：李清照（1084—约1156），号易安居士，李格非之女，济南人，宋代著名文学家，尤其词作风格独具，时人誉之为“易安体”，后世将其与南宋另一位济南籍著名词人辛弃疾（字幼安）并称“济南二安”。

示例：现代庐隐《窗外的春光》：“这孩子真古怪得可以，十零岁的孩子前途正远大着呢，这春花老残，绿肥红瘦，怎能惹起她那么深切的悲感呢？”

宠柳娇花

释义：惹人宠爱的柳色，娇艳的花枝。形容春色。

出处：宋代李清照《念奴娇·萧条庭院》：“宠柳娇花寒食近，种种恼人天气。”

示例：郁达夫《木曾川看花》：“轻帆细雨刚三月，宠柳娇花又一村”。

感月吟风

释义：指吟诗填词。亦指因自然景物和男女间感情而引发的吟咏。

出处：南宋李清照《临江仙·庭院深深深几许》：“感风吟月多少事，如今老去无成。谁怜憔悴更凋零。试灯无意思，踏雪没心情。”

注释：凋零：衰弱，不振。

示例：当代李睿《姜夔的合肥情缘》：“同时，我们也应该看到，白石词以爱情为主，但他并不是脱离现实、只会感月吟风的词人。”

亦作**“吟风弄月”**。元代刘埙《隐居通议》：“自曾子固不能作诗之论出，而无识者遂以为口实，乃不知此先生非不能诗者也。盖其平生深于经术，得其理趣，而流连光景，吟风弄月，非其好也。”

亦作**“吟风咏月”**。当代殷光熹《宋代诗学概观·陆游被逼休妻的真正原因》：“所谓‘伉俪相得’‘惰于学也’，是指陆游与爱妻唐琬终日卿卿我我，吟风咏月，却不好好学习‘经世致用’的经学。”

风鬟霜鬓

释义：形容鬟鬓散乱不整，又添白发。

出处：南宋李清照《永遇乐·落日熔金》："如今憔悴，风鬟霜鬓，怕见夜间出去。不如向、帘儿底下，听人笑语。"

示例：当代曾令琪、周晓霞《贾平凹散文解读》："而今，蓦然回首，才发现不知不觉之中，已风鬟霜鬓，人到中年。"

孔方君

释义：钱，旧时铜钱外圆而内孔方形，故称。

出处：北宋李清照《感怀》："青州从事孔方君，终日纷纷喜生事。"

注释：青州从事：指酒。

示例：当代柯文良《读关画小札》："孔方君有无测定艺术品价值的水平……我自知孤陋寡闻，乐于贫贱，甘享淘汰，对时髦潮流不感兴趣。"

亦作**"孔方兄"**。北宋黄庭坚《戏呈孔毅父》："管城子无食肉相，孔方兄有绝交书。"

局天扣地

释义：局：弯曲，畏缩。局天：惶惧不安貌。扣地：以足顿地。指怨愤深久、悲痛诉说的样子。

出处：南宋李清照《投翰林学士綦密礼启》："局天扣地，敢效谈娘之善诉；

升堂入室，素非李赤之甘心。”

语译：惶惧写信给您，岂敢效仿隋代谈娘遭夫殴击后善于以歌哭诉；张汝舟骗我成婚得手，他就像唐代疯狂逐臭的李赤，绝不会甘心停止作恶。

示例：当代汉尧《修路求索》：“她跌脚捶胸，声泪俱下，最后竟局天扣地、透骨酸心地大声哀号起来。”

三沐三熏

释义：再三沐浴熏香。表示郑重或虔敬。亦比喻栽培，提携。

出处：南宋李清照《投翰林学士綦崈礼启》：“再见江山，依旧一瓶一钵；重归畎亩，更须三沐三熏。”

语译：逃脱牢狱，还像从前过简朴的生活；重归田园，更要再三沐浴熏香，郑重虔诚地表达对您的感谢。

注释：与李清照同为宋代人，略年长的许翰《谢官职启》亦写道：“如某学者学窘渊源，文乏珍玮。一丘一壑，若有天资；三沐三熏，殆非世器。”同时代的程俱《偶作》之二亦写道：“老向甘泉补侍臣，归来还作卧云人。一重一掩藏烟坞，三沐三熏屏世尘。”

示例：金代元好问《怀叔能》：“三沐三熏知有待，一鸣一息定谁先？”

亦作**“三熏三沐”**。南宋姜夔《白石道人诗集叙》：“近过梁溪，见尤延之先生，问余诗自谁氏。余对以异时泛阅众作，已而病其驳如也，三薰三沐，师黄太史氏。”

亦作**“三浴三熏”**。清代吴汝纶《吴汝纶尺牍》：“惟有前车自鉴，奋再接再厉之勤，庶冀后效可期，报三浴三熏之德。”

说梅止渴

释义：说到味酸的梅子，就会流口水，因而止渴。比喻借想象以自我安慰。

出处：南宋李清照《打马赋》："说梅止渴，稍苏奔竞之心；画饼充饥，少谢腾骧之志。"

语译：下打马棋，如同说梅止渴、画饼充饥，可暂时缓解竞跑之心、飞腾之志。

示例：当代文国璋《一个鼹鼠的故事》："我们去的那个食堂办得不好，菜不好，同学们闲得没事的时候，我说可以到河沟里摸鳝鱼，我会做，改善改善伙食，其实只是说梅止渴而已。"

亦作"**望梅止渴**"。现代柳鸣九《跋——我译〈磨坊文札〉》："然而，我没有绿色宅子，没有远离尘嚣俗务的'磨坊'，我只能望梅止渴，自我麻醉。"

亦作"**望梅消渴**"。南宋赵长卿《好事近》："玉鱼花露自清凉，涓涓在郎腹。犹胜望梅消渴，对文君眉蹙。"

亦作"**止渴思梅**"。元代无名氏《施仁义刘弘嫁婢》第二折："咱正是那止渴思梅。"

寻寻觅觅

释义：指反复寻找。形容心神不定，像丢掉了什么似的。

出处：南宋李清照《声声慢》："寻寻觅觅，冷冷清清，凄凄惨惨戚戚。乍暖还寒时候，最难将息。"

注释：将息，调养休息。

示例：清代褚人获《隋唐演义》第六十回"出囹圄英雄惨戮　走天涯淑

女传书”：“看他假假真真，寻寻觅觅。玉案琼珠已在手，香山丹桂犹含色。”

冷冷清清

释义：形容冷落、凄凉、寂静。

出处：同上。

示例：清代曹雪芹《红楼梦》第一百一十三回“忏宿冤凤姐托村妪　释旧憾情婢感痴郎”：“宝玉见屋里人少，想起：‘紫鹃到了这里，我从没和他说句知心的话儿，冷冷清清撂着他，我心里甚不过意。’”

乍暖还寒

释义：刚刚变暖，还有些寒意。形容春秋季节天气忽冷忽热，变化不定。

出处：同上。

示例：南宋刘清夫《玉楼春》：“柳梢绿小眉如印。乍暖还寒犹未定。”

点点滴滴

释义：雨珠落下。后形容数量非常少。常用于表示很小数量的不断积累。

出处：南宋李清照《声声慢》：“梧桐更兼细雨，到黄昏，点点滴滴。”

示例：当代孙颙《点点滴滴在心头》：“钱谷融先生仙逝，在回忆先生教诲的同时，又联想到诸多前辈的言传身教，点点滴滴，感慨不已。趁记忆尚清晰，快记录下来为好。”

欲说还休

释义：想说又没有说出来。形容情意复杂而又难以表达。

出处：宋代李清照《凤凰台上忆吹箫·香冷金猊》："生怕离怀别苦，多少事、欲说还休。"

示例：南宋辛弃疾《丑奴儿·书博山道中壁》："少年不识愁滋味，爱上层楼。爱上层楼，为赋新词强说愁。而今识尽愁滋味，欲说还休。欲说还休，却道天凉好个秋。"

亦作**"欲语还休"**。当代池万兴、刘怀荣《唐代文人心态史》："郁结于心，而不易袒露；思虑层深，而往往欲语还休；虽不易袒露，虽欲语还休，而强烈的感情活动又往往不可抑制。"

亦作**"欲言还休"**。现代庐隐《前尘》："他本想对伊剖白，无奈酸楚如梗，欲言还休。"

瓜分豆剖

释义：瓜被切开，豆子从豆荚中裂出。比喻国土或地盘被并吞分割。亦指家族、家庭分离散落。

出处：北宋李清照《词论》："五代干戈，四海瓜分豆剖，斯文道熄。独江南李氏君臣尚文雅，故有'小楼吹彻玉笙寒''吹皱一池春水'之词，所谓'亡国之音哀以思'者也。"

语译：五代时战争不断，国土被人分割，文学衰落。唯有南唐国君李璟、李煜及其大臣冯延巳等还重视文雅之事，因此有"小楼吹彻玉笙寒""吹皱一池春水"之类词作，而这正是《礼记·乐记》所说的"亡国之音充满了哀感愁思"

的作品。

示例：当代唐振常《历史在前进》："从鸦片战争开始，帝国主义以军舰大炮打开了中国的大门，列强相继而来，瓜分豆剖，中国命运危如累卵。"

亦作"**瓜剖豆分**"。南朝陈代徐陵《册陈公九锡文》："自八紘九野，瓜剖豆分，窃帝偷王，连州比县。"

亦作"**瓜分豆离**"。唐代陆龟蒙《战秋辞》："南北畿圻，盗兴五期，方州大都，虎节龙旗。瓦解冰碎，瓜分豆离。斧抵耋老，干穿乳儿。昨宇今烬，朝人暮尸。"

遐方绝域

释义：指边远偏僻的地区。

出处：南宋李清照《金石录后序》："后二年，出仕宦，便有饭疏衣練，穷遐方绝域，尽天下古文奇字之志。"

语译：两年后，赵明诚（李清照之夫）步入仕途，便立下吃素食，穿粗布，走遍天下，搜尽古代文字的志向。

示例：明代嘉靖《贵州通志》卷五"贡院"："况今文教渐洽，遐方绝域，人才日盛，每科应试之士，数逾七百，中试录文，五经具备，及举人、进士，科不乏人，近年被翰林、台谏之选者，往往文章气节与中原、江南才俊齐驱。"

亦作"**遐方绝壤**"。南宋陆游《上殿札子》之三："臣将见陛下福禄川至，治效日见，年谷屡丰，四夷率服，庆历、皇祐之盛，复见于今，虽遐方绝壤，皆当梯航而至矣。"

意会心谋

释义：内心领会思索。

出处：南宋李清照《金石录后序》："于是几案罗列枕藉，意会心谋，目往神授，乐在声色狗马之上。"

语译：于是短几长案典册罗列，书籍叠压，夫妇二人情意会聚、心志追求、目光投射、精神贯注全在其间，得到的快乐远在歌舞、女色、养狗、骑马之上。

示例：当代王川《三国宴》："我创意的'三气周瑜'，就是根据《三国演义》中的故事来做的。先选用三条河豚，烧熟后放在一只盘子上端上，既然有'鱼'也有'气'，对此故事，只能是意会心谋了。"

分香卖履

释义：三国时曹操临终前，嘱咐将剩余的香分给诸位夫人，众姬妾可学习编织丝带、做鞋子去卖，使生活有所寄托。旧时比喻人临死时牵挂妻妾。

出处：南宋李清照《金石录后序》："（赵明诚）取笔作诗，绝笔而终，殊无分香卖履之态。"

示例：清代吴伟业《古意》（六首其二）："豆蔻梢头二月红，十三初入万年宫。可怜同望西陵哭，不在分香卖履中。"

亦作**"卖履分香"**。清代蒲松龄《聊斋志异·祝翁》："人当属纩之时，所最不忍诀者，床头之昵人耳。苟广其术，则卖履分香，可以不事矣。"

姿态百出

释义：姿态：诗文书画意趣的表现。意趣多种多样、接连不断地呈现。

出处：南宋王灼《碧鸡漫志》卷二：易安居士“作长短句，能曲折尽人意，轻巧尖新，姿态百出”。

示例：清代康有为《广艺舟双楫·论书绝句第二十七》：“唐《马君起浮图记》，字里行间，姿态百出，诡制妙理，变化一新，而不失六朝法度。”

亦作**“百态横生”**。北宋欧阳修《晋王献之法帖跋（二）》：“盖其初非用意，而逸笔余兴，淋漓挥洒，或妍或丑，百态横生，披卷发函，烂然在目，使人骤见惊绝。”

一时无二

释义：一个时期内，没有能与之相比的。

出处：清代邓廷桢《双砚斋词话》：“清照为赵德甫室，即著《金石录》者，乐府擅场，一时无二。”

注释：赵德甫：赵明诚，字德甫，亦写作德父。室：妻子。乐府：初指汉代乐府官署所采制的诗歌，后将魏晋至唐可以入乐的诗歌，以及仿乐府古题的作品统称乐府，宋以后的词、散曲、剧曲，因配乐，有时也称乐府。擅场：压倒全场。谓技艺超群。

示例：当代王寒《九月九，麻糍擂捣臼》：“在首届中国金牌旅游小吃的评选中，红糖麻糍榜上有名，而且是家乡唯一上榜的小吃，风头一时无二。”

亦作**“一时无两”**。清代梁恭辰《劝戒续录》第三卷“任幼植先生”：“家大人曰：江南任幼植先生（大椿）为礼部前辈，礼学、小学俱精，记诵博洽，一时无两。”

明正典刑

释义：依照法律公开处置犯罪的人。后来多作依法处死罪犯。

出处：南宋吕颐浩《辞免赴召乞纳节致仕札子》：“如是托疾，自当明正典刑；如委实抱病，伏望天慈，放臣闲退。”

语译：如果我是假托有病，自然应当受到法律制裁；如果确实疾病缠身，俯伏而希望皇帝慈爱，放我辞官家居。

注释：吕颐浩（1071—1139），字元直，齐州（今济南）人。北宋元祐九年（1094）登进士第，南宋建炎三年（1129）拜相，翌年罢相，绍兴元年（1131）再次拜相，三年（1133）又被罢相。绍兴七年（1137）封成国公，逝世后赠太傅，谥号“忠穆”。

示例：明代陆采《明珠记》第三十四出“伪敕”：“故户部尚书租庸使刘震，忘累朝之厚恩，受逆贼之伪命，除将明正典刑外，妻子俱合随坐。”

亦作**“明正刑章”**。明代杨嗣昌《钻营积习难断疏》：“伏乞圣明将业隆立行逮问，明正刑章。”

亦作**“明正刑诛”**。清代爱新觉罗·颙琰《嘉庆十二年八月初一日军机大臣字寄奉上谕》：“该犯逞其狡猾伎俩，甘心叛逆，必当迅速擒获，明正刑诛。”

亦作**“明示典刑”**。清代道光《福建通志》“林一飞”条：“礼为忠贤者设。使其奸诈如李林甫、卢杞之徒，自当明示典刑，为天下后世戒。”

半壁江山

释义：指国土的一部分。形容残存的或丧失的部分国土。

出处：南宋吕颐浩《送张德远宣抚川陕二首》(其二)："每愤中原沦半壁，拟将孤剑斩长鲸。"

语译：常常痛恨一半国土沦陷于敌手，打算像只身持剑斩杀巨鲸一样去战斗。

示例：清代潘耒《韩蕲王墓碑歌》："挥日之戈射潮弩，半壁江山留宋土。"

亦作**"半壁山河"**。现代海舟《抗战期中边疆青年最重要的任务》："现在大中华的半壁山河已落敌手，从前所谓内地的地方大都沦于异族，我们的边疆快变成内地了。"

亦作**"半壁河山"**。现代陈毅《三十五岁生日寄怀》："半壁河山沉血海，几多知友化沙虫。"

随遇而安

释义：顺应环境、际遇的变化与不同而安然自得。

出处：宋代吕颐浩《与姚庭辉书》："衣食之分，各有厚薄，随所遇而安可也。"

语译：得到的衣食，每个人的多少皆有不同，顺应自身的际遇而安然自得就可以了。

示例：清代文康《儿女英雄传》二十四回"认蒲团幻境拜亲祠　破冰斧正言弹月老"："便是有那福命，计算起来，也吾生有限，浩劫无涯，倒莫如随遇而安，不贪利，不图名，不为非，不作孽，不失自来的性情，领些现在的机缘，倒也是个神仙境界。"

亦作**"随寓而安"**。明代李贽《与城老》:"盖世人爱多事,便以无事为孤寂;乐无事,便以多事为桎梏。唯我能随寓而安,无事固其本心,多事亦好度日。"

大材小用

释义:比喻人才使用不当,不能尽其才。

出处:南宋陆游《送辛幼安殿撰造朝》:"大材小用古所叹,管仲萧何实流亚。"

语译:大材小用之事自古人们就常常为之叹惜,您与春秋时齐国名相管仲、西汉初年名相萧何实在是同一类的人物。

注释:辛弃疾(1140—1207),字幼安,原字坦夫,号稼轩,历城(今济南)人。宋代著名词人,与苏轼并称"苏辛",其独特的词作风格被誉为"稼轩体"。谥号"忠敏"。

示例:现代钱钟书《围城》:"赵辛楣鉴赏着口里吐出来的烟圈道:'大材小用,可惜可惜!方先生在外国学的是什么呀?'"

亦作**"大才小用"**。现代茅盾《腐蚀》:"你这样的人,干这种比较机械的工作,未免是大才小用了,可惜!"

亦作**"长材短用"**。清代孔尚任《桃花扇》第二十五出"选优":"看此歌妓,声容俱佳,岂可长材短用,还派做正旦罢。"

亦作**"大器小用"**。清代俞万春《荡寇志》第四十三回"白军师巧造奔雷车　云统制兵败野云渡":"不是小生多说,若是在边庭之外,沙漠地上千里平坦的所在交兵对阵,用那吕公车最为胜算。如今却在内地,山林映掩,七高八低的路途,即有平原亦不过十数里开阔,此等处亦用吕公车,岂非大器小用?"

攘臂一呼

释义：攘：挥动。挥动手臂呼喊（多用在号召）。

出处：南宋辛弃疾《淳熙己亥论盗贼札子》："而比年以来，李金之变，赖文政之变，姚明敖之变，陈峒之变，及今李接、陈子明之变，皆能攘臂一呼，聚众千百，杀掠吏民，死且不顾，重烦大兵翦灭而后已，是岂理所当然者哉？"

注释：比年：近年。

示例：清代黄人《中国文学史》第四编："唐之标末，外凌于强藩，内制于凶竖。黄巢以一下第举子，攘臂一呼，遂至瓦解土崩而不可收拾。盖天下人心之无唐也，非一朝一夕矣。"

亦作**"振臂一呼"**。西汉李陵《答苏武书》："余不满百，而皆扶病，不任干戈。然陵振臂一呼，创病皆起，举刃指虏。"

亦作**"奋臂一呼"**。清代王茂荫《论夷战水不如陆片》："数十村庄乡民奋臂一呼，并无枪炮纪律，但以呰其荼毒，纠合千百之众，斩木为兵，揭竿为旗，遂能杀之殆尽，逆夷之畏民自此始。"

理所当然

释义：按道理应当这样。

出处：同上。

注释：与辛弃疾同时期，朱熹《朱子语类》卷第六十写道："性，不是有一个物事在里面唤作性，只是理所当然者便是性，只是人合当如此做底便是性。"袁燮《代武冈林守进治要札子》写道："省官之说，在今日诚不可缓，而理所当然者，不可不讲也。"

示例：明代赵弼《续东窗事犯传》："善者福而恶者祸，理所当然。"

亦作**"理固当然"**。北宋苏轼《论封建》："始皇既并天下，分郡邑，置守宰，理固当然，如冬裘夏葛，时之所宜，非人之私智独见也，所谓不失时者。"

亦作**"理之当然"**。现代老舍《特大的新年》："一到新年，家家刊物必要特大起来。除夕的团圆饭不是以把肚皮撑至瓮形为原则么？刊物特大，那么，也是理之当然。"

洗心革面

释义：洗涤内心，改变面目。比喻彻底悔改。

出处：南宋辛弃疾《淳熙己亥论盗贼札子》："伏望朝廷先以臣今所奏，申敕本路州县：自今以始，洗心革面，皆以惠养元元为意。"

语译：俯伏而希望朝廷先根据我今天的奏报，告诫本路（湖南路）各州县官员：自今日起，彻底悔改，都要以加恩抚养百姓为旨意。

注释：北宋苏轼《乞约鬼章讨阿里骨札子》写道："阿里骨凶狡反覆，必无革面洗心之理。"较之"革面洗心"，"洗心革面"更为后世常用。

示例：现代闻一多《神话与诗·文学的历史动向》："你说，旧诗的生命诚然早已结束，但新诗——这几乎是完全重新再做起的新诗，也没有生命吗？对了，除非它真能放弃传统意识，完全洗心革面，重新做起。"

亦作**"洗心回面"**。清代康有为《请讲明国是正定方针折》："然后天下咸晓然于皇上之天锡勇智，毅然变法之意，当无不洗心回面，改视易听，而奉宣新法矣。"

亦作**"洗心革意"**。《周书·苏绰传》："凡诸牧守令长，宜洗心革意，上承朝旨，下宣教化矣。"

亦作**"洗心革志"**。西晋潘尼《释奠颂》："是日也，人无愚智，路无远迩，离乡越国，扶老携幼，不期而俱萃。皆延颈以视，倾耳以听，希道慕业，洗心革志，想洙泗之风，歌来苏之惠。"

亦作“**革面悛心**”。唐代刘禹锡《代谢赴行营表》：“以忠义感胁从之伍，以含弘安反侧之徒。革面悛心，期乎不日。”

亦作“**回面革心**”。元代柳贯《故宋孙明府碣铭》：“然能致祝融、回禄之潜熛息烬，而不能使斧螗、锋猬之回面革心，岂天道无知，有时或然？”

亦作“**革面革心**”。明代杨慎《凤栖梧·送薛曲泉之镇雄勘夷手卷》：“昂昂千里驹，笑鄙夫畏首畏尾；蔚蔚九变豹，俾小人革面革心。”

变生肘腋

释义：肘腋：胳膊肘与腋窝。比喻事变、祸患发生在切近之处。

出处：南宋辛弃疾《美芹十论》：“臣尝鸠众二千，隶耿京为掌书记，与图恢复，共籍兵二十五万，纳款于朝。不幸变生肘腋，事乃大谬。”

语译：我曾聚众两千人，隶属耿京，任掌书记，与他一同谋划恢复北方国土。共登记兵员二十五万，准备归顺宋朝。不幸高层突生祸变，事情就被完全毁坏了。

示例：明代冯梦龙《东周列国志》第四回“秦文公郊天应梦　郑庄公掘地见母”：“公子吕曰：‘主公嗣位，非国母之意也。万一中外合谋，变生肘腋，郑国非主公之有矣。臣寝食不宁，是以再请！’”

亦作“**事生肘腋**”。清代曾朴《孽海花》第三十二回“艳帜重张悬牌燕庆里　义旗不振弃甲鸡隆山”：“这种内变，事生肘腋，无从预防，固不关于军略，也无所施其才能，只好委之于命了！”

亦作“**祸生肘腋**”。明代张居正《帝鉴图说》其二十七“游幸江都”：“夫炀帝这只为适一己之快乐，不顾百姓之困穷。为巡幸之费，一至于此。岂知民愁盗起，祸生肘腋。江都之驾未回，而长安洛阳已为他人所据矣。”

亦作“**变起肘腋**”。《辽史·穆宗本纪》：“赏罚无章，朝政不视，而嗜杀不已。变起肘腋，宜哉！”

亦作“**害起肘腋**”。《晋书·江统传》：“此所以为害深重、累年不定者，虽由御者之无方，将非其才，亦岂不以寇发心腹，害起肘腋，疢笃难疗，疮大迟愈之故哉？”

亦作**“祸起肘腋”**。清代《军机处寄各省督抚等电旨》：“无如此次义和团民之起，数月之间，京城蔓延已遍，其众不下十数万，自兵民以至王公府第，处处皆是，同声与洋教为仇，势不两立。剿之，则即刻祸起肘腋，生灵涂炭。只可因而用之，徐图挽救。”

妻离子散

释义：一家人被迫分离四散。

出处：南宋辛弃疾《美芹十论·致勇》：“敌去师捷，主将享大富贵，而士卒有一命又复沮格如此。不幸而死，妻离子散，香火萧然，万事瓦解。未死之人见之，谁不生心？”

语译：敌人退去，军队获胜，主将享受大富大贵，而士兵侥幸留得一条性命，又被冷落、克扣，得不到封赏。士兵不幸战死，家庭不复存在，子孙断绝，一切解体归无。未死的士兵见到这些，谁心中会没有想法？

示例：现代张光年《黄水谣》：“自从鬼子来，百姓遭了殃！奸淫烧杀，一片凄凉，扶老携幼，四处逃亡，丢掉了爹娘，回不了家乡！黄水奔流日夜忙，妻离子散，天各一方！”

亦作**“妻零子散”**。清代西周生《醒世姻缘传》第八十四回“童奶奶指授方略　骆舅舅举荐幕宾”：“娘老子来哭场，做弄儿送到察院里打个臭死，歪捏卷儿还赖说诈了银子，追的人卖房卖地、妻零子散的哩！”

光复旧物

释义：指收复失去的国土，恢复旧时的礼乐典章。

出处：南宋辛弃疾《美芹十论·自治》："故臣愿陛下姑以光复旧物而自期，不以六朝之势而自卑。"

语译：所以我希望陛下先以收复中原作为自我期许，不要因当今似与六朝时偏安江南的情势相同而自卑。

示例：现代鲁迅《随感录·三十五》："他们在这题目的背后，各各藏着别的意思。志士说保存国粹，是光复旧物的意思；大官说保存国粹，是教留学生不要去剪辫子的意思。"

亦作**"光膺旧物"**。明代李昌祺《青城舞剑录》："万一风尘草动，寰宇土崩，即便指麾义旗，率先赴难，上以纾君父之急，下以尽臣子之心，克复神州，光膺旧物。"

亦作**"光复旧宇"**。清代计六奇《明季南略·堵胤锡始末》："今福京新建，主圣臣贤，以此号召天下，何难比美南阳光复旧宇？以天道人事卜之，中兴无疑。"

亦作**"光复故物"**。见后"光复故物"条。

指日可下

释义：表示不久就可以攻下。

出处：南宋辛弃疾《美芹十论·详战》："故臣以谓：使兵出沭阳（海州属县），则山东指日可下。"

语译：所以我以为，从沭阳出兵，则山东不久即可攻下。

示例：清代《江苏都督通电》："江苏自苏沪光复以来，大江南北同心响应。现正会合各军进攻，南京指日可下。"

擐甲操戈

释义：身披铠甲，手执武器。形容全副武装、准备战斗的状态。

出处：南宋辛弃疾《美芹十论·屯田》："市井无赖小人，唯其懒而不事事，而迫于饥寒，故甘捐躯于军伍，以就衣食而苟闲纵。一旦警急，擐甲操戈以当矢石。"

语译：社会上的无业游民，因为懒惰而不劳作，又被饥寒逼迫，所以自愿投身军旅，以求衣食无忧，苟且闲散度日，一旦有军情危急，就身披铠甲，手执武器，冒着箭和礌石作战。

示例：当代田居俭《乱世风云（五代十国卷）》："这时，只听帐外脚步纷沓，人声嘈杂，一些擐甲操戈的将领急不可耐地隔帐叫嚷：'诸将无主，愿立殿前都点检为皇帝！'随后便冲入帐内，将黄袍披到赵匡胤身上。"

形禁势格

释义：指受形势的阻碍或限制，事情难于进行。

出处：南宋辛弃疾《美芹十论·观衅》："逆亮自知形禁势格，巢穴迥遥，恐狂谋无成而窜身无所，故疾趣淮上，侥幸一胜，以谋溃中原之心而求归也。"

语译：逆贼完颜亮自知形势不利，离开自己的老巢又太远，担心南侵的谋略若不成，则无处逃窜藏身，所以急忙赶到淮河，希望侥幸取胜，以此谋求打破我们恢复中原的计划，而自己则可以回师。

示例：清代徐瑶《太恨生传》："然迹其后先言行，女非有意负生者，形禁势格，变至无如何耳。”

亦作“**形格势禁**”。《史记·孙子吴起列传》：“孙子曰：‘夫解杂乱纷纠者不控卷，救斗者不搏撠，批亢捣虚，形格势禁，则自为解耳。’”

亦作“**形劫势禁**”。清代严复《原强》：“夫奴虏之于主人，特形劫势禁，无可如何已耳，非心悦诚服，有爱于其国与主而共保持之也。”

亦作“**形格势制**”。当代路鹏程《难为沧桑纪废兴——中国近代新闻记者的职业生涯（1912—1937）》：“尽管知己知彼、百战不殆是军事常识，但军阀们因形格势制多未能建立起完善高效的谍报机构和情报网络。”

亦作“**格形禁势**”。清代魏源《城守篇》：“虚声应和者不可恃，邻不知兵者不可恃，解纠者不控拳，救斗者不搏撠。批亢捣虚，格形禁势，守陴闻之，锐气百倍，表里夹攻，坐收其弊。”

亦作“**势禁形格**”。现代《云南省教育经费独立历年收支概况》：“然滇省产业未兴，地方贫瘠，筹增教费，势禁形格，几经研议，只有就教费自身设法整顿之一途。”

孤注一掷

释义：把全部的钱作赌注，一次押上去决输赢。比喻危急时倾尽全力，冒险行事，以求侥幸成功。

出处：南宋辛弃疾《九议》：“于是乎‘为国生事’之说起焉，‘孤注一掷’之喻出焉。”

语译：于是主和的官员关于“主战是给国家制造事端”的说法兴起，“主战就像孤注一掷”的比喻也出来了。

示例：当代樊登《读书是一辈子的事》：“很多人创业，得到的建议都是先辞职，然后干自己的事业。事实上，很多惨痛的创业经历，就是因为这个人什么都没有了，只能孤注一掷，最后甚至会落得血本无归。”

不一而足

释义：类似的事物或情况很多，不止一种或一次。无法或不必列举齐全。

出处：南宋辛弃疾《九议·其二》："凡战之道，不一而足，大要不过攻城、略地、训兵、积粟，与夫命使、遣间、可以诳乱敌人耳目者数事而已。"

注释：大要：大致。命使：任命使者。遣间：派遣间谍。此成语原意是不能一次就满足其全部要求。见《春秋公羊传·文公九年》："许夷狄者，不一而足也。"许：给予。与辛弃疾同时期的陆游《桥南书院记》亦写道："清流美竹，秀木芳草，可玩而乐者，不一而足。"

示例：明冯梦龙《喻世明言》第一卷《蒋兴哥重会珍珠衫》："从此为始，婆子日间出去串街做买卖，黑夜便到蒋家歇宿。时常携壶挈榼的殷勤热闹，不一而足。"

亦作"**不一而止**"。南宋叶适《廷对》："仲尼之门，难疑答问，惟仁尤重，或以爱人为仁，或以刚毅近仁，或以克己复礼，天下归仁。其他论仁，不一而止。"

亦作"**非一而足**"。清代王珻《〈宋东京考〉序》："俾城郭、宫室、园苑、渠洫、关梁、闾墓及他迹之非一而足，无不纤悉胪列，而东京一百七十年间，遂炯然若目前事。"

盛衰相乘

释义：乘：交错。兴盛和衰微交替出现。

出处：南宋辛弃疾《论荆襄上流为东南重地》："以古准今，盛衰相乘，物理变化，圣人处之，岂非栗栗危惧、不敢自暇之时乎？"

注释：准：比照。物理：事物的道理、规律。栗栗：畏惧貌。暇：闲散，悠闲。

示例：当代张国动主编《中国历代讽刺诗选注》："已然彻悟的诗人，冷观世上追名逐利、醉生梦死的'痴儿'，这些人不懂得人世间盛衰相乘、祸福相倚的道理。"

气吞万里

释义：气：气势。形容气魄宏大。

出处：南宋辛弃疾《永遇乐·京口北固亭怀古》："想当年，金戈铁马，气吞万里如虎。"

示例：当代尚德君《不可不知的古罗马文明史》第六章："从共和时期到帝国早期，罗马军团凭借严明的军纪、高效的适应性和机动性，以气吞万里之势，崛起于意大利半岛。"

亦作**"气吞千里"**。当代冯骥才《台北故宫看画小记》："尤其是贾师古的《岩关古寺》，我曾多次从《故宫周刊》上摹习过，这一次见到原作，简直是受到了震撼！尺方一帧，苍雄刚劲，气吞千里。"

掌上明珠

释义：捧在手掌上的一明珠。比喻备受父母宠爱珍视的儿女。后多指女儿。

出处：南宋辛弃疾《永遇乐·送陈仁和自便东归。陈至上饶之一年，得子，甚喜》："落魄东归，风流赢得，掌上明珠去。"

语译：您仕途失意，发配上饶，今东归家乡，在这里您寻得新欢，喜得贵子，也是一段风流。

示例：明代汤显祖《牡丹亭》第三出"训女"："眼前儿女，俺为娘心苏体劬，娇养他掌上明珠，出落的人中美玉。"

亦作**"掌上之珠"**。清代李宝嘉著《文明小史》第五十七回"声东击西傻

哥甘上当　树援结党贱仆巧谋差”：“那家老鸨打听得冲天炮是现任制台心头之肉、掌上之珠，那种恭维，真是形容不出。”

酒圣诗豪

释义：指饮酒赋诗的能手。

出处：南宋辛弃疾《沁园春·再到期思卜筑》：“青山意气峥嵘，似为我、归来妩媚生。解频教花鸟，前歌后舞；更催云水，暮送朝迎。酒圣诗豪，可能无势？我乃而今驾驭卿。”

注释：解：懂得。势：气势，力量。

示例：元代姚燧《中吕·满庭芳》：“天风海涛，昔人曾此，酒圣诗豪。我到此闲登眺，日远天高。”

亦作**“酒豪诗俊”**。南宋侯寘《苏武慢·湖州赵守席上坐》：“红袖持觞，彩笺挥翰，适意酒豪诗俊。”

亦作**“酒圣诗仙”**。南宋朱敦儒《减字木兰花·年衰人老》：“超凡入妙，游戏神通随意到。酒圣诗仙。舞棹虚空驾铁船。”

亦作**“酒圣诗狂”**。南宋陈亮《点绛唇·烟雨楼台》：“酒圣诗狂，只遣愁无计。频凝睇，问人天际，曾见归舟未。”

亦作**“酒龙诗虎”**。南宋葛长庚《贺新郎·别鹤林》：“来此人间不知岁，仍是酒龙诗虎。”

无病呻吟

释义：比喻没有值得忧伤的事情而叹息感慨。也比喻作品没有真实感情，矫揉造作。

出处：南宋辛弃疾《临江仙·老去浑身无着处》：“百年光景百年心，更欢须叹息，无病也呻吟。”

语译：人生不过百年光景却要操百年的心，替代欢乐的难免是叹息，就像没有病时也会呻吟。

示例：现代钱钟书《中国文学小史序论》:“所谓‘不为无病呻吟’者即‘修辞立诚’之说也。窃以为惟其能无病呻吟，呻吟而使读者信以为有病，方为文艺之佳作耳。”

亦作**“无故呻吟”**。清代曹雪芹《红楼梦》第八十七回“感秋深抚琴悲往事　坐禅寂走火入邪魔”:“感怀触绪，聊赋四章。匪曰无故呻吟，亦长歌当哭之意耳。”

亦作**“不病呻吟”**。明代李贽《忠义水浒传序》:“古之圣贤,不愤则不作矣。不愤而作，譬如不寒而颤，不病呻吟也。虽作，何观乎？”

亦作**“无病沉吟”**。现代丰子恺《桂林艺术讲话之三》:“所谓活的艺术，就是能活用于万事，而与人生密切关联的艺术。不是那种死的艺术——手指头上的雕虫小技，感觉游戏的立体派，离奇古怪的未来派，以及感情麻醉的吟风弄月，无病沉吟的颓废艺术。”

亦作**“不疾而呻”**。明代董其昌《读陆贾〈新语〉贾谊〈新书〉刘向〈新序〉评》:“所谓痛哭流涕长太息者,其词似激,其造事而摅悃,则固非不疾而呻、不病而噎者也。”

急管哀弦

释义：急促的管乐，悲哀的弦乐。指引人愁绪的音乐。

出处：南宋辛弃疾《鹧鸪天》:“催月上，唤风来。莫愁瓶罄耻金罍。只愁画角楼头起，急管哀弦次第催。”

语译：催促月亮升起，呼唤晚风吹来。不必担心喝光了瓶里罍里的酒会使主人难为情。只是发愁城楼上的画角将在黎明时吹响，宴席上的乐奏也急促悲哀，一阵阵似催促即将远行的人动身。

注释：罍：古代一种盛酒的容器。小口，广肩，深腹，圈足，有盖，多用青铜或陶制成。次第：紧急，急速。辛弃疾《满庭芳·和洪丞相景伯韵，呈景卢内翰》写道："急管哀弦，长歌慢舞，连娟十样宫眉。"

示例：现代黄裳《别姬》："试想在西北风中，惊沙扑面，衰柳枯号，野台子戏的看客需要的是怎样的一种音响，这当然不会是浅斟低唱的清歌，只有能够压低了虎虎的风声的急管哀弦……"

亦作 **"激管哀弦"**。清代洪亮吉《潇湘夜雨·汪秀才次玉属题夜意图，时余悼亡日，近与君同病，爰率赋此寄意》："浑欲诉、金戈铁马，念谁禁、激管哀弦。"

亦作 **"悲丝急管"**。南宋黄机《鹊桥仙·次韵湖上》："黄花似钿，芙蓉如面，秋事凄然向晚。风流从古记登高，又处处、悲丝急管。"

亦作 **"哀丝急管"**。清代余怀《板桥杂记》上卷"雅游"："以上皆伤今吊古、慷慨流连之作，可佐南曲谈资者，录之以当哀丝急管。"

长歌慢舞

释义：放声高歌，舒缓、轻盈地舞蹈。

出处：南宋辛弃疾《满庭芳·和洪丞相景伯韵，呈景卢内翰》："急管哀弦，长歌慢舞，连娟十样宫眉。"

注释：连娟：弯曲而纤细。宫眉：谓妇女依宫中流行样式描画的眉毛。

示例：清代雪樵居士《青溪风雨录·自题》："人间天上一般狂，逃入温柔众香国。长歌慢舞恍云璈，风鬟雾鬓同蝉翼。"

亦作 **"长歌曼舞"**。现代吕振羽《又同访鸡鸣寺》："老僧寂定六朝魂，萧寺无声鸡夜鸣。胡马踏消长白雪，长歌曼舞石头城。"

亦作 **"欢歌慢舞"**。当代骆希哲《唐华清宫》："西庭院面积和现代化的大剧场相比，也毫不逊色。唐玄宗的梨园弟子当在院内排练或者表演，扭动柳腰，轻舒广袖，欢歌慢舞。"

亦作**“欢歌曼舞”**。当代柯原《苍山雪》：“这十八条溪流，传说是十八位姑娘，戴着银色头饰，垂挂着闪闪的飘带，正欢歌曼舞呢！”

麾之即去

释义：命令他走就离开。形容服从指挥，听候调遣。

出处：南宋辛弃疾《沁园春·将止酒，戒酒杯勿使近》：“杯再拜，道：‘麾之即去，招之须来。’”

注释：麾，同“挥”，指挥，命令。

示例：清代佚名《再论袁世凯》：“为彼所用之人，前后左右悉为利禄之徒。为利缘故，招之即来，麾之即去。而利禄之原，厥唯专制。”

亦作**“挥之即去”**。清代袁枚《续子不语·钱县丞》：“乩遂书曰：‘既已招之使来，岂能挥之即去耶！’”

亦作**“麾之则散”**。北宋苏轼《王仲仪真赞序》：“至于缓急之际，决大策，安大众，呼之则来，麾之则散者，唯世臣巨室为能。”

看碧成朱

释义：形容花朵由白变绿，由绿变红，颜色富有变化。亦视同“看朱成碧”，将绿的看成红的，形容心乱神摇，头晕目眩，不辨五色，产生错觉。

出处：南宋辛弃疾《水龙吟·寄题京口范南伯知县家文官花。花先白，次绿，次绯，次紫。〈唐会要〉载：学士院有之》：“倚阑看碧成朱，等闲褪了香袍粉。”

语译：倚着栏杆观赏文官花由绿变红，未曾留意时已褪去粉白色香袍。

示例：清代王维新《长相思》：“长相思，日相思，看碧成朱只为伊，无由传与知。”

野马尘埃

释义：野马：田野间蒸腾浮游的水气。喻指无足轻重、变幻不定的事物。

出处：南宋辛弃疾《水龙吟·盘园任帅子严，挂冠得请，取执政书中语，以‘高风’名其堂，来索词，为赋〈水龙吟〉。芗林，侍郎向公告老所居，高宗皇帝御书所赐名也，与盘园相并云》：“野马尘埃，扶摇下视，苍然如许。”

注释：扶摇下视：扶摇，自下而上的旋风。意谓升到高空往下看。

示例：清代黄宗羲《仇公路先生八十寿序》：“唐宋以诗赋取士，其时甲赋律诗，当不减近日时文之汗牛充栋，今已化为野马尘埃，不知焉往，夫时文亦若是而已矣。”

亦作**“野马浮埃”**。南宋吴泳《八声甘州·和季永弟思归》：“富贵非吾事，野马浮埃。”

亦作**“浮尘野马”**。现代许指严《南巡秘记·惟一之孔雀翎》：“琳娘曰：‘否否。吾为客所感，视世界如浮尘野马，一腔热血，竟洒何方，亦惟有借此以游戏人间耳。’”

会少离多

释义：会聚少，别离多。感慨人生聚散无常。

出处：南宋辛弃疾《蝶恋花·送祐之弟》：“会少离多看两鬓，万缕千丝，何况新来病。”

示例：元代王实甫《西厢记》第一本第三折：“只间你那会少离多，有影无形。”

亦作**“聚少离多”**。南宋赵必瑑《兰陵王·赣上用美成韵》：“浮生等萍迹。

才卸却归鞍，坐未温席。匆匆还又京华食。叹聚少离多，漂零因甚，江南逢梅望寄驿。”

云飞烟灭

释义：比喻消逝。

出处：南宋辛弃疾《贺新郎·听琵琶》：“千古事、云飞烟灭。贺老定场无消息，想沉香亭北繁华歇。”

语译：千古往事如烟消云散，当年弹奏琵琶镇得住场子的贺怀智（唐玄宗时的琵琶演奏名手）人去音杳；李白曾吟诵过的沉香亭（唐玄宗与杨贵妃游乐处）的繁华景象，也早已歇灭。

示例：当代谢楚发《牛峤〈江城子〉赏析》：“当然作者的怀古之情也是显而易见的，那就是说任何雄图霸业、奕奕声光，都经不起时间的销蚀而云飞烟灭。”

亦作“**云飞泥沉**”。南朝陈代周弘让《答王褒书》：“甚矣悲哉！此之为别也。云飞泥沉，金铄兰灭，玉音不嗣，瑶华莫因。”

亦作“**云飞雨散**”。五代前蜀贯休《行路难》（五首其三）：“君不见道傍废井生古木，本是骄奢贵人屋。几度美人照影来，素绠银瓶濯纤玉。云飞雨散今如此，绣闼雕甍作荒谷。”

亦作“**烟消雾散**”。现代巴金《海的梦》：“我很疲倦，但是我觉得畅快。在流了这么多的眼泪以后，这许多日子来的阴郁的思想都烟消雾散了。”

亦作“**烟灭云消**”。当代洪源《夏完淳》第三场“吴江诀别”：“那叛军一个个烟灭云消，这吴江湖岸战马嘶鸣，龙旗飘飘。”

亦作“**烟飞云灭**”。当代傅宏星《吴宓评传》：“若采用精美的格调音律，恰如其分地把心中的诗情表现出来，即是好诗；否则，激情一过，烟飞云灭；勉强随意写出，自然不是上乘之作了。”

亦作“**云没烟销**”。唐代韦应物《鼋头山神女歌》：“云没烟销不可期，明堂翡翠无人得。”

亦作**“云销烟灭”**。当代许冰彬《明代宫廷史研讨会纪要》：“自清初以迄当今，人们对于隆武皇帝朱聿键的评价颇为正面，认为不失为一位励精图治、有志恢复大明朝的帝君，只不过由于受到某些臣下特别是郑芝龙家族的掣肘，不得尽展其志，终于功败垂成、云销烟灭。”

亦作**“烟消云散”**。见后“烟消云散”条。

硬语盘空

释义：刚劲有力的词语盘旋于空中。形容诗文气势雄伟，矫健有力。

出处：南宋辛弃疾《贺新郎·同父见和再用韵答之》：“硬语盘空谁来听？记当时、只有西窗月。”

示例：当代是水《想落天外　硬语盘空——读〈夏承焘词集〉》：“夏先生的词还有一个特点：就是每首词的起句往往喜用逆笔倒插，矫健异常。大有想落天外，硬语盘空的气势。”

亦作**“硬语排空”**。当代远林、新宇《元明清文化名人小传·纳兰性德：我是人间惆怅客》：“但在总体上，他的边塞词和咏史词，和血性燥烈、硬语排空的雄健不搭边。”

水亭烟榭

释义：云霭、水气缭绕中的亭台楼榭。

出处：南宋辛弃疾《贺新郎·觅句如东野》：“问先生、带湖春涨，几时归也。为爱琉璃三万顷，正卧水亭烟榭。”

注释：与辛弃疾同时期程垓《南歌子》亦写道：“荷盖倾新绿，榴巾蹙旧红。水亭烟榭晚凉中。”

亦作**“云亭水榭”**。清代邓大经《蓝水县留题陈氏林亭》:“风景依稀似辋川，云亭水榭枕城偏。”

花明柳媚

释义：形容春光明媚。

出处：南宋辛弃疾《鹊桥仙·寿余伯熙察院》:“东君未老，花明柳媚，且引玉船沉醉。”

注释：东君：司春之神。指春天。引：取。玉船：又称“玉酒船”，一种玉制的船形酒具。

示例：元代张养浩《双调·胡十八》:“从退闲，遇生日，不似今，忒稀奇。正值花明柳媚大寒食。”

海誓山盟

释义：指男女相恋时立下的誓言盟约，爱情要像山和海一样永恒不变。

出处：宋代辛弃疾《南乡子·赠妓》:“别泪没些些，海誓山盟总是赊。”

语译：分别时没流什么眼泪，所谓的海誓山盟从来是渺茫难凭。

注释：比辛弃疾略早的宋代词人赵长卿《贺新郎》写道:“为你后、甘心憔悴。终待说、山盟海誓。这恩情、到此非容易。拼做个，久长计。”较之“山盟海誓”,“海誓山盟”更为后人常用。

示例：元代石君宝《李亚仙花酒曲江池》第三折:“非是我夸清正，只为他星前月下，亲曾设海誓山盟。”

小巧玲珑

释义：形容形体小而灵巧精致。

出处：南宋辛弃疾《临江仙·苍壁初开，传闻过实。客有来观者，意其如积翠、清风、岩石、玲珑之胜。既见之，乃独为是突兀而止也，大笑而去。主人戏下一转语，为苍壁解嘲》："莫笑吾家苍壁小，棱层势欲摩空。相知唯有主人翁。有心雄泰华，无意巧玲珑。"

语译：不要笑话我家附近开山开出的青色石壁小，它有高耸险峻冲天凌云的气势，真正懂它的唯有我，它有心与泰山华山比雄伟，而无意与玲珑山（作者友人何异别墅里的小山）争精巧。

示例：当代华珏《秦吉了》："秦吉了，又叫了哥，是南方的一种小鸟。样子跟八哥差不多，长得小巧玲珑，毛色鲜艳，金黄色的小嘴，毛茸茸的尾巴，脑门上有个大黄冠子，好像一顶美丽的帽子。"

亦作**"玲珑小巧"**。明代张岱《岱志》："泰山元气浑厚，绝不以玲珑小巧示人，故无洞府，无邃壑。"

北窗高卧

释义：比喻悠闲自得。

出处：南宋辛弃疾《水龙吟·老来曾识渊明》："问北窗高卧，东篱自醉，应别有，归来意。"

语译：问陶渊明，您在北窗下悠闲地躺着，东面篱笆旁把酒自饮，应该是有超凡脱俗的归隐田园之意。

注释：辛弃疾《念奴娇·赋雨岩，效朱希真体》亦写道："露冷松梢，风高桂子，醉了还醒却。北窗高卧，莫教啼鸟惊着。”

示例：清代孟传璇《忆旧游·夏日斋居》：“过了芳菲节，便榴花早谢，水绽红莲。几回北窗高卧，支枕事游仙。”

亦作**“高卧北窗”**。近代邹遇《悔悔生自传》：“壮不如人，高卧北窗，庶几全名，且以永朝夕，且以乐吾心。”

吹角连营

释义：军队号角声响彻连绵不绝的营寨。代指豪壮的军营生活，激烈的战斗场面。

出处：南宋辛弃疾《破阵子·为陈同甫赋壮语以寄》：“醉里挑灯看剑，梦回吹角连营。”

示例：当代聂作平《1644：帝国的疼痛》：“城外，李自成农民军吹角连营，炮声震天；城内，街巷之间不时有马蹄声响起，中间还夹杂着守城太监们不男不女的叫骂声。”

百无是处

释义：形容全都是错的，没有一点对的地方。或形容没有一处称心如意，不知如何是好。

出处：南宋辛弃疾《浣溪沙·漫兴作》：“一似旧时春意思，百无是处老形骸，也曾头上带花来。”

语译：确还是从前春天的意味，而我如今已是无甚用处的老骨头，想当年曾经来这里头上戴花。

示例：元代王氏《粉蝶儿·寄情人》：“少一个心上才郎，多一个脚头丈夫。每日价茶不茶饭不饭百无是处，教我哪里告诉。”

亦作**“无一是处”**。北宋欧阳修《与王懿敏公书》:“事与心违，无一是处，未知何日遂得释然，一偿素志于江湖之上，然后归老汝阴尔。”

亦作**“一无是处”**。清代俞明震《觚庵漫笔》:“乃今日坊间通行之本，都是东洞庭护花主人评、蛟川大某山民加评，其评语之恶劣陈腐，几一无是处。”

亦作**“了无是处”**。明代文震亨《〈牟尼合〉题词》:“近来词家徒骋才情，未谙声律，说情说梦，传鬼传神，以为笔笔灵通，重重慧现。几案尽具奇观，而一落喉吻间，按拍寻腔了无是处，移换推敲，每烦顾误，遂使歌者分作者之权。”

亦作**“百没是处”**。明代无名氏《张于湖误宿女真观》第二折:“前日平白地走将一个过路官人来，临晚与我吟诗作赋，两回三次，引的心中百没是处的，悔当初不曾见它一面。”

全无是处

释义：同上。

出处：南宋辛弃疾《西江月·遣兴》词:“醉里且贪欢笑，要愁那得工夫。近来始觉古人书，信着全无是处。”

示例：当代老舍:《乍看舞剑忙提笔》:“用不着说，习字学画，或学点吹打拉弹，对陶冶性情也大有好处。每当我工作一天之后，头昏火盛，想发脾气，我就静静地磨点墨，找些废纸，乱写一番。字不成体，全无是处，故有‘歪诗怪字愧风流’之语以自嘲。”

汗血盐车

释义：用名贵的骏马汗血马（又称天马、大宛马）拉运盐的车子。比喻人才埋没受屈。

出处：南宋辛弃疾《贺新郎·同父见和，再用前韵答之》："汗血盐车无人顾，千里空收骏骨。"

语译：国家危难急需人才，主政者对汗血宝马拉盐车视而不见，却又去购买千里马的骨头，以示渴求千里马的诚意，这又有何用！

示例：当代崔德邻《商业企业经营管理学》："只有量才录用，用其所长，才能使每个职工各得其所，充分发挥自己的聪明才智。'汗血盐车'（用千里马去拉盐车）是浪费人才，既不利于企业，也不利于职工个人的发展，是用人之大忌，也是劳动分工之大忌。"

亦作**"骥伏盐车"**。明代李开先《宝剑记》第八出："想那李广难封，冯唐易老，堪怜世道衰绝。宝剑尘埋，空将骥伏盐车。"

亦作**"骥服盐车"**。当代童浏义《有六商的人有大出息》："技艺娴熟如斯坦曼，如果只是当做普通人才来用，实在是牛刀割鸡，骥服盐车，而为他买下公司，也只有福特这样的伯乐才能做到。"

亦作**"骥困盐车"**。明代兰茂《声律发蒙》："骥困盐车，逢伯乐方能识也；鲋潜辙水，遇庄周未必怜之。"

亦作**"骏骨牵盐"**。清代袁枚《与汪可舟》："悠悠人世，本少知音，骏骨牵盐，玄文覆酱。"

对床风雨

释义：风雨之夜，两人对床而眠。指亲友久别重逢，共处一室，倾心交谈的欣悦之情。

出处：南宋辛弃疾《永遇乐·戏赋辛字送茂嘉十二弟赴调》："付君此事，从今直上，休忆对床风雨。"

示例：清代苏曼殊《致刘三书》："回忆秣陵半载，对床风雨，受教无量，而今安可得耶？"

亦作**"风雨对床"**。北宋苏辙《舟次磁湖，以风浪留二日不得进，子瞻以诗见寄，作二诗答之，前篇自赋，后篇次韵》："夜深魂梦先飞去，风雨对床闻晓钟。"

亦作**"对床夜雨"**。北宋苏轼《满江红·怀子由作》："辜负当年林下语，对床夜雨听萧瑟。"

亦作**"夜雨对床"**。北宋苏轼《辛丑十一月十九日，既与子由别于郑州西门之外，马上赋诗一篇寄之》："寒灯相对记畴昔，夜雨何时听萧瑟。君知此意不可忘，慎心苦爱高官职。"自注："常有夜雨对床之言，故云尔。"

亦作**"风雨连床"**。清代秋瑾《挽故人陈阕生》："阕生年方二十一，遽作古人。回忆省垣聚首，风雨连床，曾几何时？谁怜一别，竟无会面之期。"

亦作**"对床夜语"**。北宋张元幹《贺新郎·送胡邦衡待制赴新州》："万里江山知何处？回首对床夜语。雁不到、书成谁与？"

道德文章

释义：指思想品德和学识著述。

出处：南宋辛弃疾《渔家傲·为余伯熙察院寿》："道德文章传几世，到君合上三台位。"

语译：余伯熙先人忠厚继世，诗书传家，泽被后世，到余伯熙自应荣登"三台"高位（余伯熙是御史台所属察院长官监察御史）。

示例：清代刘之平《读〈王忠文公集〉》："道德文章百世师，状元第一未为奇。章弹史浩褫奸魄，政著夔州载口碑。半壁河山扶正气，两朝忠孝继佳儿。吾乡山水仍无恙，兴起而今更有谁？"

不如意事，十常八九

释义：谓不合心意的事情太多。

出处：南宋辛弃疾《贺新郎·用前韵再赋》："叹人生、不如意事，十常八九。"

示例：清代曾国藩《致李宫保》："不如意事，十常八九，古今往往然也。"

亦作**"不如意事，十常七八"**。南宋刘学箕《贺新郎·送郑材卿》："莫向愁人说。叹人生、不如意事，十常七八。"

亦作**"不如意事常八九"**。南宋方岳《别子才司令》："不如意事常八九，可与语人无二三。自识荆门子才甫，梦驰铁马战城南。"

竹清松瘦

释义：形容人的状貌清瘦有神。

出处：南宋辛弃疾《感皇恩·滁州寿范倅》："席上看君，竹清松瘦，待与青春斗长久。"

语译：祝寿酒宴上看您，有松竹般清瘦健劲的长寿之相，这是要与年年如旧的春天比一比谁更长久。

示例：当代考萍萍《旧梦结》："故而十年前的旧文中我只取姑奶奶，舍掉崔先生，只因崔先生文质彬彬太平常。他住在后院，我常见他从我们中院走过，如果他竹清松瘦，剑胆琴心，顾盼自雄，或顾盼风流也行，那当时一定让他在文中占一席之地的。"

大男小女

释义：指儿女。亦指男男女女。

出处：南宋辛弃疾《感皇恩·庆婶母王恭人七十》："遥想画堂，两行红袖。妙舞清歌拥前后。大男小女，逐个出来为寿。一个一百岁，一杯酒。"

示例：明代施耐庵《水浒传》第六十一回"吴用智赚玉麒麟 张顺夜闹金沙渡"："第三日，烧了神福，给散了家中大男小女，一个个都分付了，当晚先叫李固引两个当值的尽收拾了出城。"

亦作**"大男幼女"**。明代施耐庵《水浒传》第四十三回"假李逵剪径劫单人 黑旋风沂岭杀四虎"："且说当村里得知沂岭上杀了四个大虫，抬在曹太公家，讲动了村坊道店，哄的前村后村，山僻人家，大男幼女，成群拽队都来看虎。"

锦衣行昼

释义：穿着锦绣衣服，在白天行走。喻富贵了须回归故里。

出处：南宋辛弃疾《水龙吟·次年南涧用前韵为仆寿，仆与公生日相去一日，再和以寿南涧》："金印明年如斗。向中州、锦衣行昼。"

语译：愿您实现抗金复国之志，建立功勋，身穿锦绣衣服回到中原老家。

注释：南朝宋代刘义庆著《世说新语·尤悔第三十三》写道：东晋周顗说："今年杀诸贼奴，当取金印大如斗，系肘后。"

示例：元代杨维桢《元嘉议大夫嘉兴路达鲁花赤百梅公传》："后至至元初，从容求仕江南，覃恩被旨，授嘉兴路达鲁花赤。将效买臣故事，为锦衣行昼之荣，挈家累口五十余人，行抵临清，误食药，反毒发喘，卒于路寝。"

亦作**"衣绣昼行"**。《三国志·魏志·张既传》："出为雍州刺史，太祖谓既曰：

‘还君本州，可谓衣绣昼行矣。’”

亦作“**被绣昼行**”。西晋陆云《赠鄱阳府君张仲膺》（五章其四）：“被绣昼行。昔人攸羡。”

亦作“**衣锦昼行**”。当代龙之鸿《再谈陈夔龙》：“夔龙于一九〇七年由江苏巡抚擢升四川总督，假归贵州，衣锦昼行，自诩烜赫。”

轻车熟路

释义：驾驭装载很轻的车子走熟悉的路。比喻事情既熟悉又容易。

出处：南宋辛弃疾《贺新郎·和徐斯远下第谢诸公载酒相访韵》：“逸气轩眉宇，似王良，轻车熟路，骅骝欲舞。”

语译：您眉宇间有超逸轩昂的气度，赴试应该像王良（春秋时晋国驾驭马车的高手）一样，驾轻车，走熟路，骏马行姿翩翩，如同跳舞。

注释：语本唐代韩愈《送石处士序》：“若驷马驾轻车就熟路，而王良、造父为之先后也。”

示例：当代刘白羽《关山月更明》：“飞机飞得很平稳，天上地下，一静无声，西北的天特别蓝，西北的云特别白，我是初度阳关，他则轻车熟路。”

亦作“**驾轻就熟**”。现代詹天佑《敬告青年工学家》：“镜以淬而日明，钢以炼而益坚。凡诸学术，进境无穷，驾轻就熟，乃有发明。”

亦作“**熟路轻辙**”。南宋张榘《摸鱼儿·为赵孀窝寿》：“君看取，世道羊肠屈折，依然熟路轻辙。”辙，车轮的痕迹，借指车。

无心出岫

释义：岫：山洞，山。东晋陶潜《归去来辞》言“云无心以出岫，鸟倦飞而知还”。比喻无意出仕。

出处：南宋辛弃疾《贺新郎·题傅岩叟悠然阁》："鸟倦飞还平林去，云自无心出岫。剩准备、新诗几首。"

注释：剩：更。

示例：明代张居正《与楚学宪胡庐山》："惟公遵养已久，亦宜及时效用，幸早戒行，以慰群望。昔也倦翼知还，今也无心出岫。时行时止，无意必焉可也。"

车轮生四角

释义：表达挽留人的意愿。或表示路途行走困难；因无奈而难以上路。

出处：南宋辛弃疾《贺新郎·把酒长亭说》："佳人重约还轻别。怅清江、天寒不渡，水深冰合。路断车轮生四角，此地行人销骨。"

注释：销骨：形容极其哀伤。与辛弃疾同时期的王千秋《谒金门·次李圣予月中韵》写道："春漠漠。闲尽绮窗云幕。悔不车轮生四角。却成缘分薄。"

示例：现代夏承焘《金缕曲·读顾贞观寄吴汉槎金缕曲，念汉槎妹文柔以孤孀送嫂北行事，因续作此曲》："不望车轮生四角，不问白山黑水，挥手去、等闲乡里。"

亦作**"轮生四角"**。明代陈汝元《金莲记》第二十一出"重贬"："方脱赭衣，又游赤壁，安得轮生四角，堪怜肠断九回。"

亦作**"车轮生角"**。明代张綖《水龙吟·春闺》："望王孙、甚日归来，除是车轮生角。"

亦作**"车轮四角"**。南宋辛弃疾《木兰花慢·席上送张仲固帅兴元》："君思我、回首处，正江涵秋影雁初飞。安得车轮四角，不堪带减腰围。"

三思而行

释义：指经过反复考虑，然后再行动。

出处：南宋辛弃疾《哨遍·池上主人》："嗟鱼欲事远游时，请三思而行可矣。"

语译：感叹啊，自由自在的鱼儿想游向远方时，一定要慎重考虑处处暗藏着的危险，请反复思考后方可行动。

示例：明代施耐庵《水浒传》第六十七回"宋江赏马步三军　关胜降水火二将"："林冲谏道：'兄长，人心难忖，三思而行。'关胜道：'好汉作事无妨。'"

亦作**"三思后行"**。唐代程彦先《大周故处士程先生墓志铭序》："仁能接物，孝以安亲。三思后行，季文子之高志；去食存信．孔寅父之清规。"

献愁供恨

释义：眼前景物引发苦闷惆怅之情。

出处：南宋辛弃疾《水龙吟·登建康赏心亭》："楚天千里清秋，水随天去秋无际。遥岑远目，献愁供恨，玉簪螺髻。"

注释：遥岑：远山。螺髻：螺旋形发髻。

示例：当代丁成泉《中国山水诗史》第四章："因作者'宗师屈宋'，深受以屈原为代表的楚文化悲剧气氛的影响，使诗中所有景物都涂上了浓重的幽怨色彩。孑然耸立的岳阳楼，洞庭云水，沅湘风日，乃至远处的云梦昭丘，无不献愁供恨。"

亦作**"惹恨牵愁"**。明代云水道人《蓝桥玉杵记》："似俺这惹恨牵愁丹桂苑，怎比得桃花流水赤城山。"

亦作**"惹恨供愁"**。南宋朱淑真《伤别》(二首其一):"吹花弄粉新来懒,惹恨供愁旧日添。"

亦作**"牵愁勾怨"**。南宋陈偕《满庭芳·送春》:"乐随春减,恨为情离。怕牵愁勾怨,渐近金徽。"

亦作**"牵愁触闷"**。元代杨显之《临江驿潇湘秋夜雨》第三折:"时遇秋天,怎当那凄风冷雨,过雁吟虫,眼前景物,无一件不是牵愁触闷的。"

亦作**"牵情系恨"**。北宋柳永《临江仙·梦觉小庭院》:"萧条。牵情系恨,争向年少偏饶。"

经纶手

释义:治国的良才。

出处:南宋辛弃疾《水龙吟·为韩南涧尚书寿,甲辰岁》:"渡江天马南来,几人真是经纶手?"

注释:"渡江"句,指宋室南渡。

示例:明代吴承恩《西游记》第六十八回"朱紫国唐僧论前世 孙行者施为三折肱":"只见那几个太监、校尉朝上礼拜道:'孙老爷,今日我王有缘,天遣老爷下降,是必大展经纶手,微施三折肱。治得我王病愈,江山有分,社稷平分也。'"

文章山斗

释义:谓文章如泰山北斗,为人所宗仰。

出处:南宋辛弃疾《水龙吟·为韩南涧尚书寿,甲辰岁》:"况有文章山斗,对桐阴,满庭清昼。"

语译:何况您还有文章,可比唐代韩愈,如泰山北斗令人敬仰,当年您家在汴京府第的门前广种梧桐，白日里满庭清阴。

注释：《新唐书·韩愈传赞》："自愈没，其言大行，学者仰之如泰山北斗云。"宋代一位曾任职佥判、生平不详的赵姓词人，其《水龙吟·寿太守，九月初一》亦写道："一代文章山斗。"

示例：清代吴敬梓《儒林外史》第三十六回"常熟县真儒降生　泰伯祠名贤主祭"："武书道：'老师文章山斗，门生辈今曰得沾化雨，实为侥幸。'"

留髡送客

释义：西汉淳于髡对齐威王言：参加宴会，美女作陪，主人送走其他客人，而将他单独留下，其时最能饮酒。指主人送走多数客人，而留下须格外看待的继续饮酒或住宿。后亦特指妓女留客。

出处：南宋辛弃疾《水龙吟·爱李延年歌、淳于髡语，合为词，庶几高唐、神女、洛神赋之意云》："堂上更阑烛灭。记主人、留髡送客。"

示例：清代邹祗谟《黄河清慢·阮亭招观竞渡竟日，即席同方坦庵、楼冈、邵村、唐耕坞诸先生分赋，用晁次膺韵》："看尽鱼龙曼衍，舞回鹳、歌残《白苧》。留髡送客，便日落、莫催津鼓。"

杏腮桃脸

释义：形容女子白里泛红的艳美容貌。

出处：南宋辛弃疾《西江月·和杨民瞻赋丹桂韵》："杏腮桃脸费铅华，终惯秋蟾影下。"

语译：桃花杏花喜欢浓妆淡抹，展露春光，而丹桂习惯于秋月下的凄清寂寞。

亦作**"杏脸桃腮"**。元代王实甫《西厢记·第四本·第一折》："杏脸桃腮，

乘著月色，娇滴滴越显得红白。”

亦作**“杏腮桃颊”**。金代董解元《西厢记诸宫调》卷八：“柳眉星眼，杏腮桃颊，口儿小，脚儿弓，扮得蔚贴。”

亦作**“杏靥桃腮”**。南宋王之道《蝶恋花·和鲁如晦梅花二首》（其二）：“杏靥桃腮俱有腼，常避孤芳，独斗红深浅。”

经营惨澹

释义：苦心谋划并从事某项事情。

出处：南宋辛弃疾《鹧鸪天·点尽苍苔色欲空》：“花余歌舞欢娱外，诗在经营惨澹中。”

语译：赏花之余、歌舞欢乐之外，费尽心力作诗。

注释：唐代杜甫《丹青引赠曹将军霸》有句：“诏谓将军拂绢素，意匠惨澹经营中。”南朝齐代谢赫《古画品录》以“经营位置”（构图）为绘画六法之一。“惨澹经营”后引申指苦心谋划并从事某项事情。惨澹，今同“惨淡”。

示例：清代梁启超《过渡时代论》：“虽然，为五大洋惊涛骇浪之所冲激，为十九世纪狂飙飞沙之所驱突，于是穹古以来祖宗遗传深顽厚锢之根据地，遂渐渐摧落失陷，而全国民族，亦遂不得不经营惨澹，跋涉苦辛，相率而就于过渡之道。”

亦作**“惨澹经营”**。清代沈德潜《说诗晬语》：“写竹者必有成竹在胸，谓意在笔先，然后著墨也。惨澹经营，诗道所贵。”

忠肝义胆

释义：为人忠诚，行事仗义。

出处：南宋辛弃疾《水调歌头·汤朝美司谏见和，用韵为谢》：“千古忠肝义胆，万里蛮烟瘴雨，往事莫惊猜。”

语译：有照耀千古的忠肝义胆，可惜却被贬谪到蛮烟瘴雨的遥远地方，过去了的事情就不用再去惊惶疑虑了吧。

示例：南宋汪元量《浮丘道人招魂柴市歌》（九首其九）：“忠肝义胆不可状，要与人间留好样。”

亦作**“忠肠义肝”**。明代李东阳《明故荣禄大夫后军都督府都督同知芮公墓志铭》：“赫赫先公，为国爪牙。惟公桓桓，忠肠义肝。”

亦作**“烈胆义肝”**。清代彭孙贻《流寇志》：“熙祚书壁曰：‘烈胆义肝，自有生来，赋予已定；忠君报国，从学问中，体勘得真。临难日有半点儿女情，便俯首不前；见危时有十分忠义念，始指心可剖。白刃堪蹈，青史无污。’”

平地起崔嵬

释义：崔嵬：高山。比喻凭空发生意外变故或灾祸。

出处：南宋辛弃疾《水调歌头·再用韵答李子永提干》：“君莫赋《幽愤》，一语试相开。长安车马道上，平地起崔嵬。”

注释：开：开导，宽慰。

示例：南宋舒岳祥《戏述任翻诗句，酬储梅癯见和之作》：“我爱巾山去复回，城中平地起崔嵬。”

亦作**“平地起骨堆”**。当代司马云杰《中国精神通史》第一卷第八章：“任何一个时代新思想的绚丽多彩与跌宕多姿，绝不是突兀而来，平地起骨堆的，既有它产生的特殊社会历史条件，也有其深刻文化渊源与名理相因的思想基础。”骨堆：凸起的土堆。亦作“孤堆”。

雨僝风僽

释义：指风雨交相摧折，或指不好的天气把人折磨，亦形容历经磨难，十分烦恼憔悴。

出处：南宋辛弃疾《粉蝶儿·和晋臣赋落花》："昨日春如，十三女儿学绣。一枝枝、不教花瘦。甚无情，便下得，雨僝风僽。向园林、铺作地衣红绉。"

语译：昨天春光大好，一枝枝鲜花就像十三岁少女学着绣的，开得那样肥硕饱满。可是老天为何又这么无情，忍心让风雨交相摧折，花朵纷落，为园林铺了一层红色地毯。

示例：清代郭麐《长亭怨慢·瞿花农分司相见西湖，出王蓬心太守〈汉皋赠别图〉见示，有二娱题词，辄依韵倚声》："还试问，吴根越角，可似武昌樊口。扁舟容与，且消遣，雨僝风僽。"

亦作**"雨僽风僝"**。元代柯丹丘《荆钗记·庆诞》："堪叹，雪染云鬟，霞销杏脸，朱颜去不回还。椿老萱衰，只恐雨僽风僝。但只愿无损无伤，咱共你何忧何患？"

亦作**"雨僝云僽"**。南宋陈亮《点绛唇·咏梅月》："清入梦魂，千里人长久，君知否？雨僝云僽，格调还依旧。"

青衫司马

释义：指唐代白居易，后喻指失意的官吏，亦形容悲伤哀痛之情。

出处：南宋辛弃疾《鹧鸪天·郑厚卿席上谢余伯山》："看逸韵，自名流。青衫司马且江州。"

语译：看您高逸风韵，自是杰出人士，而我如唐代贬官的白居易姑且栖身江州。

注释：唐代白居易贬官江州司马时作《琵琶行》写道："座中泣下谁最多，江州司马青衫湿。"北宋欧阳修《琵琶亭上作》："九江烟水一登临，风月清含古恨深。湿尽青衫司马泪，琵琶还似雍门琴。"

示例：清代陈维崧《百字令·客有善丝竹者，以笺索词，漫为此赋》："今日白发何堪，青衫司马，仍会秋娘宅。"

亦作**"司马青衫"**。清代江春《〈四弦秋〉序》："亟付家伶，使登场按拍，延客共赏，则观者辄唏嘘太息，悲不自胜，殆人人如司马青衫矣。"

雾鬓云鬟

释义：头发像飘浮萦绕的云雾。形容女子发美，亦借指美女。

出处：南宋辛弃疾《木兰花慢·题上饶郡圃翠微楼》："云雨珠帘画栋，笙歌雾鬓云鬟。"

示例：元代白朴《裴少俊墙头马上》第一折："你看他雾鬓云鬟，冰肌玉骨，花开媚脸，星转双眸。"

亦作**"雾鬓风鬟"**。北宋苏轼《题毛女贞》："雾鬓风鬟木叶衣，山川良是昔人非。"

亦作**"云鬓风鬟"**。明代徐溥《秦淮竹枝词》（十首其十）："云鬓风鬟插紫兰，香罗细葛怯轻寒。"

蜗角斗争

释义：比喻因细事而引起争斗。

出处：南宋辛弃疾《哨遍·秋水观》："蜗角斗争，左触右蛮，一战连千里。"

语译：蜗牛头上的争斗，左角是触氏国，右角是蛮氏国，于他们来说，每次交战都要纵横千里。

注释:《庄子·则阳》:“有国于蜗之左角者曰触氏，有国于蜗之右角者曰蛮氏，时相与争地而战，伏尸数万，逐北旬有五日而后反。”“逐北旬有五日而后反”，意即获胜者追击败逃者，十五天后才返回。

示例：当代万伟成《中华酒经》:“孔子把富贵当作浮云，佛教把功名等同梦幻，以这种观念指导饮酒，可获真趣。然而，茫茫世界，芸芸众生，蝇头微利，蜗角斗争，把酒作为钻营手段、‘商业’手段，真正能领略到酒中真趣者越来越少。”

渔阳鼙鼓

释义：喻指兵灾战乱。

出处：南宋辛弃疾《杏花天·嘲牡丹》:“渔阳鼙鼓边风急。人在沉香亭北。”

语译：渔阳已经响起叛军的鼙鼓，边塞形势告急，而唐玄宗和杨贵妃还在沉香亭赏牡丹。

注释：渔阳，现天津市蓟州区一带，唐时安禄山从这里起兵叛唐，发动了“安史之乱”；鼙鼓，古代军中用的小鼓。唐代白居易《长恨歌》写道：“渔阳鼙鼓动地来，惊破霓裳羽衣曲。”

示例：明代郑若庸《玉玦记》第十一出“报信”:“拥旌旗，渔阳鼙鼓喧天地，及早藏形远祸机。”

凛然生气

释义：严正的精神永远生气勃勃。

出处：南宋辛弃疾《水龙吟·老来曾识渊明》:“须信此翁未死，到如今凛然生气。”

语译：陶渊明虽然早已是古人，但我相信这个老翁并没有死，直到现在他严正的精神还生气勃勃。

示例：清代吴舒凫《〈长生殿·骂贼〉折眉批》："尝叹世间，真忠义不易多有，惟优孟衣冠妆演古人，凛然生气如在。"

亦作**"凛凛有生气"**。北宋黄庭坚《谢答闻善二兄九绝句》（其五）："阮籍醉睡不论昏，刘伶鸡肋避尊拳。至今凛凛有生气，饮酒真成不愧天。"

亦作**"凛有生气"**。南宋朱熹《答陈颐刚》："先公胸中之奇，凛有生气，适有远役，未及细观。然窃窥二一，亦足以见蕴蓄之不凡矣。"

亦作**"生气凛凛"**。清代张亮采《中国风俗史》："以宋代仁人义士之接踵，徒随劫运以俱尽，卒无补于国之危亡，读史者未免有余憾。然试一思其身当国变，茹辛忍苦，百折不回，又不觉肝胆照人，生气凛凛，如演一场英雄之活剧。"

烟柳斜阳

释义：形容对国家衰危、世事变迁的哀痛、感伤。

出处：南宋辛弃疾《摸鱼儿·更能消几番风雨》："休去倚危栏，斜阳正在，烟柳断肠处。"

示例：清代吴梅《词学通论》："及邵复孺出，合白石、玉田之长，寄烟柳斜阳之感，其《扫花游》《兰陵王》诸作尤近梦窗，殿步一朝，良无愧怍。"

相门出相

释义：宰相后代还出宰相。指名门之后多有贤才。

出处：南宋辛弃疾《瑞鹤仙·寿上饶倅洪莘之，时摄郡事，且将赴漕事》："记从来人道，相门出相，金印累累尽有。"

示例：元代刘时中《端正好·上高监司（前套）》："相门出相前人奖，官上加官后代昌。"

亦作**"相门有相"**。三国魏曹植《令》："谚云：'相门有相，将门有将。'夫相者，文德昭；将者，武功烈。"

亦作**"相门相种"**。明代陆采《明珠记》第十九出"宫怨"："我是十二道节度使女，相门相种，不跪你这贱人。"

宝马雕车

释义：名贵的马与华美的车。指代富贵的生活。

出处：南宋辛弃疾《青玉案·元夕》："东风夜放花千树，更吹落，星如雨。宝马雕车香满路。凤箫声动，玉壶光转，一夜鱼龙舞。"

示例：当代陈嘉映《闲话希腊——〈希腊精神〉译本序》："然而在我们这个虚伪已渗入骨髓的时代，哪怕他宝马雕车，腰缠万贯，或权倾天下，只要他主张平等，似乎我们至少得承认他有良好的用心。"

亦作**"宝马香车"**。唐代沈佺期《上巳日祓禊渭滨应制》："宝马香车清渭滨，红桃碧柳禊堂春。"

亦作**"香车宝马"**。宋代李清照的《永遇乐·落日熔金》："落日熔金，暮云合璧，人在何处。染柳烟浓，吹梅笛怨，春意知几许。元宵佳节，融和天气，次第岂无风雨。来相召、香车宝马，谢他酒朋诗侣。"

掀天事业

释义：掀天：撼动天空。谓惊天动地的事业。

出处：南宋辛弃疾《洞仙歌·赵晋臣和李能伯韵，属余同和。赵以兄弟有职名为宠，词中颇叙弃其盛，故末章有"裂土分茅"之句》："任掀天事业，冠古文章，有几个、笙歌晚岁。”

注释：该词另有传世版本“掀天事业”作“掀天勋业”。

示例：当代王充闾《人生几度秋凉》：“一般讲，传世、不朽要借助掀天事业或者道德、文章，即所谓立功、立德、立言。”

亦作**“掀天功业”**。南宋赵善括《醉蓬莱·前题》：“谈笑封侯，雍容谋国，看掀天功业。”

种花满县

释义：西晋文学家潘岳任河阳县令时，满城栽种桃李，传为美谈。赞誉地方花木繁盛。后用以称扬地方官有佳政，治绩显著。

出处：南宋辛弃疾《婆罗门引·用韵答傅先之，时傅宰龙泉归》：“龙泉佳处，种花满县却东归。”

注释：龙泉：龙泉县。

示例：明代董其昌《沈士充仿宋元十四家笔意》：“沈子居为谷侯明府作桃源图工绝，余谓盐官种花满县，何事问桃源哉！”

响彻行云

释义：行云：流动的云。形容声音响亮，好像可以直达云天。

出处：南宋辛弃疾《菩萨蛮·赠周国辅诗人》：“画楼影蘸清溪水，歌声响彻行云里。”

示例：清代李修行《梦中缘》第十五回“联二乔各说心间事　聚五美得遂梦中缘”：“一路龙笙凤管之音，响彻行云，好不热闹。”

亦作**“响彻云霄”**。当代谭楷《华西坝的钟声》：“那时的华西坝，抗战的歌声响彻云霄。”

亦作**“响彻云际”**。明代袁宏道《虎丘记》:“一夫登场,四座屏息,音若细发,响彻云际。”

亦作**“响彻云表”**。当代苏朝云《古钟化铁》:“政府雇人按时撞钟报点,响彻云表,城郊士庶,俱闻钟作息。余少时曾登临,读钟面募捐人姓名钱两,心生敬慕。1958年砸毁炼铁,徒令后人叹惋。”

亦作**“声入云霄”**。西汉刘歆《西京杂记·戚夫人歌舞》:“夫人善为翘袖折腰之舞,歌《出塞》《入塞》《望归》之曲。侍婢数百皆习之,后宫齐首高唱,声入云霄。”

富贵逼人

释义:本无意富贵,却富贵临头。或指现实世界逼人谋求富贵。也指因有财有势,他人前来靠拢。

出处:南宋辛弃疾《新居上梁文》:“虽云富贵逼人,自觉林泉邀我。”

语译:虽然说世人都抵挡不住富贵的诱惑,但是我内心还是向往退隐林木泉石之间。

注释:《北史·杨素传》:“(周武帝)常令为诏,下笔立成,词义兼美。帝嘉之,谓曰:‘善相自勉,勿忧不富贵。’素应声曰:‘臣但恐富贵来逼臣,臣无心图富贵。’”

示例:现代陈子展《中国文学史讲话》:“明朝既亡,侯朝宗有书信劝他莫降清朝,保全气节。无奈富贵逼人,他就顾不得许多了。”

亦作**“富贵逼人来”**。元代无名氏《冻苏秦衣锦还乡》:“文章锦绣满胸怀,知是天生冠世才。任使无心求富贵,终须富贵逼人来。”

闲花浪蕊

释义：指寻常的花草。后比喻轻浮、不正派的人，多指妓女。

出处：南宋辛弃疾《偶题》："闲花浪蕊不知名，又是一番春草生。病起小园无一事，杖藜看得绿阴成。"

示例：清代德保《木棉花歌》："琼英满地散复聚，篱脚墙头铺纵横。闲花浪蕊那得比，奇温天遣资群生。"

亦作**"浮花浪蕊"**。唐代韩愈《杏花》："浮花浪蕊镇长有，才开还落瘴雾中。"

亦作**"浮英浪蕊"**。清代张惠言《丑奴儿慢·见榴花作》："况满地、浮英浪蕊，还做春容。"

亦作**"浮花轻蕊"**。清代胡延《鸣梭·用谭明之韵》："蘸粉光依旧万枝荷，莫问浮花轻蕊，狼藉更如何。"

亦作**"浪花浮草"**。明代孟称舜《娇红记》第四十出"诘祟"："他灯前坐着个如花貌，敢别惹下浪花浮草，劣书生薄幸从来道。"

亦作**"浪蕊狂枝"**。明代陈铎《怨别》(十三首其四)："想才郎心性似游丝，惯牵缠浪蕊狂枝。"

是非得失

释义：对与错，得与失。

出处：南宋辛弃疾《读书》："是非得失两茫茫，闲把遗书细较量。掩卷古人堪笑处，起来摩腹步长廊。"

注释：与辛弃疾同时期的朱熹，在《辞免兼实录院同修撰奏状二》亦写道：

“重念臣愚素无史学，然于是非得失之故，实有善善恶恶之心。”比辛弃疾年长四十余岁的宋代胡寅《零陵郡学策问（十六）》写道：“至于支青配白，骈四俪六，极笔烟霞，流连光景，举世好之，有司亦以是取士，为日久矣。其得失是非，愿从二三子闻之，且观所志。”较之“得失是非”，“是非得失”更为后人常用。

示例：清代林之蕃《与周减斋》：“二三十年功名，转盼成空，荣辱毁誉，是非得失，总是梦中之梦。”

云泥异路

释义：像天上的云和地上的泥高下悬殊。比喻相差或相距甚远。

出处：南宋陈亮《与辛幼安殿撰书》：“亮空闲没可做时，每念临安相聚之适，而一别遽如许，云泥异路又如许。”

语译：我空闲无事时，每每想起你我在临安相聚时的惬意，而一别竟这样久，如今身份地位相差又这样大。

示例：明代李昌祺《贾云华还魂记》：“妾命薄春冰，身轻秋叶，云泥异路，浊水清尘。然既委身于君子，岂再托体于他人？”

亦作“**云泥殊路**”。当代王英琦《背负自己的十字架》：“瓦格纳属此世俗界的天才，尼采属彼世神界的天才——他们云泥殊路、天上人间。”

亦作“**云泥之判**”。当代刘保昌《荆楚文学》：“作为统治者，当然要极力张扬阐发屈原身上的集体性的忠贞精神，而一切不满现实报国无门的知识分子，则必然会提倡屈原的个人性的抗争精神。立场、视角的不同，会导致对屈原的评价也有云泥之判。”

亦作“**云泥之别**”。当代黄理兵《唐诗的真相》：“这种茶叶，叶片大小不一，味道苦涩，跟春茶有云泥之别，劳苦大众喝来解渴还可以，高人逸士养生修道，是看不上它的。”

亦作“**云泥之差**”。现代陈道望《中国女子底觉醒》：“总之，这第二次的觉醒，在当时实从思想之大以至服装之微，都曾有过相当的反省。较之第一次的浮滑，如果夸大一点说，竟可说是有云泥之差。”

亦作**“云泥之隔”**。当代王跃文《体育明星的富贵路》：“后来叫有钱人为富人，已把他们划为不同的阶层，但态度终算是平和的；后来又叫他们富豪，他们同普通民众则是云泥之隔了；最终叫他们为大鳄，则多少带有些敌意，因为鳄鱼毕竟是会吃人的。”

亦作**“云泥分隔”**。清代袁枚《与湖南抚军方毓川》：“接手书及茶、缎二物，知大君子不忘故人，如是其深且厚也！别后一星终矣，云泥分隔，山水程遥。”

亦作**“云泥迥隔”**。明代冯梦龙《喻世明言》第十七卷《单符郎全州佳偶》：“李英道：‘我在风尘中，每自退姊一步，况今日云泥迥隔，又有嫡庶之异，即使朝夕奉侍阿姊，比于侍婢，亦所甘心，况敢与阿姊比肩耶？’”

豪视一世

释义：高傲雄强地看待、面对普天下。

出处：南宋岳珂《桯史·稼轩论词》：“稼轩喜，促膝亟使毕其说。余曰：‘前篇豪视一世，独首尾两腔，警语差相似；新作微觉用事多耳。’于是大喜，谓坐客曰：‘夫君实中予痼。’”

注释：警语：警策动人的语句。用事：引用典故。

示例：《宋史·张商英传》：“张商英，字天觉，蜀州新津人。长身伟然，姿采如峙玉。负气俶傥，豪视一世。”

亦作**“高视一世”**。元代郝经《遗山先生墓铭》：“挟幽并之气，高视一世。”

亦作**“傲视一世”**。明代何良俊《四友斋丛说·史十一》：“何大复傲视一世，在京师日，每有燕席，常闭目坐，不与同人交一言。”

亦作**“雄视一世”**。清代翁同龢《翁同龢日记·光绪元年四月十九日》：“古之名家多作长江万里图，以发其胸中之奇，而抒其笔墨纵逸之趣，吾乡白石翁有图又有诗。余于翁之图虽未之见，然读其诗顿挫跌荡，雄视一世，其画之超忽变化，可以意而得之。”

自鸣得意

释义：夸耀自己的得意或了不起。

出处：明代沈德符《万历野获编·昙花记》："一日遇屠于武林，命其家僮演此曲，挥策四顾，如辛幼安之歌于千古江山，自鸣得意。"

语译：沈德符有一天在杭州见到了屠隆，屠隆命家僮演出他创作的戏曲《昙花记》，他亲自导演，环视四周，如辛弃疾当年高唱《永遇乐·京口北固亭怀古》"千古江山，英雄无觅孙仲谋处"，显得很是得意。

示例：现代鲁迅《关于太炎先生二三事》："近有文侩，勾结小报，竟也作文奚落先生以自鸣得意，真可谓'小人不欲成人之美'，而且'蚍蜉撼大树，可笑不自量'了！"

曹洞旁出

释义：曹洞：曹洞宗。佛教禅宗的五个宗派之一。指不蹈袭前人，自成一派。

出处：明代俞彦《爰园词话》："惟辛稼轩自度粱肉不胜前哲，特出奇险为珍错供，与刘后村辈俱曹洞旁出，学者正可钦佩，不必反唇并捧心也。"

注释：粱肉：精美饭食。特出：独特突出，与众不同。珍错：珍异食品。刘后村：刘克庄，号后村，南宋词人，晚于辛弃疾。反唇：讥评。捧心：《庄子·天运》言：美女西施心痛而颦。邻有丑女认为这姿态很美，也学着捧心皱眉。后因以"捧心"喻拙劣的模仿。

逞奇斗博

释义：炫耀奇特，较量广博。

出处：清代彭孙遹《红豆词序》："北宋以前，作者林立，而未有次韵。苏黄两公间一为之，犹不免小作狡狯。稼轩、后村乃始逞奇斗博，短篇长阕，靡所不有，虽其才气使然，非词之正也。"

注释：次韵：作旧体诗词的一种方式，依照所和诗词的韵字次序写和诗和词。苏黄：苏轼、黄庭坚。后村：刘克庄，号后村，与辛弃疾同为南宋豪放派词人。正：正统的体式。

示例：当代张煦侯《试论刘勰的语言风格》："就用事说，《灭惑论》的引用，都有推翻异论、伸张己说的逻辑作用，而绝不是从逞奇斗博出发。"

望其项踵

释义：项踵：头顶和脚后跟。指代全身。比喻赶得上，与之接近。

出处：清代谢章铤《赌棋山庄词话》卷一："学稼轩，要于豪迈中见精致。近人学稼轩，只学得莽字、粗字，无怪阑入打油恶道。试取辛词读之，岂一味叫嚣者所能望其项踵？"

注释：阑入：掺杂进去。打油：指作打油诗。

亦作**"望其肩项"**。清代汪琬《与周处士书》："而复取韩、欧阳集伏读而深思之，未尝不叹其才识之练达，意气之奔放，与夫言论之超卓雄伟，真有与《诗》《书》、六艺相表里者，非后世能文章家所得望其肩项也。"

亦作**"望其肩背"**。现代陈师曾《文人画之价值》："旷观古今文人之画，其格局何等谨严，意匠何等精密，下笔何等矜慎，立论何等幽微，学养何等深醇，岂粗心浮气轻妄之辈所能望其肩背哉！”

亦作**“望其项背”**。清代叶矫然《龙性堂诗话续集》：“至杜公广大神通，压古轶今，岑、高诸人无敢望其项背。”

贯穿融会

释义：把各方面的知识和道理融化汇合，得到全面透彻的理解。

出处：金代党怀英《醇德王先生墓表》：“先生束发知问学，为文章不喜为进取计，尝试有司，不合，即屏去。益探六经、百家之言，务为博赡该诣。又杂取老庄、释氏诸书，采其理要，贯穿融会，折诸大中。”

语译：王去非先生儿时年龄稍大就知道探求学问，学作文章不愿以获取功名为目的，曾经参加科举考试，未中，便隐居乡野。此后更是深入钻研儒家经典及各种流派的学说，务求博览洽闻，又广泛研读道家、佛家的各种著作，采选其精当之处，将各方面的知识和道理全面透彻地融汇和理解，调和于中正之道。

注释：王去非（1100—1184），字广道，金代平阴石硖（今济南市平阴县玫瑰镇石硖村）人，科举不得志，家居聚徒授学，乐善好施，名闻乡里，去世后门人私谥“醇德”。束发：古代男孩成童（八岁以上）时束发为髻，因用为指代成童。有司：官吏。古代设官分职，各有专司，故称。

示例：清代戴名世《方舟传》：“年十四五，尽通六经诸史及百家之书，贯穿融会，发挥为义理之文，穷微阐幽，务明其所以然之故。”

亦作**“贯通融会”**。南宋袁燮《〈象山先生文集〉序》：“此心此理，贯通融会，美在其中，不劳外索。”

亦作**“融会贯通”**。南宋朱熹《朱子全书·学三》：“举一而三反，闻一而知十，乃学者用功之深，穷理之熟，然后能融会贯通，以至于此。”

望风披靡

释义：披靡，草木随风倒伏。草一遇到风就倒伏了。比喻军队毫无斗志，被对方气势震慑，未等交锋即溃散了。

出处：《元史·张荣传》："诘旦，敌兵整阵至，荣驰之，望风披靡，夺战船五十艘，麾抵北岸。"

语译：第二天早晨，敌军整理队伍后前来，张荣驱马冲向敌阵，敌军迅即溃败，张荣缴获了五十艘战船，指挥部队抵达北岸。

注释：张荣（1181—1263），济南历城人，字世辉。金代末年，天下大乱，为求自保，张荣率领数以万计的乡民，占据位于章丘县和邹平县交界处的长白山黉堂岭，后又陆续夺取多个州县，成为强大的地方武装势力。金正大三年（1226），张荣见金朝大势已去，遂率众归顺蒙古，获授山东行尚书省兼兵马都元帅、知济南府事，后随蒙古军先后与金和南宋作战。蒙古中统元年（1260）获封济南公，中统四年（1263）逝世，追封为济南王。

示例：明代沈鲸《双珠记》第十七出"避兵失侣"："吾自起兵以来，攻城掠地，势如破竹，河北州县已望风披靡。"

亦作"**应风披靡**"。西汉司马相如《上林赋》："离靡广衍，应风披靡，吐芳扬烈，郁郁菲菲。"

亦作"**望风而靡**"。明代罗贯中《三国演义》第一回"宴桃园豪杰三结义　斩黄巾英雄首立功"："四方百姓裹黄巾从张角反者四五十万。贼势浩大，官军望风而靡。"

亦作"**闻风而靡**"。明代王守仁《案行分守岭北道官兵戴罪剿贼》："兵威既振，然后分兵四剿，则稽芜等巢，自然闻风而靡。"

选歌试舞

释义：挑选能歌善舞的女子，指放荡的生活方式。

出处：南宋周密《露华·次张岫云韵》："选歌试舞，连宵恋醉珍丛。"

语译：挑选能歌善舞的美女，接连几夜迷恋醉倒在美丽的花丛。

注释：周密（1232—1298），字公谨，号草窗，晚年号四水潜夫、弁阳老人。祖籍济南历城，曾祖周秘于北宋倾覆之际南渡，寓居吴兴（今浙江省湖州市）。周密晚年移住杭州，一生以"齐人周密""历山周密""华不注山人"自称。宋末元初文学家、书画鉴赏家。

亦作**"选舞征歌"**。清代孙承宗《菱湖纪事诗》："选舞征歌花柳期，船船来往最烦嚣。"

亦作**"选色征歌"**。清代余怀《板桥杂记·雅游》："逢秋风桂子之年，四方应试者毕集。结驷连骑，选色征歌。"

浓施浅晕

释义：指浓艳和淡雅两种不同的妆饰打扮。亦泛指妆饰打扮。

出处：南宋周密《瑞鹤仙·翠屏围画锦》："波涵月彩，露浥莲妆，水描梅影。调朱弄粉，凭谁写，四时景。问玉奁西子，山眉波盼，多少浓施浅晕。"

注释：玉奁：玉镜。喻西湖。盼：形容眼睛黑白分明。

亦作**"淡妆浓抹"**。北宋苏轼《饮湖上初晴后雨二首》（其二）："欲把西湖比西子，淡妆浓抹总相宜。"

亦作**"浓抹轻涂"**。南宋史浩《满庭芳·茅舍》："雨余。添美景，眉横山妩，脸媚花腴。笑凡间粉黛，浓抹轻涂。"

亦作**“浅妆浓抹”**。南宋沈端节《朝中措·天遥野阔雁书空》:“功名富贵，何须计较，烟际疏钟。解道浅妆浓抹，从来惟有坡翁。”

亦作**“轻匀淡抹”**。南宋黄公度《浣溪沙·时在西园偶成》:“欲去还留无限思，轻匀淡抹不成妆。”

亦作**“轻妆淡抹”**。明代袁中道《送人至太和》:“轻妆淡抹似仙娃，眉斗青山脸斗霞。”

剪雪裁云

释义：形容梅花的素洁高雅。后亦形容制造或创作的技巧和功夫高妙。或形容女子之美。

出处：南宋周密《齐天乐·紫霞翁开宴梅边，谓客曰：梅之初绽，则轻红未消；已放，则一白呈露。古今夸赏，不出香白，顾未及此，欠事也。施中山赋之，余和之》:“任剪雪裁云，竞夸轻艳。”

示例：明代西湖渔隐主人《欢喜冤家》第十六回“费人龙避难逢豪恶”:“人龙看罢道：‘娘子，你到我家登堂七载，从来未见你剪雪裁云，吟风弄月。谁知你这般才思，我好侥幸也！’”

亦作**“镂月裁云”**。清代赵翼《次吟芗韵》(二首其二):“倚声绝艺似珠圆，镂月裁云过百篇。”

亦作**“剪水裁云”**。明代金木散人《鼓掌绝尘》第二十二回“哑园公误卖美人图 老画师惊悟观音像”:“说他文技中，则琴棋书画，诗赋词章，般般细谙；女工内，则剪水裁云，描鸾刺凤，件件精通。”

亦作**“剪玉裁冰”**。宋代无名氏《望梅·画栏人寂》:“剪玉裁冰，已占断、江南春色。恨风前素艳，雪里暗香，偶成抛掷。”

天衣无缝

释义：传说仙女的衣服非用人间针线缝制，因此没有衣缝。比喻事物完美自然，无隙可循，无斧凿痕迹。

出处：南宋周密《浩然斋雅谈》："对偶之佳者，曰'数点雨声风约住，一枝花影月移来''柳摇台榭东风软，花压栏杆春昼长''天下三分明月夜，扬州十里小红楼''梨园子弟白发新，江州司马青衫湿'数联，皆天衣无缝，妙合自然。"

注释：汉代《神异经》言："西荒有人不读五经而意合，不观天文而心通，不诵礼律而精当。天赐其衣，男朱衣、缟带、委貌冠，女碧衣、戴胜，皆无缝。"委貌冠，周代礼冠。戴胜，头戴玉制的华贵首饰。

五代牛峤《灵怪录·郭翰》言：郭翰"仰视空中，见有人冉冉而下，直至翰前，乃一少女也。明艳绝代，光彩溢目，衣玄绡之衣，曳霜罗之帔，戴翠翘凤凰之冠，蹑琼文九章之履……徐视其衣，并无缝，翰问之，谓翰曰：'天衣本非针线为也。'"

示例：清代王士禛《池北偶谈》卷十三："予读施愚山侍读五言诗，爱其温柔敦厚，一唱三叹，有风人之旨。其章法之妙，如天衣无缝，如园客独茧。"

亦作**"无缝天衣"**。清代王士禛《带经堂诗话》卷四："《十九首》之妙，如无缝天衣。后之作者顾求之针缕襞绩之间，非愚即妄。"

亦作**"无缝铢衣"**。清代谭献《复堂词话·张景祁词》："江东独秀，其在斯人乎，外集集古，多长篇奇制，如《洞仙歌》《解连环》之组纠石帚，真无缝铢衣也。"

朽竹篙舟

释义：烂竹竿作篙推舟。比喻做事的工具或条件不佳，难能成就。

出处：南宋周密《癸辛杂识前集·笔墨》："元章谓笔不可意者，如朽竹篙舟，曲筋哺物，此最善喻。"

语译：米芾（字元章）说："用不合意的毛笔写字，如同拿朽烂的竹竿撑船，用弯曲的筷子吃东西。这真是精妙的比喻。"

示例：当代段勃《新闻采访学新论》："如果缺少了这些知识，新闻工作者的采访要不像盲人摸象，对采访活动不甚了了、一知半解；要不就是黔驴技穷，找不到合适的方法和技能；要不就会朽竹篙舟，选择不好采访的设备和工具。"

来历不明

释义：人或事物的由来与经历不清楚。

出处：南宋周密《癸辛杂识前集·郑仙姑》："适新建县有阙氏者，雇一婢，来历不明。"

语译：刚巧新建县有位姓阙的人，雇用了一个婢女，来路不清楚。

示例：明代凌濛初《二刻拍案惊奇》卷五"襄敏公元宵失子　十三郎五岁朝天"："怎当得那家姬妾颇多，见一人专宠，尽生嫉妒之心，说他来历不明，多管是在家犯奸被逐出来的奴婢。"

亦作"**来路不明**"。清代燃犀道人《驱蛊燃犀录》："故凡云游僧道、医生、星相来路不明之人，均宜严防。"

山崩海啸

释义：山岳崩塌，海水奔腾咆哮。形容响声巨大，变化剧烈，气势强盛。

出处：南宋周密《癸辛杂识前集·炮祸》："诸炮并发，大声如山崩海啸，倾城骇恐，以为急兵至矣。"

语译：所有的炮一同被点燃，巨大的声响如同山崩海啸，全城人闻之惊恐不已，以为敌兵突然到来。

示例：当代孙世民《天才的军事大师孙膑》："待庞涓率军进入埋伏圈后，准备好的齐兵山崩海啸般地从四面八方杀来，将魏军团团围住，一场鏖战，聚而歼之。"

亦作**"海沸山崩"**。元代朱凯《昊天塔孟良盗骨》第二折："我呵，喝一喝，骨碌碌的海沸山崩，瞅一瞅，赤力力的天摧地塌。"

亦作**"山崩地裂"**。明代罗贯中、冯梦龙《平妖传》第四十回"潞国公奏凯汴京城　白猿神重掌修文院"："忽听得青天上一连数声霹雳，如山崩地裂。"

亦作**"山崩地坼"**。明代冯梦龙《警世通言》第二十三卷《乐小舍拼生觅偶》："却说乐和与喜顺娘正在相视凄惶之际，忽听得说潮来了。道犹未绝，耳边如山崩地坼之声，潮头有数丈之高，一涌而至。"

亦作**"山崩地动"**。当代黄远《总有一天》："突然间，他举起手中的水烟筒朝我一摔，我低头，烟筒打着在桌子上的碗，深夜中，这声音就好似山崩地动。"

亦作**"海沸山裂"**。元代无名氏《庞涓夜走马陵道》第四折："谁识俺这阵似长蛇，端的个角生风，旗掣电，弓弯秋月。喊一声海沸山裂，管杀的他众儿郎不能相借。"

亦作**"海沸山摇"**。见后"海沸山摇"条。

追魂摄魄

释义：追索摄取人的魂魄。形容使人极端倾心或惊骇。

出处：南宋周密《癸辛杂识续集·宋江三十六赞》："活阎罗阮小七：地下阎罗，追魂摄魄。"

示例：清代王士禛《花草蒙拾》："程村咏物词甚富，略举一二……诸如此例，不独传神写照，殆欲追魂摄魄矣。"

亦作**"追魂夺魄"**。明代郭勋初编《英烈传》第五十二回"潘原明献策来降"："方彝走进辕门，但见剑戟森森，弓刀整肃，远远望着里面，文忠凛然端坐，阶前如狼如虎的将官，排列两行，就如追魂夺魄的一般，甚是畏惧，蹜蹜的走至帐中。"

亦作**"追魂夺命"**。清代李百川《绿野仙踪》第七十九回"叶体仁席间荐内弟　周小官窗下戏娇娘"："再看香裙下面，偏又配着周周正正、瘦瘦小小、追魂夺命一对小金莲，真是洛神临凡，西施出世。"

豪宕不羁

释义：羁：马笼头，引申为束缚。形容性情、风格豪迈奔放，不受拘束。

出处：南宋周密《癸辛杂识续集·秦九韶》："秦九韶，字道古，秦凤间人。年十八，在乡里为义兵首，豪宕不羁。"

注释：秦凤：秦凤路。路，宋元时行政区域名。宋庆历元年（1041）置。治秦州（今甘肃天水市）。

示例：明代王骥德《明唐寅题崔娘像按语》："唐寅，字伯虎，又字子畏，别号六如居士，吴县人。少负隽才，性豪宕不羁。"

亦作**“放达不羁”**。明代冯梦龙《警世通言》第二十六卷《唐解元一笑姻缘》:“学士大惊,想道:‘久闻唐伯虎放达不羁,难道华安就是他?明日专往拜谒,便知是否。’”

亦作**“豪放不羁”**。南宋沈义父《乐府指迷》:“近世作词者不晓音律,乃故为豪放不羁之语,遂借东坡、稼轩诸贤自诿。”

亦作**“纵逸不羁”**。当代郭绍纲《承前启后独行远——观读〈饶宗颐书画〉有感》:“张旭与米芾的书法都受到王献之书法纵逸不羁风格的影响。”

亦作**“高迈不羁”**。明代王罃《群书类编故事·园主不礼》:“王献之高迈不羁,虽闲居,终日不怠。容止风流,为一时之冠。”

亦作**“通脱不羁”**。当代冯其庸《释陶渊明的“好读书,不求甚解”》:“他们十分欣赏这种读书态度,认为很潇洒自在,通脱不羁,并且既有好读书的美誉,又可免刻苦钻研的辛劳。”

亦作**“卓荦不羁”**。清代陈廷敬《海宁查布衣诗序》:“余尝论士,必有直方特立、卓荦不羁之行,其心之所存、语言之所发,始能不苟同于流俗,而后之诵其书者,虽千百世之远,犹邈然想见其为人。”

如痴似醉

释义:形容陶醉或发呆的精神状态。

出处:南宋周密《癸辛杂识续集·石洞雷火》:“即有神物挟之而去,至百余步外,仆于田中,其人如痴似醉,莫知所以然。”

示例:元代马致远《破幽梦孤雁汉宫秋》第二折:“自从西宫阁下,得见了王昭君,使朕如痴似醉,久不临朝。”

亦作**“如痴如醉”**。唐代韦庄《倚柴关》:“杖策无言独倚关,如痴如醉又如闲。”

精神焕发

释义：诗文、书画等神采飞扬，后形容精神振作，情绪饱满。

出处：南宋周密《癸辛杂识后集·太学文变》："至咸淳之末，江东李谨思、熊瑞诸人，倡为变体，奇诡浮艳，精神焕发，多用《庄》《列》之语，时人谓之'换字文章'。"

语译：到了南宋咸淳年末期，江东李谨思、熊瑞等人，倡导太学文体变革，作文奇特华美、神采飞扬，多引用《庄子》《列子》中的语句，当时的人们称作"换字文章"。

示例：清代刘鹗《老残游记》第九回"一客吟诗负手面壁　三人品茗促膝谈心"："先生来时，甚为困惫，又历多时，宜更惫矣，乃精神焕发，可见是很喜欢。"

井然有条

释义：说话办事条理清楚。

出处：南宋周密《癸辛杂识后集·修史法》："昔李仁甫为《长编》，作木橱十枚，每橱作抽替匣二十枚，每替以甲子志之。凡本年之事有所闻，必归此匣，分月日先后次第之，井然有条，真可为法也。"

示例：现代陶行知《育才两周岁前夜》："我们的校容要井然有条，秩然有序，凛然有不可侵犯之威仪。"

亦作**"井井有条"**。南宋楼玥《周伯范墓志铭》："经理家务，井井有条。"

亦作**"井井有方"**。清代姚启圣《题为攻克澎湖情形事本》："总系提臣施泣血誓师，亲身督战，分拨调度，井井有方，以致两战皆捷，大败海贼，焚斩

殆尽。”

亦作**“井井有法”**。清代蒲松龄《聊斋志异·白于兰》：“女外理生计，内训孤儿，井井有法。”

亦作**“井井有理”**。南宋陈亮《与周立义参政》：“若置之繁难之地，必能随机处置，井井有理。”

亦作**“井井有序”**。元代虞集《大都城隍庙碑》：“至元四年，岁在丁卯，以正月丁未之吉，始城大都，立朝廷、宗庙、社稷、官府、库庾，以居兆民，辨方正位，井井有序，以为子孙万世帝王之业。”

亦作**“井井有致”**。现代黄宾虹《黄山画苑论略》：“程功，字又鸿，号柯庭，休宁人。康熙武举，不乐仕进。画山水有奇气，尝作《白岳图卷》，峰峦林壑，寺观村坞，径路纡回，桥渡往来，井井有致，而笔墨复能脱去时习。”

亦作**“井井有绪”**。当代柳青《狠透铁》：“但是现在，王以信自己当了队长，几乎一下子变了另一个人：起早贪黑地奔波，饲养上、副业上、保管上，样样项项料理得井井有绪。”

亦作**“井然有序”**。《金史·礼（一）》：“至明昌初书成，凡四百余卷，名曰《金纂修杂录》。凡事物名数，支分派引，珠贯棋布，井然有序，炳然如丹。”

怨之切齿

释义：形容怨恨之极。

出处：南宋周密《癸辛杂识别集·卷上·方回》：“其处乡专以骗胁为事，乡曲无不被其害者，怨之切齿。”

注释：处：居住。乡曲：同乡的人。

示例：清代杜纲《南史演义》第十八卷“行乱政外藩屡叛　据雄封众士咸归”：“宝庆恃势作奸，没入平民赀产无数，有司不敢诘，百姓怨之切齿。”

残杯余炙

释义：指吃剩的酒食。也比喻别人剩余或施舍的东西。

出处：南宋周密《癸辛杂识别集·卷上·方回》："有老吏，见其无耻不才，极恶之。及来杭，复见其跪起于北妓之前，口称小人，食猥妓残杯余炙，遂疏为方回十一可斩之说，极可笑。"

注释：猥妓：卑贱粗俗的妓女。疏：分条记录、陈述、说明。

示例：当代李树政《时代的弄潮儿》："有一次，王杰明领着客人进餐厅，找好座位后，请他清理一下桌面的残杯余炙。可没想到，石头般的话语迎面向王杰明砸来：'张总经理吩咐，桌面的杯碟不能动。'"

亦作**"残杯冷炙"**。北齐颜之推《颜氏家训·杂艺第十九》："唯不可令有称誉，见役勋贵，处之下坐，以取残杯冷炙之辱。"

亦作**"残汤剩饭"**。元代张国宾《相国寺公孙合汗衫》第一折："解子哥，这一家必然是个财主人家。我如今叫化些儿残汤剩饭，吃了呵，慢慢的行。"

亦作**"余杯冷炙"**。明代汤显祖《牡丹亭》第十二出"寻梦"："受用余杯冷炙，胜如剩粉残膏。"

亦作**"剩碟残羹"**。明代杨柔胜《玉环记》第十一出"玉箫寄真"："不管剩碟残羹，只得一饱，落个自在。"

亦作**"残茶剩饭"**。元代马致远《开坛阐教黄粱梦》第四折："如今天色晚了也，有什么残茶剩饭，与俺两个孩儿些吃。"

亦作**"残羹剩汁"**。当代陈永和《光禄坊三号》："五六户人家挤在一起，就像传说福州菜中最美味的肮脏锅，把所有宴会的残羹剩汁混在一起，不加任何佐料煮成。"

假尸还魂

释义：人死后将灵魂附于他人尸体而复活。比喻已经消失或没落的事物又以另一种形式出现。

出处：南宋周密《癸辛杂识别集·卷下·假尸还魂》："金大定中宛平县张孝善男名合得，病死复活，云是良乡王建男喜儿，盖是假尸还魂者。"

语译：金代大定年中期，宛平县张孝善之子名叫合得，病死后又活过来，说自己是良乡县王建之子喜儿，应该是死去的喜儿，灵魂附于合得的尸体而复活。

示例：现代高剑父《我的现代国画观》："这点我不会替古人可惜，糟的却是那个革命者，他推翻了古人的技法，还死抱住古人的艺术思想当宝贝，结果只是古人的假尸还魂，好比李铁拐，抛掉了原有的魁梧美好的躯壳，而附魂于跛脚乞丐的尸上复活一样。"

亦作**"借尸还阳"**。清代归锄子《红楼梦补》第三十七回"送旧衣嗔查红绫袄　证回生录寄柳絮词"："黛玉道：'鄗郡苏宗尸为朱进马所借，汝阳张宏义附李简之体而活，古来借尸还阳是有的。'"

亦作**"借体还魂"**。清代李渔《合锦回文传》第十二卷"乔妆鬼巧试义夫　托还魂赚谐新偶"："梦兰道：'只是一件，妾骸骨已亡，魂魄无所依附，今当借体还魂，正如昔日贾云华故事。'"

亦作**"借尸还魂"**。见后"借尸还魂"条。

委重投艰

释义： 委派重要任务，授予艰难使命。

出处： 周密《齐东野语》卷一“表答用先世语”：“则今兹爰立之命，乃所以委重投艰而已，又何辞乎？”

语译： 既然这样，如今任命您为宰相，就是授予您艰巨而重大的使命，又为什么推辞呢？

注释： 北宋元祐三年（1088）四月十二日，苏轼代朝廷起草对范纯仁上表辞免恩命的批答，“委重投艰”一语是其中所言，这一批答经周密《齐东野语》记载而流传至今。

示例： 当代王国宝《宁波名胜文史摭拾》：“随着委重投艰之事不断增多，经过一定时期的岁月磨砺，虞洽卿竟也如商海游龙般脱颖而出，渐成沪上器局不凡、素有定力的知名人物。”

一床锦被遮盖

释义： 比喻请求别人包涵、庇护、遮饰。

出处： 南宋周密《齐东野语》卷二“张魏公三战本末略·淮西之变”：“寻常伏事太尉不周，今日乞做一床锦被遮盖。”

注释： 伏事：服侍，伺候。

示例： 明代施耐庵《水浒传》第二十五回“王婆计啜西门庆　淫妇药鸩武大郎”：“西门庆道：‘别无甚事，少刻他家也有些辛苦钱。只是如今殓武大的尸首，凡百事周全，一床锦被遮盖则个，别无多言。’”

亦作**“一床锦被盖过”**。当代周楞伽《清代七大奇案·顶凶冤案》：“任恺听了，觉得非常悦耳，深喜自己有了这座靠山，过去所作的违法贪污等事，都可以一床锦被盖过，不必忧虑了。”

掩恶溢美

释义：掩盖其缺点、错误、罪恶，过分称扬其优点、成绩、功劳。

出处：南宋周密《齐东野语》卷二“张魏公三战本末略·符离之师”：“《涧上闲谈》云：‘近世修史，本之《实录》《时政纪》等，参之诸家传记、野史及铭志、行状之类。野史各有私，好恶固难尽信。若志状，则全是本家子孙、门人掩恶溢美之辞，又可尽信乎？’”

语译：近代编修历史，依据官修的《实录》《时政纪》等，参考民间各家所写的传记、野史及铭志、行状之类。野史都有隐瞒和偏颇之处，所言好与不好实在难以完全相信，再如铭志、行状，则全是逝者的子孙、门人对其隐恶称美的话语，又可全信吗？

注释：《涧上闲谈》为宋代著作，今已失传，作者不详。

示例：当代王先霈《明清小说理论批评史》：“内省的最大弊病是主观性，人之昧于知己就在掩恶溢美。”

事不容缓

释义：情势紧迫，必须立即行动，不容许耽搁。

出处：南宋周密《齐东野语》卷三“绍熙内禅”：“彦逾曰：‘帝王即位，即是好日，兼官历又吉，何疑？事不容缓。’”

语译：彦逾说：“帝王即位，就是好日子。何况官历又说是吉日，有什么可迟疑的？事不宜迟，应立即做去。”

示例：当代何廉《中国经济病症之解剖与诊断》：“我国粮食不足既属为量

极巨，增加生产，事不容缓。”

亦作**“势不容缓”**。当代集体创作《东北抗日联军军歌》:“救国重任万众担，势不容缓，国耻血债血来还。”

亦作**“刻不容缓”**。清代林则徐《奏报修造外海内河巡缉战船情形折》:“经各镇道勘验，船身损坏，亟应及时修造，以资巡防，实系刻不容缓之工。”

亦作**“不容刻缓”**。现代陶行知《吾人能坐视马占山孤军抗暴乎》:“则我政府积极予马部以实力之救援与粮秣接济，此时实万不容刻缓。”

亦作**“刻不可缓”**。清代曾国藩《分拨陈州库银片》:“现又新添山东拨交马步队五千人，嗷嗷待哺，刻不可缓。”

亦作**“迫不容缓”**。现代铢庵《最近北平的教育》:“今后教育部的政策似乎应该将普通大学看作缓一步，而以改良中学及筹设专门学校为迫不容缓的企图。”

亦作**“刻不容迟”**。当代孙世恺《梅兰芳谈“百花齐放”》:“现在各地身怀绝技的老艺人都已年过花甲，及早继承他们的表演艺术是刻不容迟的事。”

亦作**“刻不容弛”**。清代曾国荃《致谭竹岩制军》:“窃谓荆襄为全楚门户，必须有知兵道员，方足以资绥靖。既当军务紧急、刻不容弛之时，襄、樊正是门键，弟拟檄唐道协和署理襄阳道缺。”

天奇地怪

释义：天地间非常奇怪的事情。

出处：南宋周密《齐东野语》卷七“野婆”:“此事前所未闻，是知穷荒绝徼，天奇地怪，亦何所不有，未可以见闻所未及，遂以为诞也。”

语译：此事虽然从未听闻，但应该知道在极其偏远的地方，天地间非常奇怪的事情，什么是不会有的？不可以因不曾见闻，就认为是荒诞的。

示例：当代邱琲钧《靴子里的女人》:“最大的疑点是：我——她的女儿，长相和脾气一样，皆属天奇地怪的那种。”

赃盈恶贯

释义：谓贪赃甚多，罪恶累累。

出处：南宋周密《齐东野语》卷七“洪君畴”：“甚而台省之胥，赃盈恶贯，以置典宪，亦曰‘为内侍泄冤也’。”

语译：甚至中央机构的小官，贪赃作恶，罪行严重，按典章制度处置，也被说成是“为宦官洗雪冤屈”。

示例：当代汉尧《修路求索（下卷）》：“‘朱某人赃盈恶贯，我应该挺身而出地上访举报？’最近几天以来，楚杰不知多少次这样自问，为此昨夜他还做了个噩梦。”

误国殄民

释义：给国家人民带来祸害。

出处：南宋周密《齐东野语》卷七“洪君畴”：“贪缪之相误国殄民，逐之已晚，亦曰‘为内侍翻本也’。”

语译：贪婪悖谬的宰相贻误国事，祸害人民，罢免已经晚了，也被说成是“为宦官赢回输掉的本钱”。

亦作**“误国害民”**。《元史·彻里传》：“彻里乃于帝前，具陈桑哥奸贪误国害民状，辞语激烈。”

亦作**“误国殃民”**。现代邓恢宇《致宫崎滔天夫人函》：“恢宇深恨彼辈之误国殃民，又无法纠正，惟有一时将个人饭碗问题谋稳，实业方面立有基础，再从政治下手也。”

耸动听闻

释义：震骇视听。夸大或捏造事实，使人听了感到震惊。

出处：南宋周密《齐东野语》卷七“洪君畴”：洪君畴“曰：‘职臣在宪府，不惟不能奉承大臣风旨，亦不敢奉承陛下风旨。’固已耸动听闻矣”。

语译：洪君畴说：“我供职在御史台，不仅不能逢迎大臣们的指示，也不敢逢迎陛下的旨意。”这确实令时人感到震惊。

示例：当代张友鸾《〈十五贯〉后记》：“剧本和它以后的改本，具有同样的目的：敷演耸动听闻的巧之又巧的故事，颂扬关心民命的好官。”

亦作**“耸人听闻”**。清代夏敬渠《野叟曝言》第三十五回“尽臣职文徵君迁谪辽东　重朋情洪太常奔驰吴下”：“文白以区区一衿，敢于指斥其短，欲诛戮其身，真可谓不畏强御者矣。比着那史册上的朱云请剑，李膺破柱，更足耸人听闻。”

亦作**“耸动人听”**。现代吴其昌《治学的态度和救国的态度》：“中国的危机，可称现在已经走到生死关头的尖角，这不必是丢了东三省才感觉得到。东三省不丢，那严重也是一样。这不是故意造作危词，以耸动人听，而且如果不从根本去谋培养，即使用飞机大炮把东三省夺了回来，将来还是要丢。”

亦作**“骇人视听”**。《隋书·王劭传》：“初撰《齐志》，为编年体，二十卷，复为《齐书》纪传一百卷，及《平贼记》三卷。或文词鄙野，或不轨不物，骇人视听，大为有识所嗤鄙。”

亦作**“骇人听闻”**。明代文秉《先拨志始》卷下：“御史袁鲸、刘徽，各疏参吏部尚书王昭徽‘私昵乔应甲，推毂秦抚，奇贪异秽，骇人听闻’。”

任其自然

释义：听任人或事物自然发展。

出处：南宋周密《齐东野语》卷七“小儿疮痘”：“大要在固脏气之外，任其自然耳。”

语译：最重要之处在于养护稳固五脏元气，除此之外，任其自然痊愈。

示例：明代吕坤原《呻吟语》：“真字要如圣人燕居，危坐端庄而和气自在。草字要如圣人应物，进退存亡，辞受取予，变化不测，因事异施，而不失其中。要之同归于任其自然，不事造作。”

亦作“**顺其自然**”。当代张祖庆《刚好遇见》：“郭校长的意思是，王公才先生显然记不得有你这么一个学生了，你去看他，也没有什么话题好聊。还是顺其自然吧。”

亦作“**任其自流**”。当代朱杨曹《中国本土哲学的梳理和发展》：“以往的某些哲学家认为‘无为而治’就是任其自流，什么都不要做。这是一种非常错误的解读。”

溯流徂源

释义：循流而上，探求本源。比喻寻究事物的起始演变。

出处：南宋周密《齐东野语》卷十一“道学”：“伊洛之学行于世，至乾道、淳熙间盛矣。其能发明先贤旨意，溯流徂源，论著讲解，卓然自为一家者，惟广汉张氏敬夫、东莱吕氏伯恭、新安朱氏元晦而已。”

语译：北宋邵雍、周敦颐、程颢、程颐等人的学说传播于世，到了南宋乾道、淳熙年间盛行起来。其间能够创造性地阐发先贤旨意，循流求源，论述讲解，高超出众，自成一家之言的，唯有广汉人张敬夫、东莱人吕伯恭、新安人朱元晦罢了。

亦作**“溯流穷源”**。清代张在辛《隶法琐言》:“及求原本，乃学汉碑，始知朴而自古，拙而自奇，沉酣其中者三十余年，溯流穷源，久而久之，自得真古拙、真奇怪之妙。”

亦作**“溯流求源”**。《元史·杜瑛传》:“夫善始者未必善终,今不能溯流求源,明法正俗,育材兴化,以拯数百千年之祸,仆恐后日之弊,将有不可胜言者矣。”

亦作**“溯流从源”**。清代周亮工《唐仲言传》:“其所掇拾古文,以为笺注者,自习见以及秘异，溯流从源，搜罗略尽，然必先经后史，不少紊淆。”

亦作**“溯流追源”**。当代钱红丽《寻李白》:“宣纸的制作工艺，可溯流追源至隋唐。”

亦作**“追流溯源”**。当代张淘著《近世中国与日本汉文学》:“诗佛等人曾经刊行过南宋三大家的诗集,提倡南宋三家的诗,故而此举可看作是在追流溯源。”

亦作**“溯源穷流”**。当代章学良《高山仰止》:“他深刻地分析作品，尤善于发挥联想，每当他抓住一个话题时，便溯源穷流，由表及里，由此及彼，贯通中西，庄谐间出。”

恩威并用

释义：恩惠和威势、安抚和强制、仁政与刑治同时施行。

出处：南宋周密《齐东野语》卷十一“文庄论安丙矫诏”:“今为朝廷计，宜先赦其矫诏之罪，然后赏其斩曦之功，则恩威并用，折冲万里之外矣。”

语译：如今替朝廷考虑，应当先赦免安丙假称圣旨的罪过，然后再奖赏他斩杀吴曦的功劳，这样便是奖惩分明，兼施并举，可引导激励将士制敌取胜于万里之外。

注释：矫诏：假称圣旨。曦：吴曦，宋四川宣抚副使，叛宋降金，献地求封为蜀王。折冲：制敌取胜。

示例：现代郭沫若《南冠草》第一幕："主要的不要让他们打成一条心，对于这样的人要恩威并用，也要恩威分用，你懂得吗？"

亦作**"恩威并行"**。《三国志 · 吴书 · 周鲂传》："鲂在郡十三年卒，赏善罚恶，恩威并行。"

亦作**"恩威兼济"**。《明史 · 土司》："其要在于抚绥得人，恩威兼济，则得其死力而不足为患。"

亦作**"恩威并着"**。明代冯梦龙《喻世明言》第三十九卷《汪信之一死救全家》："于是将古庙为家，在外纠合无籍之徒，因山作炭，卖炭买铁，就起个铁冶，铸成铁器，出市发卖。所用之人，各有职掌，恩威并着，无不钦服。"

亦作**"威惠兼行"**。唐代唐鸿《唐故河阳留后检校太保清河张公墓志铭并序》："爱如冬日，凛若秋霜。威惠兼行，德刑并奉。"

亦作**"威怀相济"**。唐代常衮《授象武叠宕等州团练使制》："外邻戎境，内抚疲民，诚信不渝，威怀相济。"

亦作**"恩威并施"**。当代刘墉《哈喽》："此后，当王警官遇到不良少年，总是请已经改过向善的少年人来帮助辅导，他发现少年人之间的一席谈，往往比他苦口婆心，甚至恩威并施、又吼又叫地讲上一整夜，更有效果。"

束手就获

释义：束手：自缚其手。指毫不抵抗，任人捉住。

出处：南宋周密《齐东野语》卷十二"捕猿戒"："母既中矢，度不能自免，则以乳汁遍沥淋叶间，以饮其子，然后堕地就死。乃取其母皮痛鞭之，其子亟悲鸣而下，束手就获。"

示例：清代枫江半云友《引凤箫》第三回"会计才职失三司 威福权诛行百辈"："众盗见势头不好，夺舟而逃。众人又用小舟飞桨赶去，打倒摇橹之人于水中。群盗惊惶无措，束手就获。"

亦作**"束手就擒"**。清代吴敬梓《儒林外史》第八回"王观察穷途逢世

好 娄公子故里遇贫交”：“宁王闹了两年，不想被新建伯王守仁一阵杀败，束手就擒。”

亦作**“束手就缚”**。明代罗贯中《三国演义》第五十四回“吴国太佛寺看新郎 刘皇叔洞房续佳偶”：“瑜谓鲁肃曰：‘吾计成矣，使刘备束手就缚，荆州反掌可得。’”

亦作**“束手就执”**。南宋江万里《宣政杂录》：“即以刃付逻卒，束手就执。”

云次鳞集

释义：像云和鱼朝一处聚拢。比喻众多的人或事物会合到一起。

出处：南宋周密《齐东野语》卷十二“姜尧章自叙”：“薄海英才，云次鳞集。”

注释：薄海，到达海边。犹言四海之内。

示例：现代黄宾虹《画学通论讲义》：“四库所藏，云次鳞集，天下翰墨之盛，顿还旧观矣。”

亦作**“云合鳞集”**。《明神宗实录》卷三百八十：“七省官旗云合鳞集，动至十万，非御史不能弹压，则巡漕不可一日缺者。”

睚眦之怒

释义：睚眦：发怒时瞪眼睛。借指极小的怨恨。

出处：南宋周密《齐东野语》卷十四“巴陵本末”：“台谏李知孝、莫泽奉承风旨，凡平日睚眦之怒，悉指以从伪，弹劾无虚日。”

语译：负责监察的官员李知孝、莫泽，遵承宋理宗的旨意办案时，凡是平日里与他们有瞪眼睛之类很小怨恨的人，趁此机会全都被指控支持济王赵竑谋反，弹劾起来一日也不间断。

示例：当代汪潮主编《求职面试技巧》：“果真不幸，倒也能引起同情，若是将睚眦之怒、小不如意也当作不幸，面试时逢人诉苦，却会引起别人轻视。”

亦作**“睚眦之怨”**。西汉司马迁《史记·范雎蔡泽列传》：“一饭之德必偿，睚眦之怨必报。”

亦作**“睚眦之忿”**。现代蔡元培《中学修身教科书》：“康强身体之道，大略如是。夫吾人之所以斤斤于是者，岂欲私吾身哉？诚以吾身者，因对于家族若社会若国家，而有当尽之义务者也。乃昧者，或以情欲之感，睚眦之忿，自杀其身，罪莫大焉。”

亦作**“睚眦之隙”**。《后汉书·赵温传》：“今与郭汜争睚眦之隙，以成千钧之仇，人在涂炭，各不聊生。”

亦作**“睚眦之恨”**。清代蒲松龄《为人要则》：“即有鹅鸭之争，睚眦之恨，亦当原其情之偶误，谅其心之无他。”

亦作**“睚眦之嫌”**。清代蒲松龄《聊斋志异·胡四娘》：“冀四娘念手足之义，而忘睚眦之嫌。”

亦作**“睚眦之憾”**。金代王炎《福山县令题名记》：“然尝闻古莱之俗，果于报怨，锐于胜人。以睚眦之憾，辄终其身而不顾；以锥刀之竞，虽费百金而不悔。”

罪恶滔天

释义：形容罪恶极大。

出处：南宋周密《齐东野语》卷十七“景定慧星”：“今开庆误国之人，罪恶滔天。”

注释：开庆：宋理宗年号（1259 年）。

示例：明代施耐庵《水浒传》第七十五回“活阎罗倒船偷御酒　黑旋风扯诏谤徽宗”：“况此贼辈累辱朝廷，罪恶滔天，今更赦宥罪犯，引入京城，必成后患。”

亦作**“罪恶迷天”**。明代施耐庵《水浒传》第七十五回“活阎罗倒船偷御

酒　黑旋风扯诏谤徽宗”:“宋江道:‘文面小吏，罪恶迷天，曲辱贵人到此，接待不及，望乞恕罪。’”

亦作**“逆罪滔天”**。明代施耐庵《水浒传》第八十一回“燕青月夜遇道君　戴宗定计赚萧让”:“燕青拿了赦书，叩头安置，自去歇息。天子与李师师上床同寝，共乐绸缪。有诗为证:‘清夜宫车暗出游，青楼深处乐绸缪。当筵诱得龙章字，逆罪滔天一笔勾。’”

亦作**“罪恶通天”**。明代许仲琳《封神演义》第六十二回“张山李锦伐西岐”:“不知父亲受何人唆使，反降叛逆，罪恶通天，法当族诛，情无可赦。”

亦作**“罪恶弥天”**。明代罗贯中《三国演义》第三十回“战官渡本初败绩　劫乌巢孟德烧粮”:“绍怒曰:‘汝托名汉相，实为汉贼，罪恶弥天，甚于莽、卓，乃反诬人造反耶?’”

不激不污

释义:既不偏激过火，也不低下卑贱。

出处:南宋周密《齐东野语》卷十八“赵信国辞相”:“公能知几勇退，不激不污，可谓善保全功名者矣。”

注释:知几:谓有预见，看出事物发生变化的隐微征兆。

亦作**“不激不随”**。清代欧阳厚均《集禊寄兴》:“万事岂由人致，一生自有天知。此怀无躁无妄，与世不激不随。”

肆言无惮

释义:毫无顾忌地乱说或直言。

出处:南宋周密《齐东野语》卷二十“纥石烈子仁词”:“子仁盖女真之能文者，故敢肆言无惮如此。”

语译：金国元帅纥石烈子仁是女真人中善于诗文的，所以才敢如此放肆胡说。

示例：现代孙德谦《致曹元弼书》："否则彼等肆言无惮，人皆相率而荡越规范，不但经术无以复明，而风俗人心流宕不归，大可危也。"

亦作**"肆言无忌"**。清代王应奎《柳南随笔》："顾一时学者爱读圣叹书，几于家置一篇。而圣叹亦自负其才，益肆言无忌，遂陷于难。"

亦作**"恣言无惮"**。北宋司马光编著《资治通鉴》卷二百三十二"唐纪四十八"："彼德宗之猜忌刻薄，直如萧、姜，谓之轻己卖直；功如李、马，忌而置之散地；而泌也恣言无惮。"

亦作**"恣言无忌"**。现代堵军主编《玉壶冰心——中国历代抒情散文卷·〈报孙会宗书〉赏析》："这封信发牢骚，泄怨愤，恣言无忌。"

殆无虚日

释义：几乎没有一天空着，形容几乎天天如此。

出处：南宋周密《武林旧事》卷一"大礼"："先自前一月来，次第按试习仪，殆无虚日。"

语译：事先自祭祀天地的前一个月以来，依照一定的顺序查考准备情况，进行礼仪演习，几乎没有一天不是如此。

示例：现代纸帐铜瓶室主《谈蒋吟秋之书法》："君亦富藏秦汉以上碑帖，寝馈涵泳其中，乐而忘倦。书法苍莽古劲，深得杨濠叟、吴大澂之神髓。伸纸泼墨，殆无虚日。"

亦作**"几无虚日"**。清代姚鼐《袁随园君墓志铭》："四方士至江南，必造随园投诗文，几无虚日。"

云奔潮涌

释义：形容气势盛大迅猛。

出处：南宋周密《武林旧事》卷一“大礼”：“千乘万骑，如云奔潮涌，四方万姓，如鳞次蚁聚，迤逦入丽正门。”

示例：当代赵哨军等主编《大学生阅读精选·〈西游记〉简介》：“《西游记》是一部充满浪漫主义色彩，又具现实主义思想的古典名著。它的谑浪笑傲、云奔潮涌的创作风格之所以能达到登峰造极的水平，功绩则归于《西游记》最后的完成者吴承恩。”

亦作“**云腾潮涌**”。当代吴雪俦《贵州辛亥革命的成功与失败》：“戊戌变法的‘圣诏’一颁，变法维新成了合法的大事。随着变法流入贵州的各种新政书籍，云腾潮涌，使人应接不暇。”

鳞次蚁聚

释义：像鱼鳞排列，如蚂蚁聚合，形容结集者之多。

出处：同上。

示例：明代郑若曾《江南经略·湖防论》：“山居人甚多，闾巷井舍鳞次蚁聚，无虑数千家。”

亦作“**鳞附蚁聚**”。现代喻谦编著《新续高僧传卷》第二十九“清金陵宝华山慧居寺沙门释真义传”：“明年，宏法给孤寺，鳞附蚁聚，室无所容。”

精妙绝伦

释义：精巧美妙，无与伦比。

出处：南宋周密《武林旧事》卷二“灯品”：“灯品至多，苏、福为冠，新安晚出，精妙绝伦。”

语译：论花灯品种最多的，苏州、福州称冠，新安（后称徽州）是后起之秀，精巧美妙，无与伦比。

亦作“**精美绝伦**”。当代范金民《国计民生：明清社会经济新析》：“《尧峰文钞》康熙三十二年初刻本，由著名楷书家林佶所写，小楷精美，由苏州良工程际生所刻，从字体到版刻均称精美绝伦。”

亦作“**精彩绝伦**”。清代张岳崧《跋所临鼎帖数则》：“顷见宋拓鼎帖《华阳隐居书》，精彩绝伦，虽多残缺，然他刊不如也，因临一通。”

旌旗蔽天

释义：形容军队阵容盛大雄壮。

出处：南宋周密《武林旧事》卷二“御教”：“戈甲耀日，旌旗蔽天，连亘二十余里，粲如锦绣。”

示例：明代郭勋初编《英烈传》第四十四回“常遇春收伏荆襄”：“胡德济在城，闻知文忠力战，因率城中将士鼓噪而出，声震山谷，旌旗蔽天，莫不以一当百，斩首数万级，血流成河，溪水尽赤。”

亦作“**旌旗蔽日**”。西汉刘向《战国策·楚一》：“于是楚王游于云梦，结驷千乘，旌旗蔽日。”

亦作“**旌旗蔽空**”。北宋苏轼《前赤壁赋》：“方其破荆州，下江陵，顺流而东也。舳舻千里，旌旗蔽空，酾酒临江，横槊赋诗，固一世之雄也，而今安在哉！”

亦作**“旌麾翳日”**。东汉王粲《浮淮赋》：“钲鼓若雷，旌麾翳日。”

亦作**“旌旗翳日”**。《晋书·段灼传》：“陛下受禅从东府入西宫，兵刃耀天，旌旗翳日，虽应天顺人，同符唐虞，然法度损益，则亦不异于昔魏文矣。”

亦作**“飞旌蔽日”**。东晋谢灵运《撰征赋》：“云樯千艘，雷辎万乘，羽骑盈涂，飞旌蔽日。”

妆点一新

释义：经装饰点缀，呈现崭新的状况、面貌。

出处：南宋周密《武林旧事》卷二“赏花”：“凡诸苑亭榭花木，妆点一新。”

示例：清代顾禄《清嘉录》卷三“游春玩景（看菜花）”：“园中畜养珍禽异卉。静院明轩，挂名贤书画，陈设彝鼎图书。又或添种名花，布幕芦帘，提防雨淋日炙。亭、观、台、榭，妆点一新。”

亦作**“装点一新”**。当代冯国超《慈禧传》：“十一月一日，养心殿装点一新。文武百官齐聚殿外，等候举行垂帘听政大礼。”

目不暇给

释义：形容眼前景物太多，变化太快，眼睛来不及看。

出处：南宋周密《武林旧事》卷三“元夕”：“至五夜，则京尹乘小提轿，诸舞队次第簇拥前后。连亘十余里，锦绣填委，箫鼓振作，耳目不暇给。”

注释：五夜：元夕张灯的第五夜，正月十八。京尹：汉代管辖京兆地区的行政长官，后因以称京都地区的行政长官。填委：纷集，堆积。

示例：清代吴大勋《滇南见闻录》下卷：“又有一种野茶，丽江、永北一带皆有。本高一二尺，花如茶碗大，单瓣，浅红色。每乘肩舆，或策马经行，如游花市，目不暇给也。”

亦作**“目不暇接”**。当代秦牧《菊花与金鱼》:“一切艺术的道理也是这样，单一必然导致枯燥。而丰富多彩、目不暇接则是绝大多数人所欢迎的。”

浓翠蔽日

释义：深绿浓密的枝叶遮蔽了日光。

出处：南宋周密《武林旧事》卷三“禁中纳凉”:“长松修竹，浓翠蔽日。”

示例：当代刘叙杰《巍巍中山陵》:“这些行道树在长成后，枝繁叶茂，丫杈交错，形成了一条浓翠蔽日的林荫大道。”

珠翠罗绮

释义：指妇女华丽的衣饰。也指盛装的妇女。

出处：元代周密《武林旧事》卷三“观潮”:“江干上下十余里间，珠翠罗绮溢目，车马塞途。”

语译：江岸一带十余里，佩戴珍珠翡翠、身着绫罗绸缎的妇女触目皆是，车马拥挤，堵塞道路。

示例：当代乔继堂主编《正说历朝八十后》“附：后蜀后主孟昶贵妃徐氏”:“夫妻二人在夏天同游浣花溪，乘龙舟观水嬉戏。溪边且置亭榭，都城男女夹道观看，珠翠罗绮，名花异卉，馥郁十余里，有如神仙境界。”

璀璨夺目

释义：光彩绚丽，吸睛耀眼。

出处：南宋周密《武林旧事》卷三“社会”：“玉山宝带，尺璧寸珠，璀璨夺目。”

示例：清代斌椿《乘槎笔记》：“是日，至王宫。殿宇宏大，陈设宝石器皿极富丽。画图满壁，皆能象生，锦绣金碧，璀璨夺目。”

亦作**“灿烂夺目”**。现代张恨水《八十一梦·第七十二梦　我是孙悟空》：“沿路雕梁玉砌，油碧回廊，朱漆柱子，都灿烂夺目。”

朝歌暮弦

释义：从早到晚歌舞弹唱。

出处：南宋周密《武林旧事》卷六“歌馆”：“诸处茶肆……各有等差，莫不靓妆迎门，争妍卖笑，朝歌暮弦，摇荡心目。”

语译：各处茶馆，虽然档次有等级差别，但是都有妓女装扮靓丽，当门迎客，竞相逞美，诱以姿色，歌舞弹唱不停，令人目惑神迷。

示例：清代坐花散人《风流悟》第二回“以妻易妻暗中交易　失节失节死后重逢”：“自从嫁了赵生，身虽两人，性合一付，你唱曲，我便吹箫，我吟诗，你便作赋，嘲风弄月，朝歌暮弦，恩爱异常。”

亦作**“朝歌夜弦”**。唐代杜牧《阿房宫赋》：“妃嫔媵嫱，王子皇孙，辞楼下殿，辇来于秦，朝歌夜弦，为秦宫人。”

亦作**“朝歌夜舞”**。南宋陆游《放歌行》：“少年不知老境恶，意谓长如少年乐。朝歌夜舞狂不休，逢人欲觅长生药。”

亦作**"朝歌夕舞"**。明代齐东野人《隋炀帝艳史》第六回"同钓鱼越公恣志　挞宫人炀帝生嗔"："朕与贤卿，君臣一心一德，又幸喜天下太平，正宜朝歌夕舞，勉图欢笑；若只管虚守富贵，岂不为诗人所笑？"

亦作**"朝歌暮舞"**。清代钱泳《履园丛话·元石础》："回想当年全盛日，朝歌暮舞常经过。"

诗情画意

释义：像诗画里所描摹的给人以美感的情趣和意境。

出处：南宋周密《清平乐·横玉亭秋倚》："诗情画意，只在阑干外。雨露天低生爽气，一片吴山越水。"

示例：元代吕诚《晚归书事六言二首》其二："云叶乱随去雁，浪花泼剌跳鱼。一段诗情画意，潇然风景愁予。"

亦作**"画意诗情"**。现代朱自清《〈燕知草〉序》："杭州是历史上的名都，西湖更为古今中外所称道；画意诗情，差不多俯拾即是。"

亦作**"诗情画趣"**。当代董淼《中外园林艺术研究》："辋川别业中芳草萋萋、松林苍翠，桃红柳绿、含烟带雨，远处更有孤山远村、独树高原，一派朴素自然、诗情画趣，营造出明显具有黄老思想印记的隐逸氛围。"

亦作**"诗情画态"**。清代张问陶《黄瘿瓢以米家山法写摩诘山果草虫诗意，为墨卿比部题》："诗情画态总天成，未拂生绡气已清。一片空山深夜雨，最模糊处最分明。"

亦作**"画情诗思"**。当代吴仞之《水龙吟·鳏寡结合，俗人讥之。我为媒，并赋此贺之》："好是天公作美，甚今年夏凉堪异。炎威潜敛，多情方便，高人雅致，蜜月清游，湖山商略，画情诗思。"

亦作**"画景诗情"**。清代莫友芝《笔花峰》："湘流七曲荡晴岚，画景诗情好共探。"

亦作**"画境诗情"**。当代吴阳、刘慧超、丁妍主编《景观设计原理》："园林中往往建筑很多，不但可以解决食住，还可以配合自然景观而把整个园林的美提高。建筑上雕饰的花鸟、山水、人物、楹联等更使人在流连景致之时领略到另一种画境诗情。”

秦鬟妆镜

释义：秦鬟，指浙江绍兴秦望山，形似女子梳的环形发髻。妆镜，指绍兴鉴湖（又名镜湖）。比喻山明水秀、风光佳丽的地方。

出处：南宋周密《一萼红·登蓬莱阁有感》：“最负他，秦鬟妆镜，好江山、何事此时游。”

语译：最是辜负了美丽女子对镜梳妆般的大好山河，在这国事不可收拾的年头，还有什么心情来游赏？

镂冰刻楮

释义：雕刻冰块。刻楮：《韩非子·喻老》言：宋国有人用象牙刻楮树的叶子，三年而成，可以乱真。比喻制作工巧，亦比喻劳而无功。

出处：清代周济《宋四家词选目录序论》：“草窗镂冰刻楮，精妙绝伦，但立意不高，取韵不远，当与玉田抗行，未可方驾王吴也。”

注释：玉田：张炎，号玉田，南宋词人。抗行：并行，抗衡。王吴：王沂孙，吴文英，南宋词人。

示例：当代肖鹏《呼吸蛮烟瘴雨》：“这种山水当然属于南派，以镂冰刻楮见长，走的是婉约柔丽一路。”

亦作**“镂脂剪楮”**。清代何绍基《使黔草自序》：“人之无成，浮务文藻，镂脂剪楮，何益之有？”

亦作**“镂冰刻棘”**。明代王鏊《送温生廉还江西》：“镂冰刻棘巧何为，名

成至比敲门石。”

储灵蓄秀

释义：积蓄储藏精灵神秀之气。

出处：金代党怀英《十方灵岩寺记》：“名山胜境，天地所以储灵蓄秀，非福力浅薄者所能栖止，必待仙佛异人建大功德，以为众生无量福田。”

注释：灵岩寺位于泰山北麓、今济南市长清区万德街道域内，始建于前秦永兴（357—358）年间，唐代与荆州玉泉寺、润州栖霞寺、台州国清寺，并誉为“四绝”。北宋时称作十方灵岩寺。

亦作**“蕴灵毓秀”**。元代邓牧心《大涤洞天记》：“浙右山水之胜莫如杭，杭山水之胜莫如天目，天目之胜未如大涤洞天。盖大涤山水发源天目，风气盘礴，冈峦纠缠，相望几百里，然后蕴灵毓秀于此。”

别有洞天

释义：道家认为神仙居处多在名山洞府中，因洞中别有天地，故称为“洞天”。形容另有奇特的境界、风景，引人入胜。

出处：金代元好问《济南杂诗十首》（其四）：“吴儿洲渚似神仙，罨画溪光碧玉泉。别有洞天君不见，鹊山寒食泰和年。”

注释：吴儿洲渚：元好问在《济南行记》中描述济南风光：“水西亭之下，湖曰大明，其源出于舜泉，其大占城府三之一。秋荷方盛，红绿如绣，令人渺然有吴儿洲渚之想。”罨画：色彩鲜明的绘画。多用以形容景物的艳丽多姿。

示例：清代李汝珍《镜花缘》第九十八回“逞雄心挑战无火关　启欲念被围巴刀阵”：“阳衍进了巴刀阵，但觉香风习习，花气溶溶，林间鸣鸟宛转，池内游鱼盘旋，各处尽是画栋雕梁，珠帘绮户，那派艳丽光景，竟是别有洞天。”

亦作**"别有天地"**。唐代李白《山中问答》:"桃花流水窅然去,别有天地非人间。"

迎神赛社

释义:旧俗把神像抬出庙来游行,并举行感谢神明的祭祀仪式,以求赐福消灾。赛:酬谢,祭祀。社:土地神。

出处:元代杜仁杰《耍孩儿·庄家不识构阑》:"抬头觑是个钟楼模样,往下觑却是人旋窝。见几个妇女向台儿上坐,又不是迎神赛社,不住的擂鼓筛锣。"

注释:杜仁杰(约1197—约1282),字仲梁,号止轩。原名之元,号善夫("夫"也作"甫")。长清(今济南市长清区)人。元代著名散曲家。由金入元,屡征不出。其子杜元素,曾任福建闽海道廉访使,杜仁杰卒,因其子贵,得赠翰林承旨、资善大夫,谥号"文穆"。

亦作**"迎神赛会"**。现代鲁迅《五猖会》:"孩子们所盼望的,过年过节之外,大概要数迎神赛会的时候了。"

擂鼓筛锣

释义:击鼓敲锣。

出处:同上。

示例:明代吴承恩《西游记》第二十九回"脱难江流来国土　承恩八戒转山林":"三藏紧紧袖了家书,谢了公主,就往外走,被公主扯住,道:'前门里你出不去!那些大小妖精,都在门外摇旗呐喊,擂鼓筛锣,助着大王,与你徒弟厮杀哩。'"

亦作**"擂鼓鸣金"**。元代无名氏《压关楼叠挂午时牌》第二折:"我今日传了将令,则要您记的叮咛:也不许摇旗呐喊,也不许擂鼓鸣金。"

亦作**“击鼓鸣锣”**。清代缪润绂《沈阳百咏》第六十八首：“击鼓鸣锣官道开，红尘得意马蹄催。宫灯簇拥纱灯引，认是谁家晾轿来。”

欢天喜地

释义：形容非常高兴。

出处：元代杜仁杰《集贤宾·七夕·节节高》：“争妍斗巧，笑声举，欢天喜地。”

示例：明代梁辰鱼《浣纱记》第三十四出“思忆”：“每常间不曾见你欢天喜地，今日为何这等喜地欢天？”

时乖命蹇

释义：乖：不顺利；蹇：腿或脚有病，走路时身体不平衡，引申为困顿、不顺利。境遇不好，命运不佳。

出处：元代严忠济《天净沙·宁可少活十年》：“宁可少活十年，休得一日无权，大丈夫时乖命蹇。有朝一日天随人愿，赛田文养客三千。”

注释：严忠济（约1210—1293），一名忠翰，字紫芝，元代长清（今济南市长清区）人。蒙古太宗十三年（1241），承袭父职任东平路行军万户。元世祖至元二十三年（1286），授资德大夫、中书左丞、行江浙省事，以年老辞不就。能作曲，明代朱权《太和正音谱》将其列于“词林英杰”一百五十人之中。田文：孟尝君，战国时期的齐国贵族。

示例：明代施耐庵《水浒传》第五十六回“吴用使时迁盗甲　汤隆赚徐宁上山”：“汤隆道：‘言之不尽。自从父亲亡故之后，时乖命蹇，一向流落江湖。今从山东径来京师，探望兄长。’”

亦作**“时乖运蹇”**。明代施耐庵《水浒传》第十二回“梁山泊林冲落

草　汴京城杨志卖刀"："不想洒家时乖运蹇，押着那花石纲来到黄河里，遭风打翻了船，失陷了花石纲，不能回京赴任，逃去他处避难。"

亦作**"运拙时乖"**。元代郑廷玉《宋上皇御断金凤钗》第三折："昨日个金凤钗枣瓤赤，今日个银匙箸雪练也似白，便做道运拙时乖。时来呵铁也争光，运去后黄金失色。"

亦作**"时乖运舛"**。清代李汝珍《镜花缘》第五十六回"诣芳邻姑嫂巧遇　游瀚海主仆重逢"："哪知九王爷因皇上贬在房州，久不复位，心中不忿，同河北都督姚禹起了一支雄兵前去接驾，不意时乖运舛，登时也就遇害。"

有朝一日

释义：将来有那么一天。

出处：同上。

注释：元代关汉卿《赵盼儿风月救风尘》第一折写道："我也劝你不得，有朝一日，准备着搭救你块望夫石。"关汉卿比严忠济约小十岁。元代无名氏《诸葛亮博望烧屯》第一折写道："有朝一日，出茅庐指点世人迷。"

示例：明代冯梦龙编《山歌·三秀才》："姐家住在儒学傍，相交三个秀才郎。有朝一日登金榜，状元榜眼探花郎。"

天随人愿

释义：指事情的产生发展符合自己的心愿。

出处：同上。

示例：明代洪楩《清平山堂话本·风月相思》："今也，天随人愿，获侍巾栉。但愿君子始终如一，则万幸矣！"

亦作**"天从人愿"**。元代张国宾《相国寺公孙合汗衫》第三折："谁知天从人愿，到得我家不上三日，添了一个满抱儿小厮。”

亦作**“天遂人愿”**。现代洛夫《亲爱的琼芳》：“这件麻烦事，也许我比你更关心，希望解开了你心头的结，但愿天遂人愿。”

亦作**“天从人欲”**。清代朱彝尊《洞仙歌·城头画角》：“怪刍尼噪罢，蟢子飞来，重携手，也算天从人欲。”

强明精干

释义：精细聪明，办事能力强。

出处：元代胡祗遹《张彦明世德碑铭》：“扬州立省府，又当南北津要，公以强明精干，谨慎小心，部大繁剧，安集新附，官府复治，闾里以安。”

语译：扬州是行省所在地，又位居南北交通要道。张炤精明强干，谨慎小心，作为扬州路主官，事务十分繁重，安抚新近归附的人，官府正常运作，百姓得以安定。

注释：张炤（1225—1288），字彦明，元代济南人，历任扬州路总管府达鲁花赤、镇江路总管府达鲁花赤、东昌路总管，卒后追封清河郡侯，谥号“敬惠”。自镇江路任上称病归乡时，购书八万卷，将其中一万卷送济南府学资助教育。

示例：明代杨鹤《为边方生乱有因，边地需人最急，伏乞圣明申饬用人之法，大坡常调，以救穷边事》：“如是者，非强明精干之吏，有长驾远驭之才，莫可任也。”

亦作**“强明清干”**。南宋岳珂《宋少保岳鄂王行实编年》卷下：“又令湖北襄阳府路如有阙官，自知通以下，许先臣自择强明清干者任之。”

亦作**“精明强干”**。清代文康《儿女英雄传》第十三“敦古谊集腋报师门　感旧情挂冠寻孤女”：“况且随带的那些司员又都是些精明强干、久经审案的能员，那消几日，早问出许多赃款来。”

亦作**“精明能干”**。现代茅盾《赵先生想不通》：“说赵先生不是个精明能干的做生意人么？那也不尽然。在证券交易所内，他也算得上一条好汉。”

燕语莺声

释义：形容大好春光。比喻年轻女子说笑的声音。

出处：元代关汉卿《杜蕊娘智赏金线池》“楔子”：“袅娜复轻盈，都是宜描上翠屏。语若流莺声似燕，丹青，燕语莺声怎画成？”

注释：“金线池”即济南金线泉。关汉卿以济南为背景创作的该杂剧。

示例：清代吴趼人《二十年目睹之怪现状》第七十六回“急功名愚人受骗　遭薄幸淑女蒙冤”：“他们叫来侍酒的，都是南班子的人，一时燕语莺声，尽都是吴侬娇语。”

亦作**“燕语莺啼”**。唐代王建《调笑令》（三首其二）：“红树，红树，燕语莺啼日暮。”

舞榭歌楼

释义：歌舞场所，亦指妓院。

出处：元代关汉卿《杜蕊娘智赏金线池》第二折：“好姐姐几时得脱离了舞榭歌楼？”

示例：清代施闰章《西施山（越王教歌舞处，昔有临镜台，旁植丛桂，枝干皆交）》：“舞榭歌楼空复情，采莲池上白蘋生。月明夜半湖山静，应有珊珊环佩声。”

亦作**“舞榭歌台”**。南宋辛弃疾《永遇乐·京口北固亭怀古》：“舞榭歌台，风流总被雨打风吹去。”

闲茶浪酒

释义：无谓的吃喝；风月场中的玩乐。

出处：元代关汉卿《杜蕊娘智赏金线池》第二折："劣奶奶则有分吃他那闲茶浪酒。"

注释：有分：有命运。与关汉卿同时期的元代戏剧家，尚仲贤《汉高祖濯足气英布》第三折写道："咱与您做参辰卯酉，谁待吃这闲茶浪酒。"高文秀《黑旋风双献功》第四折写道："你道有闲茶浪酒结绸缪，天缘辏，不枉了好风流。"

示例：明代凌濛初《二刻拍案惊奇》卷八"沈将仕三千买笑钱　王朝仪一夜迷魂阵"："少年心性，好的是那歌楼舞榭，倚翠偎红，绿水青山，闲茶浪酒，况兼身畔有的是东西，只要撞得个乐意所在，挥金如土，毫无吝色。"

寻死觅活

释义：吵闹着要去死。

出处：元代关汉卿《杜蕊娘智赏金线池》第二折："只为杜蕊娘他把俺赤心相待，时常与这虔婆合气，寻死觅活，无非是为俺家的缘故。"

示例：清代曹雪芹《红楼梦》第八十回"美香菱屈受贪夫棒　王道士胡诌妒妇方"："他虽不敢还手，便也撒泼打滚，寻死觅活，昼则刀剪，夜则绳索，无所不闹。"

亦作"**寻活觅死**"。明代陈铎《怨别》（十三首其五）："书来止说功名事，全不着恩情两字。本待要寻活觅死，怕落下歹名儿。"

雨歇云收

释义：雨停云散。比喻事情、现象、感情结束、消失，男女欢会事毕。

出处：元代关汉卿《杜蕊娘智赏金线池》第二折："明知道雨歇云收，还指望待天长地久。"

注释：元代无名氏《逞风流王焕百花亭》第二折写道："止望待天长地久，谁承望雨歇云收。"与关汉卿同时期散曲家王和卿《小桃红·胖妓》亦写道："雨歇云收那情况。"

示例：清代俞万春《荡寇志》第六回"九松浦父女扬威　风云庄祖孙纳客"："看看天晚，雨歇云收，天上现出皓月，房栊明静。"

亦作**"雨散云收"**。元代关汉卿《仙吕·桂枝香·幺篇》："又加上一场症候，顿使我愁不寐，襄王梦雨散云收。"

亦作**"雨收云散"**。南宋陆游《水龙吟·春日游摩诃池》："惆怅年华暗换。黯销魂、雨收云散。"

亦作**"云飞雨散"**。隋代张公礼《龙藏寺碑》："金编宝字，玉牒纶言，满封盈函，云飞雨散。"

亦作**"雨散云飞"**。唐代白居易《五年秋病后独宿香山寺三绝句》（其二）："饮徒歌伴今何在，雨散云飞尽不回。"

亦作**"雨消云散"**。现代瞿秋白《赤都心史》："情爱呢？可知，这甜情蜜意，禁不起——理性一闪，迟早是——雨消云散。"

喏喏连声

释义：一声接一声地答应。形容十分恭顺的样子。

出处：元代关汉卿《杜蕊娘智赏金线池》第三折："俺也曾轻轻唤着，躬躬前来，喏喏连声。"

示例：明代罗贯中《三国演义》第六十一回"赵云截江夺阿斗　孙权遗书退老瞒"："孙权喏喏连声，答曰：'老母之训，岂敢有违。'"

亦作**"诺诺连声"**。明代施耐庵《水浒传》第十六回"杨志押送金银担　吴用智取生辰纲"："老都管喝道：'杨提辖且住，你听我说。我在东京太师府里做奶公时，门下官军见了无千无万，都向着我诺诺连声。'"

亦作**"连声诺诺"**。清代韩邦庆《海上花列传》第十二回"背冤家拜烦和事老　装鬼戏催转踏谣娘"："朴斋连声诺诺，不敢再说。"

亦作**"声连诺诺"**。清代陈球《燕山外史》卷六："姑也情切云云，生也声连诺诺：'幸许相依为命，实获我心，素知作合由天，诚如卿意。'"

亦作**"唯唯连声"**。清代吴敬梓《儒林外史》第二十二回"认祖孙玉圃联宗　爱交游雪斋留客"："船家唯唯连声，搭扶手，请上了船。"

恶茶白赖

释义：胡搅蛮缠，耍无赖。

出处：元代关汉卿《杜蕊娘智赏金线池》第三折："我比那俏郎君掏摸须噤声，那里也恶茶白赖寻争竞？"

注释：掏摸：偷窃。此处指偷情。噤声：住口，不作声。寻争竞：寻衅吵闹。

示例：明代汤显祖《牡丹亭》第五十四出“闻喜”：“状元也有本。那平章奏他恶茶白赖把阴人窃。”

亦作“**恶叉白赖**”。元代关汉卿《望江亭中秋切鲙》第一折：“一会儿甜言热趱，一会儿恶叉白赖，姑姑也，只被你直着俺两下做人难。”

男婚女聘

释义：聘：女子订婚或出嫁。男女嫁娶成家。

出处：元代关汉卿《杜蕊娘智赏金线池》第三折：“没来由强风情，刚可喜，男婚女聘。”

注释：来由：原因，缘故。强风情：勉强装作有爱情。

示例：当代老舍《柳树井》第一场：“舅舅，舅舅，您也想一想，这年头，男婚女聘自己做主张！”

亦作“**男婚女嫁**”。唐代刘禹锡《哭吕衡州，时予方谪居》：“空怀济世安人略，不见男婚女嫁时。”

孤孤另另

释义：孤单，没有依靠、陪同。

出处：元代关汉卿《杜蕊娘智赏金线池》第三折：“闪的我孤孤另另。”

注释：元代无名氏《仙吕·寄生草》写道：“金炉中氤氤氲氲香烬烟消灭，银台上昏昏惨惨忽地灯花谢，冷清清孤孤另另怎生捱今夜？”

亦作“**孤孤零零**”。当代谢春彦《雕塑家王丙昭先生》：“他原在中央美术学院任教，一九五七年却成‘右派’，发配东北，夫人带着爱子跟他分手，孤孤零零，哀情可想。”

亦作“**孤孤单单**”。当代许渊冲译《李白诗选》：“后二句每句七字，写不

能入眠的女子思念情人，何时能再见呢？如何度过这冷冷清清、孤孤单单的漫漫长夜呢？”

担惊受恐

释义：担心害怕，处在惊吓、恐惧之中。

出处：元代武汉臣《包待制智赚生金阁》第一折：“早知道这般的担惊受恐，我可也图甚么衣紫拖朱。”

注释：武汉臣，济南人，生平不详，元代前期杂剧作家。元末明初杂剧作家贾仲明为之写《双调·凌波仙》吊词云：“先生清秀济南人，风调才情武汉臣。《登坛拜将》穷韩信。《老生儿》、关目真。新传奇、十段皆闻。听泉水，看暮云，如此黄昏。”一说《包待制智赚生金阁》作者佚名。

示例：清代华琴珊《续镜花缘》第十二回“家属解京途中遇救　弟兄落草海外潜踪”：“乳母喜出望外，也不枉了担惊受恐跋涉这一场。”

亦作**“担惊忍怕”**。元代无名氏《玎玎珰珰盆儿鬼》第一折：“做买卖的担惊忍怕，眼见得疏林老树噪昏鸦。”

亦作**“担惊受怕”**。元代无名氏《玎玎珰珰盆儿鬼》第三折：“俺出门红日乍平西，归时犹未夕阳低，怎教俺担惊受怕着昏迷？”

亦作**“吃惊受怕”**。明代施耐庵《水浒传》第四十二回“还道村受三卷天书　宋公明遇九天玄女”：“宋江再拜道：‘老父惊恐！宋江做了不孝之子，负累了父亲吃惊受怕！’”

衣紫拖朱

释义：拖：曳引。紫衣、朱衣皆古代高官之朝服，指身居高位。

出处：同上。

示例：明代汪廷讷《种玉记》第三十出“荣寿”：“酬劝！爱寸草春晖，衣紫拖朱满膝前。”

亦作“**曳紫拖朱**”。明代屠隆《重修东林庵募缘疏》：“今夫曳紫拖朱，子姓累都富贵；悬鹑茹藿，妻孥不免饥寒。”

亦作“**佩紫拖朱**”。明代无名氏《四贤记》第三出“灯宴”：“那壁厢巧笑倩兮，见佳人遗钿堕翠；这壁厢美目盼兮，喜公卿佩紫拖朱。”

亦作“**行紫拖朱**”。清代林培玠《废铎呓》：“数十年外，富等陶朱。既富方谷，教子成名。再世而后，行紫拖朱，居然世胄。”

亦作“**纡紫拖朱**”。清代欧阳厚均《家塾祭先大夫湘亭府君文》：“荣开科第，香继诗书。登蟾夺锦，纡紫拖朱。”

村房道店

释义：指乡村客店。

出处：元代武汉臣《包待制智赚生金阁》第一折：“秀才，似这般大雪，我和你寻个村房道店，买些酒食荡寒也好那。”

示例：明代施耐庵《水浒传》第三十二回“武行者醉打孔亮　锦毛虎义释宋江”：“又行了十数日，但遇村房道店，市镇乡城，果然都有榜文张挂在彼处，捕获武松。”

亦作“**道店村坊**”。明代施耐庵《水浒传》第十一回“朱贵水亭施号箭　林冲雪夜上梁山”：“州尹大惊，随即押了公文帖，仰缉捕人员，将带做公的，沿乡历邑，道店村坊，画影图形，出三千贯信赏钱，捉拿正犯林冲。”

花花太岁

释义：太岁：太岁神。迷信说法认为地上的太岁神与天上的岁星相应而行，凡兴造、搬迁、嫁娶、远行等均要躲避太岁的方位，否则定有祸殃。指穿着华丽、吃喝玩乐、有钱有势、作威作福的年轻人。

出处：元代武汉臣《包待制智赚生金阁》第一折："花花太岁为第一，浪子丧门世无对；闻着名儿脑也疼，只我有权有势庞衙内。"

注释：元代关汉卿《望江亭中秋切鲙》第二折写道："花花太岁为第一，浪子丧门世无对。普天无处不闻名，则我是权豪势宦杨衙内。"李文蔚《同乐院燕青博鱼》第一折写道："花花太岁我为最，浪子丧门世无对。满城百姓尽闻名，唤做有权有势杨衙内。"两人与武汉臣是同时期的戏曲作家。

示例：明代施耐庵《水浒传》第七回"花和尚倒拔垂杨柳　豹子头误入白虎堂"："京师人惧怕他权势，谁敢与他争口，叫他做花花太岁。"

亦作**"花花公子"**。现代鲁迅《二丑艺术》："他和小丑的不同，是不扮横行无忌的花花公子，也不扮一味仗势的宰相家丁，他所扮演的是保护公子的拳师，或是趋奉公子的清客。"

看生见长

释义：亲眼看着某人的出生和长大。形容对一个人非常熟悉。

出处：元代武汉臣《包待制智赚生金阁》第二折："老身自幼在庞府，看生见长这个衙内，非是一日也呵。"

注释：元代李潜夫《包待制智勘灰阑记》第一折写道："这孩儿本等不是我养的，他要问那剃胎头收生的老娘，和那看生见长的一起街坊邻舍做证见。"

元代王伯成《李太白贬夜郎》第一折写道："这孩儿从怀抱里看生见长，子一句道得他小鹿儿心头撞。"二人相比武汉臣，大约略晚。

示例：元代高克礼《黄蔷薇过庆元贞・天宝遗事》："又不曾看生见长，便这般割肚牵肠。"

家狗向里吠

释义：自家的狗却向家里面乱叫。比喻忘恩负义。

出处：元代武汉臣《包待制智赚生金阁》第二折："唗，我养着你个家生狗，倒向着里吠，直被你骂的我好也。"

示例：当代韩成光《成语之歌・旋踵即逝的隋朝》："太子杨广肚里有偻罗，坏人心术，凶相毕露，诈谋奇计，六亲不认，亏心短行，杀父兄而继天立极登帝位，正是家狗向里吠，忘恩负义。"

三媒六证

释义：表示嫁娶郑重其事。

出处：元代武汉臣《包待制智赚生金阁》第二折："我大茶小礼，三媒六证，亲自娶了个夫人，他百般的不肯随顺我，你劝他一劝。"

示例：清代曹雪芹《红楼梦》第六十八回"苦尤娘赚入大观园　酸凤姐大闹宁国府"："你就愿意给，也要三媒六证，大家说明，成个体统才是。"

亦作**"三媒六聘"**。清代曹雪芹《红楼梦》第四十六回"尴尬人难免尴尬事　鸳鸯女誓绝鸳鸯偶"："别说大老爷要我做小老婆，就是太太这会子死了，他三媒六聘的娶我去做大老婆，我也不能去。"

不由分说

释义：不容分辩解释。

出处：元代武汉臣《包待制智赚生金阁》第三折："你看这厮，他也是个驴前马后的人，怎么不由分说，便将我飞拳走踢只是打？"

示例：明代安遇时《包公案·石狮子》："崔庆惊道：'哥哥缘何见疏？'刘英怒道：'我有什么兄弟？'不由分说，拿进府中，重责三十棍。"

亦作"**不容分说**"。明代吴承恩《西游记》第五十九回"唐三藏路阻火焰山　孙行者一调芭蕉扇"："那罗刹不容分说，双手抡剑，照行者头上乒乒乓乓，砍上十数下，这行者全不认真。"

亦作"**不由分诉**"。元代关汉卿《包待制三勘蝴蝶梦》第二折："大哥声冤叫屈，官府不由分诉。"

亦作"**不容分诉**"。现代许地山《归途》："他不容分诉，便把剃头匠带往西去。"

亦作"**不听分诉**"。唐代范摅《云溪友议》卷第五："涯方悲泣悔过，雍亦不听分诉。"

轻徭薄税

释义：减轻徭役，降低赋税。

出处：元代武汉臣《包待制智赚生金阁》第三折："愿黎民乐业，做官的皆如卓鲁，令史每尽压萧曹，轻徭薄税，免受涂炭者。"

注释：卓鲁：东汉时的卓茂、鲁恭，都曾当过县令，以德化治民，有政绩，以循吏见称。令史：宋元以来官府中胥吏的通称。萧曹：汉初的萧何、曹参，二人官至相国，年轻时皆做过沛县小吏。

示例：当代王玉媛《清代格调派研究》：“鉴于明亡的历史教训，清代统治者自入关之日起，一直秉承‘永不加赋’的政策，轻徭薄税，与民休息。到了康熙朝，继续推行这一方针。”

亦作**“轻徭薄赋”**。《汉书·昭帝纪》：“海内虚耗，户口减半，光知时务之要，轻徭薄赋，与民休息。”

亦作**“轻赋薄敛”**。西汉刘安《淮南子》卷十九“修务训”：“汤夙兴夜寐，以致聪明，轻赋薄敛，以宽民氓。”

亦作**“缓赋轻徭”**。北宋无名氏《天圣二年南郊鼓吹歌曲三曲·十二时》：“继明缵绪，缓赋轻徭。京庾比丰饶。”

亦作**“薄赋省役”**。三国吴国孙权《别咨诸葛瑾》：“闻皆选用忠良，宽刑罚，布恩惠，薄赋省役，以悦民心，其患更深于操时。”

亦作**“蠲徭省赋”**。唐代李隆基《天长节推恩制》：“比岁小有僭亢，颇非丰稔，遂使开仓赈乏，空圄恤刑，兼蠲徭省赋，故得家给人足。”

亦作**“省徭薄赋”**。唐代吴兢《贞观政要》卷八“论务农第三十”：“今省徭薄赋，不夺其时，使比屋之人，恣其耕稼，此则富矣。”

佯风诈冒

释义：装疯卖傻，放肆张狂。

出处：元代武汉臣《包待制智赚生金阁》第三折：“你个弟子孩儿，吃了两钟酒，佯风诈冒，手之舞之的打我，你敢再来打我么？”

示例：当代晓夜、树梁《万里石塘》第十二回“锗人获卖身葬主　寒山寺文豪聚首”：“作为亲舅舅，钱谦益对自己这个外甥了如指掌，他心知金圣叹佯风诈冒，风张风势，什么事都做得出来。”

手之舞之

释义：形容双手挥动，攻击他人。

出处：同上。

注释：此语原意为两手舞动，形容极其喜悦，源于《孟子》《礼记》。

示例：明代吴承恩《西游记》第七十二回“盘丝洞七情迷本　濯垢泉八戒忘形”：“那怪道：‘我乃七仙姑的儿子。你把我母亲欺辱了，还敢无知，打上我门！不要走！仔细！’好怪物，一个个手之舞之，足之蹈之，乱打将来。”

三杯和万事

释义：指饮酒可以解脱愁闷，消除烦恼。

出处：元代武汉臣《包待制智赚生金阁》第三折：“可不道‘三杯和万事，一醉解千愁。’孩儿，我且不吃，一发等你吃了这钟，凑个三杯，可不好那？”

注释：元代高文秀（一说无名氏）《须贾大夫谇范叔》第一折：“住着！几年不曾见那酒，两只手捞铃一般相似。靠后！贤士，可不道‘三杯和万事。一醉解千愁’。”高文秀与武汉臣是同时期的戏曲作家。

示例：明代天然痴叟《石点头》第十二卷《侯官县烈女歼仇》：“申屠娘子又笑道：‘妈妈，常言‘三杯和万事’，再奉一瓯。’”

含冤负屈

释义：心怀冤枉，身受委屈。

出处：元代武汉臣《包待制智赚生金阁》第四折："只愿老爷怀中高揣轩辕镜，照察我这悲悲痛痛，酸酸楚楚，说无休，诉不尽的含冤负屈情。"

示例：明代凌濛初《初刻拍案惊奇》卷十一"恶船家计赚假尸银　狠仆人误投真命状"："小人今日才到此地，见有此一场屈事。那王杰虽不是小人陷他，其祸都因小人而起，实是不忍他含冤负屈，故此来到台前控诉。"

亦作**"负屈衔冤"**。南宋罗烨《醉翁谈录·小说开辟》："说忠臣负屈衔冤，铁心肠也须下泪。"

亦作**"含冤受屈"**。当代李碧华《打铁趁热，分手趁冷》："分手这回事，一定经过最长的反复思量，加上最短的决定：'好，就这样。'切忌拖泥带水，含冤受屈，频频回头，依依不舍，最终结果还是如此？"

亦作**"衔冤负屈"**。元代关汉卿《感天动地窦娥冤》第二折："我做了个衔冤负屈没头鬼，怎肯便放了你好色荒淫漏面贼！"

亦作**"衔冤抱屈"**。当代莫砺锋《莫砺锋评说白居易》："白居易说，白起功大而被赐死，是衔冤抱屈的。"

亦作**"含冤抱屈"**。清代李渔《连城璧》第十二回"贞女守贞来异谤　朋侪相谑致奇冤"："若还是别的老爷在此为官，小妇人只好含冤抱屈而死，也不敢前来告状，闻得老爷是龙图转世，没有审不出的冤情，所以才敢萌此妄想。"

日月交食

释义：指日蚀和月蚀，比喻彼此争斗，做了冤家对头。

出处：元代武汉臣《包待制智赚生金阁》第四折："爷！怪事，怪事！只见日月交食，不曾见辘轴退皮。"

注释：辘轴：碌碡。元代康进之《李逵负荆》第二折写道："俺两个半生来岂有些嫌隙，到今日却做了日月交食。"康进之与武汉臣是同时期的戏曲作家。

示例：当代陈代平《上官均》第二十二章"林灵素神机妙算　梁太后得寸进尺"："依赵顼、王安石的脾气，他们定然不许辽人重新划界，而皇上的舅舅既有春秋时期晏婴的计谋，也有战国年代苏秦的口才，再加上辽朝与宋廷的几十年积怨，两国似日月交食，夙世冤家，皇上何愁联辽攻宋的大业不成？"

亦作"**日月交蚀**"。元代关汉卿《包待制智斩鲁斋郎》第二折："从来有日月交蚀，几曾见夫主婚、妻招婿？"

掐尖落钞

释义：指克扣经手的钱财。

出处：元代武汉臣《散家财天赐老生儿》"楔子"："我那伯伯与我二百两钞，我那伯娘当住，则与我一百两钞，着我那姐夫张郎与我，他从来有些掐尖落钞。我数一数，六十两、七十两、八十两。则八十两钞，我再回去与伯父说咱。"

示例：当代汉尧《修路求索（下卷）》："百姓成年累月地辛勤劳动，源源不断为国家上税，各位大贪小贪们却掐尖落钞，从国库里捞了个盆满钵满。"

将本求财

释义：用本钱谋求利润。

出处：元代武汉臣《散家财天赐老生儿》第一折："将本求财，在家出外，诸般儿快。"

示例：明代凌濛初《初刻拍案惊奇》卷一"转运汉遇巧洞庭红　波斯胡指破鼍龙壳"："文若虚道：'我是倒运的，将本求财，从无一遭不连本送的。'"

亦作**"将本求利"**。元代无名氏《朱砂担滴水浮沤记》"楔子"："孩儿待将些小本钱，到江西南昌地面做些买卖，一来是躲难逃灾，二来就将本求利。"

亦作**"将本图利"**。元代无名氏《施仁义刘弘嫁婢》第一折："可不道吃酒的望醉，放债的图利，也则是将本图利来。"

亦作**"将本觅利"**。清代李渔《无声戏》第八回"鬼输钱活人还赌债"："他的生性再不喜将本觅利，只要白手求财。"

拽布披麻

释义：穿孝服。

出处：元代武汉臣《散家财天赐老生儿》第一折："但得一个生忿子拽布披麻扶灵柩，索强似那孝顺女罗裙包土筑坟台。"

注释：生忿子：不肖子。索强似：胜过。

示例：当代江峰《忠心铁血·国之长城孟珙》："高墙青瓦的孟府中，悲痛欲绝的哭声此起彼伏，传遍全城，城内百姓闻此哭声，皆拽布披麻，悲愁垂涕。"

亦作**"拖麻拽布"**。元代武汉臣《散家财天赐老生儿》第四折："今日个谁非谁是都休论，婆婆也，早则有了拖麻拽布的人。"

亦作**“披麻带孝”**。元代无名氏《崔府君冤家债主》第二折：“你也想着一家儿披麻带孝为何由，故来这灵堂里寻斗殴。”

亦作**“披麻戴索”**。明代高明《蔡伯喈琵琶记》第四出“蔡公逼试”：“老贼，你年纪八十余岁也不识做孝，披麻戴索便唤做孝。”

早起晚眠

释义：起得早，睡得晚。

出处：元代武汉臣《散家财天赐老生儿》第一折：“则我那幼年间做经商买卖，早起晚眠，吃辛受苦，也不知瞒心昧己，使心用幸，做下了许多冤业，到底来是如何也呵！”

注释：元代无名氏《崔府君断冤家债主》第一折写道：“这大的个孩儿，披星带月，早起晚眠，这家私多亏了他。”

示例：清代王之春《椒生随笔》卷三“日记”：“后曾文正公亦手书日记，盖公才识固优于人，其勤慎专心，于公事早起晚眠，皆有恒心，实非人所能及者。”

亦作**“早起晚睡”**。清代于成龙《治家规范》：“生意之人，或开店，或行商，俱要早起晚睡，不可偷安。”

亦作**“起早睡晚”**。清代曹雪芹《红楼梦》第五十六回“敏探春兴利除宿弊　时宝钗小惠全大体”：“他们虽不料理这些，却日夜也是在园中照看当差之人，关门闭户，起早睡晚，大雨大雪，姑娘们出入，抬轿子，撑船，拉冰床，一应粗糙活计，都是他们的差使。”

吃辛受苦

释义：经受了许多艰难困苦。

出处：同上。

示例：明代吴承恩《西游记》第二十三回“三藏不忘本　四圣试禅心”：“行者道：‘呆子，你这般言语，似有报怨之心。还像在高老庄，倚懒不求福的自在，恐不能也。既是秉正沙门，须是要吃辛受苦，才做得徒弟哩。’”

亦作**“吃辛吃苦”**。清代李宝嘉《官场现形记》第三十四回“办义赈善人是富　盗虚声廉吏难为”：“列位要晓得，这些做大善士的人，一年到头捐了人家多少银钱，自己吃辛吃苦，毕竟那被灾户口也着实沾光。”

亦作**“茹苦含辛”**。北宋苏轼《中和胜相院记》：“佛之道难成，言之使人悲酸愁苦。其始学之，皆入山林，践荆棘蛇虺，袒裸雪霜，或刲割屠脍，燔烧烹煮，以肉饲虎豹鸟乌蚊蚋，无所不至，茹苦含辛，更百千万亿年生而后成。”

使心用幸

释义：施用心机。

出处：同上。

示例：明代施耐庵《水浒传》第五十回“吴学究双用连环计　宋公明三打祝家庄”：“格言曰：乾坤宏大，日月照鉴分明；宇宙宽洪，天地不容奸党。使心用幸，果报只在今生；积善存仁，获福休言后世。”

亦作**“使心作幸”**。元代关汉卿《温太真玉镜台》第二折：“都为他皓齿明眸，不由我使心作幸。”

鬼使神差

释义：好像暗中有鬼神支配着一样。比喻事出意外，不由自主。

出处：元代武汉臣《散家财天赐老生儿》第一折："使不着人强马壮，端的是鬼使神差。"

注释：元代无名氏《萨真人夜断碧桃花》第四折写道："这一场悄促促似鬼使神差。"

示例：清代曹雪芹《红楼梦》第四十九回"琉璃世界白雪红梅　脂粉香娃割腥啖膻"："宝玉笑道：'正是呢。这是一高兴起诗社，鬼使神差来了这些人。'"

亦作"**鬼遣神差**"。当代谢冕《开花或不开花的年代》："该刊的创刊号于1957年1月出版，鬼遣神差地竟选用了一幅题为'山雨欲来风满楼'的国画做封面。"

亦作"**鬼使神遣**"。清代无名氏《醒名花》第五回"奔父命巧遇攒戟岭　避仇人深羁不染庵"："今日诗笺忽的又来了，莫非果有什么姻缘在内，鬼使神遣也不可知。"

枉物难消

释义：不义之财难于消受，容易招灾惹祸。

出处：元代武汉臣《散家财天赐老生儿》第二折："元来是父亲行请过了孩儿又要，您怎么不寻思枉物难消。"

注释：元代关汉卿《山神庙裴度还带》第三折写道："不义而富且贵，于我如浮云。取不义财呵，枉物难消。"关汉卿与岳伯川是同时期的杂剧作家。

示例：当代李建州《智说营销》：“豁达不是与世无争，是有所争——争该争之利，争该争之位，有所不争——不争枉物难消之浮财，不争南箕北斗之虚名。”

淡饭黄齑

释义：黄齑：咸腌菜。泛指很差的饭菜。

出处：元代武汉臣《散家财天赐老生儿》第二折：“一句良言说与你听着：你若是执性愚顽不从我教，引孙也，我着你淡饭黄齑，一直饿到你老。”

注释：元代马致远《半夜雷轰荐福碑》第四折写道：“今日个列鼎而食，煞强如淡饭黄齑，到今日恰回味。”张国宾《薛仁贵荣归故里》第三折写道：“饿的他身躯软，肝肠碎，甚的是肥羊也那白面，只捱的个淡饭黄齑。”郑廷玉《宋上皇御断金凤钗》第一折写道：“凭着我端砚文章纸墨笔，吃的是淡饭黄齑。”三人与岳伯川是同时期的戏曲作家。

示例：明代方汝浩《东度记》第四十五回“严父戒子结良朋　岁寒老友嗔狐党”：“乃听尊长与那布衣讲的，都是三四十年前淡饭黄齑事，寒窗笔砚时。”

亦作“**黄齑白饭**”。明代陈汝元《金莲记》第二十七出“焚券”：“风雨萧条，衡门暂留，黄齑白饭度春秋。”

一般见识

释义：同样浅薄的见识、修养。

出处：元代武汉臣《散家财天赐老生儿》第三折：“十三把钥匙都在我手里，我也不和你一般见识。”

注释：元代关汉卿《包待制智斩鲁斋郎》第一折写道：“若知是我，怎么敢骂？我不和你一般见识。”

示例：明代施耐庵《水浒传》第十四回“赤发鬼醉卧灵官殿　晁天王认义东溪村”：“雷横道：‘小人也知那厮胡为，不与他一般见识。又劳保正远出。’”

言而无信

释义：说话不算数，没有信用。

出处：元代武汉臣《散家财天赐老生儿》第四折：“那厮每言而无信，凡事惹人嗔，怕不关亲，怎将俺不瞅问。”

注释：关亲：关怀，关切亲近。瞅问：理睬，过问。与同时期的元曲作家关汉卿《尉迟恭单鞭夺槊》第二折写道：“若是敬德有些好歹，显的俺等言而无信了，因此一径的赶元帅回去，救敬德之难也。”

示例：明代吴承恩《西游记》第六十一回“猪八戒助力破魔王　孙行者三调芭蕉扇”：“老孙若不与你，恐人说我言而无信。”

亦作“**言而不信**”。春秋时期管仲《管子·形势解第六十四》：“故言而不信则民不附，行而贼暴则天下怨。”

借尸还魂

释义：人死后将灵魂附于他人尸体而复活。比喻已经消失或没落的事物又以另一种形式出现。

出处：元代岳伯川《吕洞宾度铁拐李岳》“楔子”：“岳寿，谁想你浑家将你尸骸烧化了，我如今着你借尸还魂，尸骸是小李屠，魂灵是岳寿。”

注释：岳伯川，济南人，一说镇江人。元代前期著名杂剧作家。生卒年与生平事迹均不详。浑家：妻子。

示例：当代陶菊隐《北洋军阀统治时期史话》：“杨度毫不推辞地接受了这

个任务。但他自己很了解，他对各国宪政并不怎样精通，便又转而求教于梁启超。梁自然也不肯放弃这个‘借尸还魂’的机会。”

扭曲作直

释义：比喻歪曲事实，颠倒是非。

出处：元代岳伯川《吕洞宾度铁拐李岳》第一折："兄弟，您哥哥平日不曾扭曲作直，所以不走不逃。"

注释：与岳伯川同时期的杂剧作家孟汉卿在《张平叔智勘魔合罗》第三折写道："我想这为吏的扭曲作直，舞文弄法，只这管笔上，送了多少人也呵。"无名氏的杂剧《徐伯株贫富兴衰记》《十样锦诸葛论功》《十探子大闹延安府》，亦皆有"扭曲作直"一语。此三剧应是元末明初作品，晚于《吕洞宾度铁拐李岳》。

亦作"**拗曲作直**"。明代凌濛初《二刻拍案惊奇》卷三十五"错调情贾母詈女　误告状孙郎得妻"："方妈妈呆了半晌，开口不得，思量没收场，只得拗曲作直，说道：'谁叫你私下通奸？我已告在官了。'"

情理难容

释义：无论在人情与事理两方面都难以容忍。

出处：元代岳伯川《吕洞宾度铁拐李岳》第一折："我问是谁放了这先生来，那老子便道，是我解了绳了放了来。哥哥，这老子情理难容也。"

注释：元代关汉卿《包待制三勘蝴蝶梦》第二折写道："那厮每情理难容，俺孩儿杀人可恕。"尚仲贤《汉高皇濯足气英布》第四折写道："骨刺刺旗门开处，那楚重瞳在阵面上高呼：无徒！杀人可恕，情理难容。"高文秀《黑旋风双献功》第四折写道："端的是泼无徒贼子，更和着浪包娄，出尽了丑、丑。情理难容，

杀人可恕，怎生能够。”三人与岳伯川是同时期的戏曲作家。

示例：明代罗贯中《三国演义》一百零九回“困司马汉将奇谋　废曹芳魏家果报”：“司马师看毕，勃然大怒曰：‘原来汝等正欲谋害吾兄弟！情理难容！’遂令将三人腰斩于市，灭其三族。”

先斩后奏

释义：原指臣子先把人处决了，然后再报告君王。后比喻未经请示就先做了某事，造成既成事实，然后再向上级报告。

出处：元代岳伯川《吕洞宾度铁拐李岳》第一折：“老夫今日非是私来，奉圣人的命，与我势剑金牌为廉访使，审囚刷卷，先斩后奏，除奸去暴，扶弱摧强。”

注释：势剑：尚方剑，皇帝御用宝剑。刷卷：调阅案卷，审查案件办理情况。元代关汉卿《感天动地窦娥冤》第四折写道：“只因老夫廉能清正，节操坚刚，谢圣恩可怜，加老夫两淮提刑肃政廉访使之职，随处审囚刷卷，体察滥官污吏，容老夫先斩后奏。”曾瑞《王月英元夜留鞋记》第三折写道：“因为老夫廉能清正，奉公守法，圣人敕赐势剑金牌，着老夫先斩后奏。”关汉卿与岳伯川是同时期人，曾瑞略晚。

示例：明代施耐庵《水浒传》第四十一回“宋江智取无为军　张顺活捉黄文炳”：“不期戴院长又传了假书，以此黄文炳那厮撺掇知府，只要先斩后奏。”

亦作**“先斩以闻”**。西汉司马迁《史记·晁错传》：“丞相奏事，因言错擅凿庙垣为门，请下廷尉诛。上曰：‘此非庙垣，乃壖中垣，不致于法。’丞相谢。罢朝，因怒谓长史曰：‘吾当先斩以闻，乃先请，为儿所卖，固误。’”

亦作**“先行后闻”**。《后汉书·酷吏传序》：“故临民之职，专事威断，族灭奸轨，先行后闻。”

亦作**“先斩后闻”**。元代无名氏《玉清庵错送鸳鸯被》第四折：“着老夫仍为河南府尹，敕赐势剑金牌，一应贪官污吏，准许先斩后闻。”

亦作“**先断后闻**”。《周书·晋荡公护传》:“护第屯兵禁卫，盛于宫阙，事无巨细，皆先断后闻。”

亦作“**先举后闻**”。《宋史·本纪第三十二·高宗九》:“如遇警急调发不及申奏，则令宣、制司随宜措置，先举后闻。”

除奸去暴

释义：铲除残暴邪恶之人。

出处：同上。

示例：当代陈大濩《铸剑》第二场:“莫邪:‘嗳！什么不好铸，偏偏要铸两口剑哪？’干将:‘用它除奸去暴，仗义行侠，有什么不好？’”

指山卖磨

释义：指着山上的石头当磨来卖。比喻事情还没有头绪就过早说出去或答应下来。也指以说空话、设圈套的手法进行欺骗。

出处：元代岳伯川《吕洞宾度铁拐李岳》第一折:“出来的都关来节去，私多公少，可曾有一件合天道？他每都指山卖磨，将百姓画地为牢。”

语译：从监狱出来的都靠请托、贿赂打通关节，其间徇私多，公正少，可曾有一件事合乎天理？他们都欺诈成性，对老百姓时时处处加以束缚、压制。

注释：元代无名氏《普天乐·嘲风情》写道:“姐姐每钻冰取火，婆婆每指山卖磨，哥哥每担雪填河。”

示例：明代徐复祚《红梨记》第十七出“潜窥”:“则怕他指山卖磨，见雀张罗。”

亦作“**指山卖柴**”。当代二月河《雍正皇帝》第一卷《九王夺嫡》第七回“志相投酒楼共欢饮　买考题试官用心机”:“我早就听人说过，京城里有那么一些

专吃考生饭的江湖骗子。他们在开场前用算命做幌子，出卖考题，诈骗钱财。老实说，这种指山卖柴的事我们见得多了，你怎么让我们相信你呢？”

图财致命

释义：图谋钱财，致人死命。

出处：元代岳伯川《吕洞宾度铁拐李岳》第一折：“这一管扭曲作直取状笔，更狠似图财致命杀人刀。”

语译：这一管扭曲事实的写状纸的笔，比谋财害命的杀人刀更狠。

注释：元代孟汉卿在《张平叔智勘魔合罗》第四折写道：“怎把走村串疃货郎儿，屈勘做了图财致命杀人贼？”关汉卿在《钱大尹智勘绯衣梦》第二折写道：“这小厮怀冤挟仇，越墙而过，图财致命，杀了我家梅香。”二人与岳伯川是同时期的杂剧作家。

示例：明代兰陵笑笑生《金瓶梅词话》第四十七回“王六儿说事图财　西门庆受赃枉法”：“你两个贼人，专一积年在江河中，假以舟楫装载为名，实是劫帮凿漏，邀截客旅，图财致命。”

亦作“**谋财害命**”。现代鲁迅《门外文谈》：“无端的空耗别人的时间，其实是无异于谋财害命的。”

亦作“**图财害命**”。清代郭小亭《济公全传》第四十五回“华云龙气走西川　镇八方义结英雄”：“话说知县看罢和尚写的单子，这才问汤二：‘你说包袱是你的，你说里面都是什么东西？你要说对了，把包袱给你，你若说不对，我要办你图财害命。’”

亦作“**图财谋命**”。清代清凉道人《听雨轩笔记·开化案》：“顺治间，山左张公立山宰开化，有木子雄者，以图财谋命，拟大辟，已定案待决矣。”

一还一报

释义：指做的事都会有因果报应。

出处：元代岳伯川《吕洞宾度铁拐李岳》第一折："不是我千错万错，大刚来一还一报。"

注释：大刚来：大概。元代关汉卿《哭存孝第四折》写道："把这厮绑了，五车裂了，可与俺李存孝一还一报。"石子章《竹坞听琴》第四折写道："我着你记着，想着，不会忘了。常言道一还一报。"尚仲贤《尉迟恭三夺槊》第二折："这些腌臜病，都是俺业上遭，也是俺杀人多，一还一报。"纪君祥《赵氏孤儿》第四折："谁着你使英雄忒使过，做冤仇能做毒，少不的一还一报无虚误。"四人与岳伯川是同时期的杂剧作家。

示例：清代曹雪芹《红楼梦》第十九回"情切切良宵花解语　意绵绵静日玉生香"："黛玉听了笑道：'阿弥陀佛。到底是我的好姐姐。你一般也遇见对子了。可知一还一报，不爽不错的。'"

亦作**"一报还一报"**。明代李梅实《精忠旗》第十六折"北朝复地"："身在南朝作大臣，反教北将害南人。到头一报还一报，远在儿孙近在身。"

钻天入地

释义：形容有办法，神通广大。

出处：元代岳伯川《吕洞宾度铁拐李岳》第一折："我直着他典了衣卖了马，方见俺心似铁笔如刀，饶他便会钻天能入地，怎当俺拿住脚放头稍。"

语译：我直接治得他典当了衣服，买了马，这才能显示俺心似铁笔如刀，任凭他会钻天能入地，怎奈我拿住他的脚，抓住他的头发，将他放翻在地。

示例：明代吴承恩《西游记》第三十二回“平顶山功曹传信 莲花洞木母逢灾”：“他是个钻天入地，斧砍火烧，下油锅都不怕的好汉。”

埋头财主

释义：旧指不出名的富翁。

出处：元代岳伯川《吕洞宾度铁拐李岳》第一折：“他是埋头财主，我回哥哥话去。”

示例：当代湘女《驿路传奇》：“一种是茅道，路迹隐蔽，纷纭繁杂，上不沾天下不着地，左不靠村右不挨店，马帮如独行侠，来无影去无踪，赚了钱成埋头财主或遇了险成孤魂野鬼也没人知晓。”

两泪涟涟

释义：形容不断流泪的样子。

出处：元代岳伯川《吕洞宾度铁拐李岳》第二折：“浇奠罢守定灵床哭少年，则落的两泪涟涟。”

注释：浇奠：将酒洒在地上，祭奠死者或神明。元代关汉卿《感天动地窦娥冤》第三折写道：“地也，你不分好歹何为地？天也，你错勘贤愚枉做天！哎，只落得两泪涟涟。”杨显之《临江驿潇湘秋夜雨》第四折写道：“我只见雨淋淋写出潇湘景，更和这云淡淡妆成水墨天。只落的两泪涟涟。”李直夫《便宜行事虎头牌》第二折：“不是我絮絮叨叨，咶咶煎煎，两泪涟涟，霍不了我心头怨，趁不了我平生愿。”三人与岳伯川是同时期的杂剧作家。

示例：当代高万飞等辑录《陕北传统民歌·榆林小曲·小尼姑》：“四更里小尼姑两泪涟涟，一霎时天将明月儿坠西。”

迎奸卖俏

释义： 指卖弄风情，诱人行奸。

出处： 元代岳伯川《吕洞宾度铁拐李岳》第二折："怕有一等迎奸卖俏俊官员，打一付金头面，早忘了守三年。"

语译： 怕有一些卖弄风情、诱人行奸的俊俏官员，打一副金首饰赠送，就很快忘了要为丈夫守节三年。

示例： 明代康海《王兰卿贞烈传》第三折："怎受的小儿曹出乖弄丑，苫眼铺眉，迎奸卖俏，点醋尝醯。"

亦作 **"卖俏行奸"**。元代李潜夫《包待制智勘灰阑记》第四折："只为赵令史卖俏行奸，张海棠负屈衔冤，是老夫灰阑为记，判断出情理昭然。"

亦作 **"卖俏营奸"**。明代兰陵笑笑生《金瓶梅》第七十二回"潘金莲抠打如意儿　王三官义拜西门庆"："从来男女不通酬，卖俏营奸真可羞。"

坚心守志

释义： 坚守节操、志向。旧时指女子不再改嫁。

出处： 元代岳伯川《吕洞宾度铁拐李岳》第二折："孔目也，我坚心守志，怎生肯嫁别人？"

示例： 当代梁守锵、孙鹏译法国孟德斯鸠《波斯人信札》："但是，当我看到我的真诚率直为我树了敌人，我引起了大臣们对我的妒忌而并没有博得君主的宠信，在一个腐化的宫廷中，我只能靠薄弱的德行坚心守志，于是我便决定离开这个宫廷。"

亦作 **"坚心定志"**。明代杨尔曾《韩湘子全传》第四回"洒金桥钟吕现

形　睡虎山韩湘学道”：“两师道：‘这是理势使然，谚云“夫妻本是同林鸟，大难来时各自飞”，何况师徒乎？汝只坚心定志，我们自来度汝。’”

妻儿老小

释义：指父、母、妻、子等全家人。

出处：元代岳伯川《吕洞宾度铁拐李岳》第三折：“我当初做吏人时，挣将来的东西，妻儿老小都受用了。”

示例：明代梁辰鱼《浣纱记》第二十八出“见王”：“你一向远出，可速与妻儿老小相聚。”

杀生害命

释义：杀害生命。

出处：元代岳伯川《吕洞宾度铁拐李岳》第三折：“我想这做屠户的，虽是杀生害命，还强似俺做吏人的瞒心昧己，欺天害人也。”

示例：明代冯梦龙《警世通言》第二十八卷《白娘子永镇雷峰塔》：“白娘子答道：‘禅师，我是一条大蟒蛇，因为风雨大作，来到西湖上安身，同青青一处。不想遇着许宣，春心荡漾，按纳不住，一时冒犯天条，却不曾杀生害命，望禅师慈悲则个！’”

改是成非

释义：把正确的改成错误的。多指颠倒是非。

出处：元代岳伯川《吕洞宾度铁拐李岳》第三折：“俺请受了人几文钱改

是成非，似这般所为，碜可可的活取民心髓。”

注释：碜可可：形容凄惨可怕的样子。

示例：当代向达《蛮书校注》：“四库馆臣不察，据《新唐书》之误，改是成非，兹为改正。”

一丝两气

释义：形容人喘不上气或将要断气的样子。

出处：元代岳伯川《吕洞宾度铁拐李岳》第三折：“我才离了三朝五日，儿也，这其间哭的你一丝两气。”

示例：明代施耐庵《水浒传》第五十二回“李逵打死殷天锡　柴进失陷高唐州”：“柴进自径入卧房里来，看视那叔叔柴皇城时，但见：面如金纸，体似枯柴。悠悠无七魄三魂，细细只一丝两气。”

亦作**“一丝没两气”**。明代施耐庵《水浒传》第二十五回“王婆计啜西门庆　淫妇药鸩武大郎”：“那妇人却踅将归来，到楼上看武大时，一丝没两气，看看待死，那妇人坐在床边假哭。”

亦作**“一丝两缕”**。清代夏敬渠《野叟曝言》第五十六回“大话招殃丑生员扮出跪池陈慥　老羞成怒风太监学做刺股苏秦”：“这信一传出去，真如火上浇油，任夫人哭得一丝两缕，只存一口气儿。”

亦作**“丝丝两气”**。清代西周生《醒世姻缘传》第十七回“病疟汉心虚见鬼　黩货吏褫职还乡”：“晁夫人一个儿子丝丝两气的病在床上，一个丈夫不日又要去坐天牢。”

大院深宅

释义：房屋众多，庭院深广。多指富贵人家的住宅。

出处：元代岳伯川《吕洞宾度铁拐李岳》第四折：“大院深宅，闲杂人赶离门外。”

注释：元代石君宝《诸宫调风月紫云亭》第二折写道：“不比咱那泼街衢妓馆画楼西，这的是好人家大院深宅内。”白朴《裴少俊墙头马上》第二折写道：“咱这大院深宅，幽砌闲阶，不比操琴堂、沽酒舍、看书斋。”戴善夫《陶学士醉写风光好》第二折写道：“我想这歌台舞袖风流相，怎如大院深宅窈窕娘。”张国宾《相国寺公孙合汗衫》第二折写道：“天那！将我铜斗儿般大院深宅，苦也啰，苦也啰，可怎生烧的来剩不下些根椽片瓦。”四人与岳伯川是同时期的戏曲作家。

示例：当代姚兵《挖掘古村古镇文化价值，推动民族建筑的保护工作——在全国民族建筑研究会年会上的讲话》：“这些古村古镇留下了许多文化活动的遗迹，包括学宫坛庙、塔寺楼阁、亭台风景、先人题刻以及许多名人故居、大院深宅，都能印证历史上发生的事件和许多动人的故事。”

亦作**“深宅大院”**。元代曾瑞卿《王月英元夜留鞋记》第三折：“相公你怀揣着明镜掌刑罚，断王事不曾差。我本是深宅大院好人家，说甚郭华？”

亦作**“深宅广院”**。当代施敏华主编《福州导游手册》：“因为中华民族是一个喜欢红色的民族，所以门也漆上红颜色。但是也有人对红颜色有意见，特别是杜甫老先生的名句‘朱门酒肉臭’中的‘朱门’，就是指这种门。也许是由此考虑，北方一些深宅广院的门，便换上黑漆漆的大门。”

劳劳嚷嚷

释义：纷扰，忙乱，劳碌。

出处：元代岳伯川《吕洞宾度铁拐李岳》第四折："有德行的吾师恰到来，我这里掂脚舒腰拜。好着我慌慌乱乱，劳劳嚷嚷，怨怨哀哀。"

注释：着：使，令，让。

示例：明代李贽《和韵十首》（其五）："饥不吃饭困不眠，劳劳嚷嚷共参禅。世人尽作奇特想，欲就空中觅佛仙。"

亦作**"劳劳攘攘"**。南宋朱熹《朱子语类》卷第二十四："要做个直截世界，做个没人情底所为。你才犯我法便死，更不有许多劳劳攘攘。如议亲、议贤、议能、议功之类，皆不消如此，只是白直做去。"

亦作**"劳劳穰穰"**。元代宫天挺《严子陵垂钓七里滩》第一折："则咱这醉眼觑日月，不来来往往；则咱这醉眼觑富贵，不劳劳穰穰。"

亦作**"穰穰劳劳"**。元代王爱山《水仙子·怨别离》（十首其五）："眼睁睁盼不得他来到，陈抟也睡不着，空教人穰穰劳劳。"

汗马功劳

释义：比喻付出的心血劳苦与做出的功绩。

出处：元代王实甫《四丞相歌舞丽春堂》第四折："圣人见怒，将俺丞相汗马功劳一旦忘了，贬在济南府闲住。"

注释：元代李寿卿《说鱄诸伍员吹箫》第一折写道："你今诈传平公之命，宣那伍员去，则说是临潼斗宝之后，多有汗马功劳，宣你入朝为相，出朝为将。"李寿卿与王实甫是同时期的戏曲作家。

示例：清代李伯元《官场现形记》第十二回“设陷阱借刀杀人　割靴腰隔船吃醋”：“就是营、哨各官，也都是当时立过汗马功劳。”

亦作“**汗马之劳**”。《韩非子·五蠹》：“弃私家之事，而必汗马之劳。”

亦作“**汗马之功**”。北宋黄庭坚《与王子予书》：“要须心地收汗马之功，读书乃有味。”

释义：烦闷的心情，倦怠的眼睛。形容颓丧低沉的情绪。

出处：元代王实甫《四丞相歌舞丽春堂》第三折：“闲对着绿树青山，消遣我烦心倦目，潜入那水国渔乡，早跳出龙潭虎窟。”

注释：《四丞相歌舞丽春堂》剧情是：金朝右丞相完颜乐善因殴打李圭，被贬到济南闲居，终日游山玩水。后来草寇作乱，朝廷拟起用乐善征剿，将其召回京城，草寇闻风投降，乐善官复原职，与李圭也重修旧好，于是在丽春堂饮酒庆贺。

示例：徐国胜译、（英）露西·英格里斯著《乔治时代的伦敦：探寻城市街道里的生活》：“1598 年，历史学家约翰·斯托（John Stow）写道，伦敦城外的‘一座座小毛坯房真让人烦心倦目’，还写道，那里的‘外乡人’比比皆是。”

龙潭虎窟

释义：比喻极其凶险之处。

出处：同上。

示例：明代施耐庵《水浒传》第九十四回“关胜义降三将　李逵莽陷众人”：“任你英雄好汉，不能插翅飞腾。你便火首金刚，怎逃地网天罗；八臂哪吒，难脱龙潭虎窟。”

亦作“**龙渊虎穴**”。北宋彭汝砺《送池须文长官》：“龙渊虎穴少穷探，老大生涯一剑镡。”

亦作“**龙潭虎穴**”。明代施耐庵《水浒传》第六十回“公孙胜芒砀山降魔　晁天王曾头市中箭”：“吴用不慌不忙，叠两个指头，说出这段计来。有分教：卢俊义撇却锦簇珠围，来试龙潭虎穴。”

亦作“**龙潭虎寨**”。清代丘园《党人碑》第十出：“苍天若念寒儒辈，当脱离龙潭虎寨。”

春风一度

释义：比喻领略一番美好的境界和情趣，亦指男女一番合欢。

出处：元代王实甫《四丞相歌舞丽春堂》第三折：“到今日身无所如，想天公也有安排我处，可不道吕望严陵自千古，这便算得我春风一度。”

注释：此语原义为一年一度美好而易逝的春天。南宋陈德武《惜余春慢·忆海棠》：“别离间、陡觉春风一度，电光惊目。”吕望：姜姓，吕氏，名尚或望，字子牙，商末周初人，后世称姜尚、姜子牙、吕尚、吕望等。吕望博闻多谋，处殷商末世，不得志，垂钓于渭水之阳，后遇文王，辅周灭殷。严陵：严光，字子陵，省称严陵。东汉会稽余姚人。少曾与汉光武帝刘秀同游学。刘秀即帝位后，授谏议大夫，不受，隐于富春山。

示例：清代蒲松龄《聊斋志异·荷花三娘子》：“诘其姓氏，曰：‘春风一度，即别东西，何劳审究，岂将留名字作贞坊耶？’”

旧荣新辱

释义：从前的荣耀和现在的耻辱，形容人生无常。

出处：元代王实甫《四丞相歌舞丽春堂》第三折："水声山色两模糊，闲看云来去。则我怨结愁肠对谁诉？自踌躇。想这场烦恼都也由咱取。感今怀古，旧荣新辱。都装入酒葫芦。"

示例：当代陆源《夜轮》："我这位性情大变的朋友拿出一套散发酒香的萤石杯碗，招待他亲自挑选的访客。旧荣新辱男人已不再挂怀。"

追欢作乐

释义：寻求欢悦，设法取乐。

出处：元代王实甫《四丞相歌舞丽春堂》第三折："琼英，你到那里，好生追欢作乐，务要丞相欢喜。"

示例：明代罗贯中《三国演义》第一百十九回"假投降巧计成虚话　再受禅依样画葫芦"："后人有诗叹曰：'追欢作乐笑颜开，不念危亡半点哀。快乐异乡忘故国，方知后主是庸才。'"

亦作**"追欢取乐"**。南宋无名氏《宣和遗事（前集）》："且说世人遇这四季，尚能及时行乐；何况徽宗是个风流快活的官家，目见帝都景致，怎不追欢取乐！"

亦作**"寻欢作乐"**。清代曾朴《孽海花》第三十回"白水滩名伶掷帽　青阳港好鸟离笼"："况一挂上人家的假招牌，便有许多面子来拘束你，使你不得不藏头露尾。寻欢作乐，如何能称心适意？"

画阁兰堂

释义：形容华丽而有香气的屋子。

出处：元代王实甫《四丞相歌舞丽春堂》第三折："想老丞相在京时，那般画阁兰堂，锦茵绣褥，香车宝马，歌儿舞女，那般受用快活。今日在此闲居，索是忧闷也。"

注释：元代尚仲贤《洞庭湖柳毅传书》第四折写道："向画阁兰堂，描写在流苏帐。"刘唐卿《降桑椹蔡顺奉母》第一折写道："俺可便离了画阁兰堂，举步登途道。"二人与王实甫是同时期的戏曲作家。

元代无名氏《孟德耀举案齐眉》第四折写道："赶离了画阁兰堂，锦裀绣褥，珠围翠绕，赶得我无处厮归着。"无名氏《玉清庵错送鸳鸯被》写道："往常我在画阁兰堂，牙床翠屏，烛暗银台，香焚宝鼎，百色衣冠，诸般器皿。"无名氏《斗鹌鹑・忆别》写道："冷落了流苏绣幕，萧疏了画阁兰堂，寂寞了锦帐罗帏。"

示例：元末明初汤舜民《沉醉东风・梦后书》："苇子帘，梅花帐，抵多少画阁兰堂。"

亦作**"画阁朱楼"**。唐代王维《洛阳女儿行》："画阁朱楼尽相望，红桃绿柳垂檐向。"

锦茵绣褥

释义：形容坐卧处铺设豪华。

出处：同上。

示例：明代无名氏《后西游记》第二回"旁参无正道　归来得真师"："谁想茸茸细草，就像锦茵绣褥一般，十分温软。小石猴坐在上面，甚是快活。"

亦作**“锦衾绣褥”**。元代王晔、朱凯《折桂令·答》:“月枕云窗，锦衾绣褥，柳户花门。”

清闲自在

释义：清静悠闲，无拘无束。

出处：元代王实甫《四丞相歌舞丽春堂》第四折：“老夫自谪济南歇马，倒也清闲自在。”

示例：明代冯梦龙《喻世明言》第十四卷《陈希夷四辞朝命》:“却不知日里忙忙做事的，精神散乱，昼之所思，夜之所梦，连睡去的魂魄，都是忙的，那得清闲自在？”

亦作**“安闲自在”**。明代周清源《西湖二集》第十六卷《月下老错配本属前缘》:“若嫁了这样丈夫，不如嫦娥孤睡独宿，多少安闲自在。”

亦作**“优闲自在”**。当代陈炎《张一凡教授在遂溪》:“现在，他虽然已年逾古稀，但仍然勤奋地为人民工作，不愿意过着优闲自在的晚年生活。”

亦作**“悠闲自在”**。明代冯梦龙《警世通言》第十八卷《老门生三世报恩》:“旁人看见，都猜道这位老相公，不知是送儿子孙儿进场的？事外之人，好不悠闲自在！”

亦作**“清闲自得”**。清俞廷举《贺外叔刘敬亭育子文》:“谢幼舆之一丘一壑，潇洒无羁；种明逸之半酒半琴，清闲自得。”

亦作**“清闲自适”**。清代杨振镐《清淡先生赋(以先生不知何许人也为韵)》:“托身蔬圃，寄迹瓜田。清闲自适，淡泊为缘。”

亲朋密友

释义：关系深的亲戚，感情好的朋友。

出处：元代刘敏中《念奴娇·自述呈知己时小有言》："美景良辰，亲朋密友，有酒何妨醉。高歌一曲，二三知己知彼。"

注释：刘敏中（1243—1318），字端甫，号中庵，元代章丘（今济南市章丘区）人，累迁至翰林学士承旨。卒后赠光禄大夫，追封齐国公，谥号"文简"。元代著名政治家、文学家，著有《中庵集》。

示例：当代黄昱宁《柯南·道尔的诅咒》："亲朋密友均可作证，格林临终前的情绪，确实不胜凄惶，窥得见万念俱灰的征兆。"

亦作**"至亲好友"**。明代凌濛初《初刻拍案惊奇》卷五"感神媒张德容遇虎　凑吉日裴越客乘龙"："就中有引礼、赞礼之人，叫做'傧相'，都不是以下人做，都是至亲好友中间，有礼度熟闲、仪容出众、声音响亮的，众人就推举他做了。"

亦作**"亲朋好友"**。当代鞠强《家庭管理心理学》："'升米恩，斗米仇'是广泛存在的心理现象，特别是在亲朋好友之间发生较多。"

知己知彼

释义：彼此相知而情谊深切的人。同"知己"。

出处：同上。

注释：此语源自春秋时期《孙子兵法》，原意是对敌我双方的情况都了解认识得透彻，后泛指对己方和对方的情况都很清楚。

示例：当代陈毓《看星星的人》："现在她们相信有几个知己知彼、惺惺相

惜的女友，比追逐男人可靠。”

轩车驷马

释义：轩车：有帷幕的马车，古代大夫以上所乘。旧时形容有权势的人出行时的阔绰场面。也形容显达富贵。

出处：元代刘敏中《南乡子·贺于冶泉尚书有子》：“千古一高门。不断轩车驷马尘。五色凤毛新照眼，惊人。气压喧啾百鸟群。”

注释：元代戴善甫《陶学士醉写风光好》第四折写道：“秦弱兰，陶学士为你回不的汴京，你两口儿且在我杭州居住。等我朝京，见了大宋主人奏过，还着陶学士复旧职。那其间驷马轩车，五花官诰，都是你的。”戴善甫与刘敏中是同时期的作家。

示例：明代孟称舜《英雄成败》第四折：“枉受了宫袍绛纱，枉驾着轩车驷马。俺看满朝中文和武，倒不如陆家的黄犬犹知恋主家。”

亦作**“高车驷马”**。北宋欧阳修《相州昼锦堂记》：“一旦高车驷马，旗旄导前，而骑卒拥后，夹道之人相与骈肩累迹，瞻望咨嗟，而所谓庸夫愚妇者，奔走骇汗，羞愧俯伏，以自悔罪于车尘马足之间。”

亦作**“驷马高盖”**。《南史·隐逸传上·渔父》：“吾闻黄金白璧，重利也；驷马高盖，荣势也。”

郢人斫垩

释义：《庄子·徐无鬼》载，名叫石的匠人挥斧削去郢（楚国都城）人涂在鼻端的白粉，而不伤其人。比喻技艺纯熟高超。

出处：元代刘敏中《最高楼》：“郢人斫垩元无迹，仙家种玉不论畦。”

示例：当代曾思艺《外国名诗鉴赏》：“此诗举重若轻、技巧圆熟，恰似庖丁解牛，游刃有余，又如郢人斫垩，运斤成风，不愧为大师的扛鼎之作。”

奋勇争先

释义：鼓起勇气，冲在最前面。

出处：元代刘敏中《平宋录》卷中：“丞相怒，叱帐前诸军奋勇争先，登木城，即竖丞相红帜于城上，四面并进，宋兵大溃。”

注释：木城：安放在城墙外的木制的守城设施。

示例：清代李率泰《为闽安大捷与浙省告警事揭帖》：“我兵竭力效命，不避炮石，奋勇争先，攻克闽安，斩获溺海者莫数。”

亦作“**奋勇当先**”。元代关汉卿《邓夫人苦痛哭存孝》第二折：“更有俺五百义儿家将，都要的奋勇当先，相持对垒。”

亦作“**敢勇当先**”。元代关汉卿《关大王独赴单刀会》第四折：“大丈夫敢勇当先，一人拼命，万夫难当。”

亦作“**致勇当先**”。南宋李心传《建炎以来系年要录》卷八十三：“敌马近在淮甸，而将士致勇争先，至于诸路守臣亦翕然自效。”

卓异不凡

释义：指才德、品行、格调等出类拔萃，与众不同。

出处：《元史·刘敏中传》：“刘敏中，字端甫，济南章丘人，幼卓异不凡。”

示例：当代莫砺锋、童强《杜甫传》：“他称颂李白情思飘然流宕、卓异不凡，称赞他的诗歌已经达到了‘无敌’的境界。”

亦作“**卓荦不凡**”。清代黄世仲《洪秀全演义》第十五回“胡林翼冷笑掷兵书　曾国藩遵旨兴团练”：“君家兄弟皆卓荦不凡，正合用着，寻人实在不难。”

亦作“**卓尔不群**”。《汉书·景十三王传赞》：“夫唯大雅，卓尔不群，河间献王近之矣。”

亦作“**卓尔不凡**”。当代许宏泉《戴本孝评传》：“但作为一名遗民诗人，戴本孝的诗涉猎广泛，更有卓尔不凡的关于绘画观念的阐释，故应当引起后世研究者的关注。”

亦作“**卓尔出群**”。南朝陈代陈叔宝《与詹事江总书》：“晚生后学，匪无墙面，卓尔出群，斯人而已。”

亦作“**卓逸不群**”。东汉蔡邕《与何进书荐边让》：“才艺言行，卓逸不群。”

亦作“**卓然不群**”。《后汉书·刘虞传论》：“自帝室王公之胄，皆生长脂腴，不知稼穑，其能厉行饬身，卓然不群者，或未闻焉。”

亦作“**卓荦不群**”。清代黄宗羲《翰林院庶吉士子——魏先生墓志铭》：“子一风神杰出，少受学于子敬，卓荦不群。”

亦作“**卓乎不群**”。金代王若虚《揖翠轩赋》：“意其劲挺坚确，卓乎不群，举世皆怯而我独勇，众人既屈而我独伸。”

优游少断

释义：指遇事犹豫，不果断。

出处：《元史·李之绍传》：“之绍平日自以其性遇事优游少断，故号‘果斋’以自励。”

注释：李之绍（1253—1326），字伯宗，号果斋，元代平阴（今济南市平阴县榆山街道老博士村）人。历任翰林国史院编修官、太常博士、翰林待制、国子祭酒、翰林直学士、翰林侍讲学士。

示例：清代李渔《鱼篮记》第七出“忠谋”：“缘是邦家多故，决策鲜成，志切除奸，协恭未许。以致优游少断，人事不谐，如何是好？”

亦作“**柔懦寡断**”。北宋释文莹《玉壶清话·边镐》卷二：“后嗣主爱其博雅，累用之，然而柔懦寡断，惟好释氏。”

亦作“**优游不断**”。《汉书·元帝纪赞》：“而上牵制文义，优游不断，孝宣之业衰焉。"

亦作**"优柔不断"**。南宋洪迈《容斋续笔》卷九"贡薛韦匡"："《汉元帝纪赞》云：'贡、薛、韦、匡，迭为宰相。'谓贡禹、薛广德、韦玄成、匡衡也。四人皆握娖白好，当优柔不断之朝，无所规救。"

亦作**"优柔寡断"**。清代李宝嘉《官场现形记》第十二回"设陷阱借刀杀人　割靴腰隔船吃醋"："戴大理道：'客气。这位胡统领最是小胆，凡百事情，优柔寡断。你在他手下办事，只可以独断独行。倘若都要请教过他再做，那是一百年也不会成功的。'"

亦作**"优柔失断"**。《旧唐书·高祖纪论》："然而优柔失断，浸润得行，诛文静则议法不从，酬裴寂则曲恩太过。"

亦作**"优柔无断"**。南宋《胡仔苕溪渔隐丛话》后集卷二十："观此语意，疑若优柔无断者。"

惹祸招灾

释义：招引来灾祸、麻烦。

出处：元代张养浩《普天乐》："莫刚直，休豪迈，于身无益，惹祸招灾。"

注释：张养浩（1270—1329），字希孟，号云庄，济南人，元代著名政治家、文学家。官至礼部尚书，参议中书省事，后为避祸弃官归隐。文宗天历二年（1329）关中大旱，应召出任陕西行台中丞，全力赈灾，积劳病卒。赠摅诚宣惠功臣、荣禄大夫、陕西等处行中书省平章政事、柱国，追封滨国公，谥号"文忠"。著有《归田类稿》《三事忠告》《云庄休居自适小乐府》。

示例：清代郭小亭《济公全传》第二百三十一回"说灯谜戏耍宗印　圣罗汉驾离灵隐"："济公哈哈只笑，说：'出家人讲究一尘不染，四大皆空。你等说那是宝物，要我看那是无用之物。只可惹祸招灾，不能长生不老。'"

亦作**"惹祸招殃"**。元代无名氏《汉钟离度脱蓝采和》第三折："金陵故国，本是吾乡，数遍到此，曾谏李王。李王不听，只恐怕惹祸招殃。"

亦作**“惹祸招愆”**。元代关汉卿《普天乐·崔张十六事·夫妇团圆》：“郑恒枉自胡来缠，空落得惹祸招愆。”

亦作**“惹灾招祸”**。元代尚仲贤《汉高皇濯足气英布》第一折：“非是咱起风波，都自己惹灾招祸。”

亦作**“招灾揽祸”**。清代明教中人《好逑传》第一回“省凤城侠怜鸳侣苦”：“老官儿道：‘怎的没影响，怎的没人看见？只是他的对头厉害，谁敢多嘴，管这闲事，去招灾揽祸？’”

誓不两立

释义：发誓决不同对方并存。

出处：元代张养浩《拟唐河东节度使李克用破黄巢露布》：“期欲一平，誓不两立。”

语译：期望一举荡平，立誓绝不并存。

示例：明代罗贯中《三国演义》第四十四回“孔明用智激周瑜　孙权决计破曹操”：“瑜曰：‘吾与老贼誓不两立！’”

信口开喝

释义：随口乱说。开喝：宋元时戏曲演出的一种表演程式，后发展为正式演出前，由一位演员先到前台招呼观众，夸说演出大意。多写作“开呵”。

出处：元代张养浩《新水令·辞官》：“非是俺全身远害，免教人信口开喝。”

亦作**“信口开呵”**。元代尚仲贤《汉高皇濯足气英布》第一折：“你待要着死撞活，将功折过，你休那里信口开呵！”

亦作**“信口开合”**。元代关汉卿《包待制智斩鲁斋郎》第四折：“你休只管信口开合，絮絮聒聒。”

亦作**"信口开河"**。清代曹雪芹《红楼梦》第三十九回"村姥姥是信口开河 情哥哥偏寻根究底"。

亦作**"顺口开河"**。清代石玉昆《七侠五义》第十回"买猪首书生遭横祸 扮化子勇士获贼人":"四爷忽然省悟，自己笑道:'我原来是私访，为何顺口开河？好不是东西。快些走罢！'"

烟消云散

释义：比喻事物、情绪等消失得干干净净。

出处：元代张养浩《天净沙》:"年时尚觉平安，今年陡恁衰残。更着十年试看，烟消云散，一杯谁共歌欢？"

注释：陡恁：突然这样。

示例：当代柳青《创业史》:"生宝紧张的心情，被县委副书记这一番笑谈，一下子冲得烟消云散了。"

夸强说会

释义：夸耀自己有能力、有本事。

出处：元代张养浩《朱履曲》:"休只爱夸强说会，少不得直做得贴骨粘皮。"

注释：元代无名氏《水仙子》写道:"由你待夸强说会，我则待随高就低，厌厌的日早平西。"

示例：明代朱权《冲漠子》第二折:"你划地敢伶牙利嘴，夸强说会，使不着你唬鬼瞒神。"

亦作**"夸能说会"**。明代施耐庵《水浒传》第六十四"呼延灼月夜赚关胜 宋公明雪天擒索超":"且说水寨内头领船火儿张横，与兄弟浪里白条张顺当时议定：‘我和你弟兄两个，自来寨中，不曾建功。只看着别人夸能说会，倒受他气。’”

亦作**“夸强道会”**。当代刘克宽《弱者的尊严》：“一味地扶强恃强，使有些所谓的强者最后被捧得忘乎所以，不屑于或者说再也没有心思去静下心来做好自己的本职工作，弄不好还会造成争名夺利的不正常心态，使夸强道会、强食靡角的风气盛行。”

贴骨粘皮

释义：形容言行纠缠牵扯，不干脆，不爽利。

出处：同上。

亦作**“粘皮带骨”**。南宋黎靖德编《朱子语类》卷八十一“破斧”：“不是圣人之徒，便是盗贼之徒。此语大概是如此，不必恁粘皮带骨看。”

亦作**“粘皮著骨”**。南宋朱熹《朱子全书》第十八卷“善人为邦章”：“其深浅在人，不必恁地粘皮著骨去说。”

离乡背土

释义：离开家乡到外地。

出处：元代张浩养《一枝花·咏喜雨》：“恨流民尚在途，留不住都弃业抛家，当不得也离乡背土。”

注释：当不得：禁不住。

亦作**“离乡别井”**。现代许地山《女国士》：“唉，你看我底病一天沉重似一天，今天勉强可以起来，明天怎样，就说不准，我怎能让驴哥离乡别井，远道从军呢？”

亦作**“离乡别土”**。唐代元稹《花栽二首》（其一）：“买得山花一两栽，离乡别土易摧颓。”

亦作**“背井离乡”**。元代马致远《破幽梦孤雁汉宫秋》第三折：“背井离乡，卧雪眠霜。”

亦作**“背乡离井”**。清代李渔《巧团员》第三出“议赘”：“老夫做了二十年仕宦，万一遇见贼徒，岂能幸免？所以背乡离井，寄迹他方。”

铺翠描金

释义：用翠羽装饰，金粉描绘。形容景色华美鲜丽。

出处：元代张养浩《殿前欢·登会波楼》：“四围山，会波楼上倚阑干。大明湖铺翠描金间。”

示例：当代孔宪雷《千佛山揽胜》：“千佛山东西横列，嶂列如屏，铺翠描金，风景秀丽。”

亦作**“铺翠销金”**。《宋会要辑稿·刑法二》：“今后不得采捕翡翠，并造作铺翠销金为首饰、衣服，及造贴金、缕金、间金、圈金、剔金、陷金、解金、明金、泥金、楞金、背金、影金、盘金、织金、线金、铺蒙金、描金、捻金线、真金纸。”

放眼乾坤

释义：放开眼界，纵观天地之间。

出处：元代张养浩《过李溉之天心亭》（二首其二）：“放眼乾坤独倚栏，古今如梦水云间。”

示例：清代周际华《和穆鹤舫大司空登泰山原韵二律》（其一）：“苍茫一色快登临，放眼乾坤慰夙心。”

亦作**“放眼天地”**。当代柯岩《呵，春天！》：“哦，春天，我的春天！如今你已是这样，红满枝头，绿遍青山，放眼天地，春光无限。”

亦作**“放眼天下”**。当代李华编著《宋词三百首详注》：“最后勉励友人放眼天下，胸怀古今，不要为离别而忧伤。”

心专志确

释义：用心专一，志向坚定。

出处：元代张养浩《送李溉之序》：“夫圣人之道，闳远高妙，愈求而愈无穷，非心专志确未易致之。”

示例：当代薛祥生《张养浩及其著作研究》：“这话虽是教导李溉之回乡后要勉力于学的，但也从一个侧面透露出张养浩青少年时代老师教导他心专志确，发愤力学的情况。”

亦作**“心专志一”**。当代阎崇年《良师益友话读书》：“有人做过调查和统计，心专志一的科学家、艺术家比一般人高寿。要读书，必心静。”

亦作**“心专志凝”**。明代江盈科《将臣》：“治边如家，恤士卒如子，御虏如御其家庭之寇，心专志凝，疆宇有所恃以无恐。”

亦作**“心专志坚”**。当代杨丙安编著《善的启示——中国古代名人道德轶事》“勤苦向学篇·小引”：“他去泰山求学，一坐十年不归，收到家书，见其中有‘平安’二字，就投之涧中，其心专志坚之状，实所罕见。”

亦作**“心专志固”**。现代谢无量《国民立身训》第二编“力行与勇气”第二章“勇猛精进主义”：“盖其身虽弱，而心专志固，不肯自休，以为吾一自休，即实证我之弱矣。彼之恒言曰：‘执固者，常成事。’”

亦作**“心专志决”**。明代高濂《遵生八笺》卷十七“灵秘丹药笺”：“其法前餐食乌兔之霜，禀和乳经之药，自五月中气，心专志决，如法炼至八月中秋，昼夜劳心，不可辞苦，直候色如桃花，甘美充腴，乃为灵药之成矣。”

亦作**“心专志致”**。现代剑山《孝子复仇》：“继孝固急于复仇，心专志致，半年能舞大刀，下抑上扬，左荡右决，轻如挥扇，易若折枝。”

丈夫双泪不轻弹

释义：男子汉大丈夫不轻易掉眼泪。

出处：元代李泂《夜行船·送友归吴》："丈夫双泪不轻弹，都付酒杯间。"

注释：李泂（1280—1338），字溉之，元代济南人，工诗文，善书法，历任翰林国史院编修、翰林待制、翰林直学士、奎章阁承旨学士。曾参加《经世大典》的修纂，书成后因病辞官返乡。李泂府宅位于大明湖畔，建有"天心水面"亭。大明湖畔超然楼，据明崇祯《历城县志》记载，亦为李泂所建。

亦作**"男儿有泪不轻弹"**。现代金克木《泪》："'男儿有泪不轻弹，只因未到伤心处。'这是昆曲《林冲夜奔》中的台词，好像是出于明朝李开先的《宝剑记》。近来不止一次见到报刊上有人引用。"

亦作**"丈夫有泪不轻弹"**。见后"丈夫有泪不轻弹"条。

瞬息万状

释义：形容变化很多很快。

出处：元代李泂《庐山游记》："瞬息万状，殆不可穷。"

示例：当代舒婷《不要玩熟我们手中的鸟——上海国际笔会的发言稿》："现代艺术的变更期是如此瞬息万状，将使诗人与作品昙花一现。谁都无法一统天下，哪一种流派都无法占据主流，我不知道我们之中谁将被抛弃。"

亦作**"瞬息万变"**。清代曾国藩《复乔松年》："军情瞬息万变，不知果能成此规模否？"

亦作**"瞬息千变"**。清代曾朴《孽海花》第二十四回"愤舆论学士修文　救藩邦名流主战"："大凡交涉的事是瞬息千变的，只看雯兄养疴一个月，国家已经蹙地八百里了。”

亦作“**瞬息百变**”。清代曾国藩《复张运兰》:“军情瞬息百变，阁下但求与鲍军互相援应，不必一一遵札行事也。”

亦作“**一息万变**”。清代李伯元《官场现形记》第十二回“设陷阱借刀杀人 割靴腰隔船吃醋”:“倘若都要请教过他再做，那是一百年也不会成功的。而且军情一息万变，不是可以挨时挨刻的事。”

积劳成疾

释义：因长期过度劳累而得病。

出处：元代张起岩《济南路大都督张公行状》:“以在军旅岁久，积劳成疾，坚乞骸骨以归。”

注释：张起岩（1285—1353），字梦臣，号华峰，晚号华峰真逸，元代济南历城人，世居华不注里。延祐二年（1315）左榜进士，元代第一个汉人状元，历任翰林侍制兼国史院编修官、监察御史、太子右赞善、礼部尚书、参议中书省事、翰林侍讲学士、燕南廉访使、江南行台御史中丞、翰林学士承旨、编修辽金宋三史总裁官、荣禄大夫。一代名臣，著名史学家、文学家，谥号“文穆”。张公：济南路万户兼总管张宏，张荣之孙。参见前“望风披靡”条注释。乞骸骨：古代官吏因年老请求辞职时，言使骸骨得归葬乡土。

示例：清代李汝珍《镜花缘》第九十六回“秉忠诚部下起雄兵 施邪术关前摆毒阵”:“谁知刚过吉期，文伯伯竟在剑南一病不起。及至他们弟兄赶到，延医诊治，奈积劳成疾，诸药不效，竟至去世。”

亦作“**积劳成病**”。明代冯梦龙《东周列国志》第六十九回“楚灵王挟诈灭陈蔡 晏平仲巧辩服荆蛮”:“自夏四月围起，直至冬十一月，公孙归生积劳成病，卧不能起，城中食尽，饿死者居半，守者疲困，不能御敌。”

亦作“**积劳成瘁**”。唐代陆贽《李澄赠司空制》:“带甲临戎，连年野处，积劳成瘁。”

亦作“**积劳致病**”。南宋刘克庄《林韶州墓志铭》：“然君两牧南州，乃密察细谨如常人，待僚佐均兄弟，视民如子，积劳致病，犹日坐铃斋治文书。”

亦作“**积劳致疾**”。清代曾国藩《致李瀚章》：“当军务吃紧之时，而诸君皆不免积劳致疾，殊为气机不顺。”

亦作“**劳积疾生**”。清代袁枚《原任湖北巡抚太常寺少卿程公墓志铭》：“劳积疾生，舌本中穿，渐裂以大。”

天朗气淑

释义：淑：温和怡人。天气晴朗舒适。

出处：元代王恽《游华不注记》：“是日也，天朗气淑，清风徐来，水平不波，鸣丝歌板，响动林谷。”

注释：华不注：山名。亦称华山，位于济南城外东北，山下有湖。

示例：当代谢剑雄《星汇赋》：“落成之日，天朗气淑，桑梓成欢，此为民之所幸，师生之所幸，家国之所幸也。”

亦作“**天朗气清**”。东晋王羲之《兰亭集序》：“是日也，天朗气清，惠风和畅。”

亦作“**天清气爽**”。当代戴临风《羁旅三唱·追凉》：“农历十五，适逢秋节。是夜天清气爽，皎兔高悬。”

明清时期

济南成语汇录

JINAN CHENGYUHUILU

无其伦比

释义：指人物、事物等超出同类之上，没有能与之相比的。

出处：明代朱观熰《海岳灵秀集》："华泉之作虽不逮何、李，然平淡和粹，孝庙以前，海岱之才，无其伦比。"

语译：边贡诗作虽然不如何景明、李梦阳，却有自然平和、纯正质朴的特色。明孝帝弘治年以前，山东的文学才人，没有能与其相比的。

注释：边贡（1476—1532），字廷实，号华泉、华泉子，济南历城人。明弘治九年（1496）进士，历任太常寺丞、卫辉知府、河南提学副使、南京刑部右侍郎、南京户部尚书。著名诗人，时与李梦阳、何景明、徐祯卿并称"四杰"，后人将其与同时代、属于同一文学流派、文学成就较高的李梦阳、何景明、徐祯卿、康海、王九思、王廷相，并称"前七子"。有《边华泉全集》传世。

示例：现代胡先骕《蜀游杂感（续）》："四川以军阀割据，争拥巨兵之故，租税之重，全国无其伦比。"

亦作**"无与伦比"**。《旧唐书·郭子仪传论》："自秦、汉已还，勋力之盛，无与伦比。"

亦作**"无与为比"**。明代冯梦龙《东周列国志》第一百回"鲁仲连不肯帝秦　信陵君窃符救赵"："平原君闻之，谓其夫人曰：'向者吾闻令弟天下豪杰，公子中无与为比。今乃日逐从博徒卖浆者同游，交非其类，恐损名誉！'"

亦作**"无可比伦"**。唐代李翱《卓异记序》："圣唐帝功，瑰特奇伟，前古无可比伦。"

亦作**"无与俦比"**。明代黄省曾《西洋朝贡典录》卷上"三佛齐国第四"："郑三保姿貌材智，内侍中无与俦比。"

亦作**"无有伦比"**。唐代白行简《李娃传》："生，聪敏者也。无何，曲尽其妙，虽长安无有伦比。"

亦作**“未有伦比”**。唐代韩愈《论佛骨表》:“伏惟睿圣文武皇帝陛下，神圣英武，数千百年已来，未有伦比。”

亦作**“莫与为比”**。《南齐书》卷十四“交州”:“外接南夷，宝货所出，山海珍怪，莫与为比。”

买欢追笑

释义：寻欢作乐，多指狎妓饮酒之类。

出处：明代刘天民《仙吕》:“月夕花朝，买欢追笑。”

注释：刘天民（1486—1541），字希尹，号函山，明代济南历城人，正德九年（1514）进士，授户部福建司主事，历任寿州知州、四川按察副使等，后遭罢官。善诗,时人将其与著名诗人边贡、李攀龙并誉为“历下三绝”,有《函山先生集》十卷传世。

示例：当代裴世俊《四海宗盟五十年：钱谦益传》:“他这一支可说是三世单传，人丁不旺。这并没有阻止他平日狎妓，买欢追笑，结交女伶歌儿。”

亦作**“买笑追欢”**。南宋吴自牧《梦粱录》卷十六“酒肆”:“俱有妓女，以待风流才子买笑追欢耳。”

亦作**“买笑寻欢”**。现代欧阳予倩《潘金莲》第二幕:“他仗着有钱有势到这儿来买笑寻欢，他哪儿有什么真情真义？我也不过是拿他解闷儿消遣，一声厌了，马上就散。”

亦作**“买笑迎欢”**。明代施耐庵《水浒传》第八十一回“燕青月夜遇道君　戴宗定计出乐和”:“俺哥哥要见尊颜，非图买笑迎欢，只是久闻娘子遭际今上，以此亲自特来告诉衷曲，指望将替天行道、保国安民之心上达天听，早得招安，免致生灵受苦。”

这山望着那山高

释义：比喻不满足已经得到的，还有更高的欲望。

出处：明代刘天民《仙吕》："今日不知明日事，这山望着那山高。"

示例：清代随缘下士《林兰香》第二十八回"半老佳人学密约　双盲才子赴幽期"："香儿道：'这山望着那山高，有要去的，便随他去。'"

亦作"**这山望见那山高**"。明代冯惟敏《点绛唇·改官谢恩》："常言道今日不知明日事，俺怎肯这山望见那山高？"

亦作"**这山看着那山高**"。清代李光庭《乡言解颐·地部》："若这山看着那山高，畔援歆羡之意也。"

亦作"**这山瞧着那山高**"。现代陆文夫《人过中年话提高》："在这个问题上只能'走自己的路'，扬长避短，发挥优势，不能这山瞧着那山高。"

亦作"**坐这山望那山**"。清代曾国藩《致沅甫九弟》："凡人作一事，便须全副精神注在此一事，首尾不懈，不可见异思迁，做这样想那样，坐这山望那山。人而无恒，终身一无所成。"

触而即发

释义：稍一触动，思想和行动就立即有所反应。

出处：明代李开先《原性堂记》："予方有意，触而即发，不知客何所见，适投其机乎？"

语译：我正有这想法，经客人也如此说，便立即去做，不知客人何以这般识见，刚好与我投机？

注释：李开先（1502—1568），字伯华，号中麓，自称中麓子、中麓山人、

中麓放客。明代章丘绿原村人（今济南市章丘区埠村街道东鹅庄村）人，著名文学家、戏剧家，后人誉之为“词坛之雄将，曲部之异才”。嘉靖初年，与王慎中、唐顺之、熊过、陈束、任瀚、赵时春、吕高，并称“八才子”。嘉靖八年（1529）进士，授户部主事，官至太常寺少卿。嘉靖二十年（1541），罢官归乡，居章丘城（今绣惠街道办事处驻地），建藏书万卷楼，尤多词曲，以“词山曲海”自称。今人辑有《李开先全集》。

示例：当代霍旭东《也谈灵感》：“所以文学家、艺术家进行文艺创作时，需要‘灵感’，但最根本、最关键的还是需要培育所以能够产生‘灵感’的土壤。只有这样，才能‘长期积累’，触而即发，增多‘偶然得之’的机遇。”

亦作**“有触即发”**。明代袁中道《答王章甫》：“但弟之病，实由少年谭无，忌惮学问，纵酒迷花所致。年来血气渐衰，有触即发。”

亦作**“少触即发”**。明代徐学谟《悼往诗序》：“盖是时，山人病脾剧矣，其泄秽狼藉已不可向迩。而狂态滋益，少触即发，由是诸苍头俱走避之。”

亦作**“一触即发”**。清代梁启超《论中国学术思想变迁之大势》第三章“全盛时期”第一节“论周末学术思想勃兴之原因”：“积数千年民族之脑精，递相遗传，递相扩充，其机固有磅礴郁积、一触即发之势。”

亦作**“稍触即发”**。现代阮啸仙《一个奋斗的女子》：“广州那年，学生排货抗警风潮，闹到极了，如箭在弦，稍触即发，有不可收拾的趋势。”

浑然一体

释义：完整自然、不可分割的一个整体。

出处：明代李开先《原性堂记》：“然斯道之在天下，其未形也，固浑然而一体；其既形也，则灿然其殊名。”

语译：然而圣贤之道在于世上，它尚未形成时，原本是不能分解的一个整体，它形成后，则每个部分有明确显豁的不同名称。

示例：当代晁阳《谈〈济南的冬天〉语言的形象感》：“就在读者品尝这

绿水垂柳、余意未尽的时候，作家的视线又转向了一个更广阔的天地：‘澄清’的水同‘蓝汪汪’的天浑然一体，‘整个’地成了一块‘空灵的蓝水晶’。”

退避三舍

释义：舍：古代行军计程以三十里为一舍。比喻退让回避。

出处：明朝李开先《遵岩王参政传》：“不惟尽通举子业，而且多读古人书。受学于愧虚易时中，愧虚谓当退避三舍。”

注释：举子业：亦称“举业”。科举时代的应试文字。明清时专指八股文。愧虚：著名的理学家易时中，字嘉会，号愧虚。

示例：清代吴趼人《二十年目睹之怪现状》第四十二回“露关节同考装疯 入文闹童生射猎”：“我笑道：‘我说姊姊不过，只得退避三舍了。’”

炯炯有神

释义：形容目光明亮而有精神。

出处：明代李开先《泾野吕亚卿传》：“先生头颅圆阔，体貌丰隆，海口童颜，轮耳方面，两目炯炯有神，须虽整秀，惜不多耳。”

注释：海口：形容人的口大而深。古以为圣贤相貌。

示例：清代薛福成《庸盦笔记》卷一“史料·江忠烈公殉难庐州”：“新宁江忠烈公（忠源），生平忠孝大节，出于天性，猿臂长身，目炯炯有神，顾盼磊然，与人交，披肝沥胆，终始不渝。”

亦作**“炯炯有光”**。清代袁枚《子不语》卷二十一“来文端公前身是伯乐”：“来文端公自言伯乐转世，眸子炯炯有光，相马独具神解。”

亦作**“炯炯出神”**。当代于坚《在哥伦比亚的麦德林》：“太阳落山了，圆形剧场里依然睁着数万双眼睛，炯炯出神，似乎瓜达维达湖升了起来。”

绍往开来

释义：绍：继续，继承。继承前人的事业，开辟未来的道路。

出处：明代李开先《泾野吕亚卿传》："先生所著，有《四书因问》《易说翼》《书说要》《诗说序》《春秋说志》《礼问内外篇》《史约》《小学释》《寒暑经图解》《史馆献纳》《宋四子抄释》《南省奏稿》《泾野诗文集》足以阐经翼圣，绍往开来。"

注释：翼：辅助。

示例：现代张锡纯《〈金匮广义〉序》："仆才不敏，欲从事于斯而不逮，而此念未尝不日贮胸中，冀当今之世，有此杰出之著作，以绍往开来，救吾同胞疾苦。"

亦作**"继往开来"**。明代徐渭《师长沙公行状》："其勤学苦心，皓首而不倦，以继往开来为己任。"

亦作**"嗣往开来"**。南宋魏了翁《成都府学三先生祠记》："由三先生而来，虽不克皆显于时，究极其用，然其嗣往开来，潜辅治理，以建万世太平之源，则孔孟氏而下，未之有也。"

情投气合

释义：思想感情、性格志趣融洽投合。

出处：明代李开先《康王王唐四子补传》："先是，彩与瑾情投气合，骎骎有进用之势。"

注释：彩：张彩。刘瑾心腹，官至吏部尚书。瑾：刘瑾。明代正德年间司礼监掌印太监，专擅朝政。骎骎：迅疾。进用：拔擢任用。

示例：清代坐花散人《风流悟》第三回“花社女春官三推鼎甲　客籍男西子屡掇巍科”：“他两个偏与畹香情投气合。因此三人，你在我家谈谈，我在你家坐坐，真是寸步不离。”

亦作“**情投意合**”。清代吴璇《飞龙全传》第三十八回“龙虎聚禅州结义　风云会山舍求贤”：“赵普乃是左辅星下界，奉玉旨临凡，保助宋家两朝天下赵匡胤弟兄，都是龙华会上之人，自然情投意合，一说便依。”

亦作“**情投契合**”。明代冯梦龙《醒世恒言》第三十卷《李汧公穷邸遇侠客》：“李勉见其言词诚恳，以为信义之士，愈加敬重。两下挑灯对坐，彼此倾心吐胆，各道生平志愿，情投契合，遂为至交，只恨相见之晚。”

亦作“**情合气浃**”。南宋胡宏《易外传》：“方世之乱，英雄角逐，君择其臣，臣择其君，非素有定分也，皆以情合气浃相从耳。”

亦作“**情合意洽**”。当代白盾《红楼梦研究史论》：“这说明了脂砚斋和曹雪芹同出世家，有相同的遭遇、经历，情合意洽，关系密切，书中情节，均所熟悉，故批阅中忆往事而感慨系之。”

亦作“**情投谊合**”。元代李祁《赠陈献章序》：“致中与予，生同岁而月日少后，于予始相见京师，即约为兄弟，寝食起处不相离。既而复同舟南归至金陵，致中还姑苏，予还长沙。其后复会于庐陵，又其后复同宦居钱塘，情投谊合，弥久弥笃。”

亦作“**情通意合**”。唐代郭震《上安置降吐谷浑状》：“顺其情，分其势，而不扰于人，可谓善夺戎狄之权矣，何必要纂聚一处如一国，使情通意合如一家？”

无坚不破

释义：形容力量非常强大，没有什么坚固的东西不能攻破。

出处：明代李开先《康王王唐四子补传》：“盖其天性甚敏，而济以勤苦，是以无坚不破，于书无所不读，亦无所不精；于艺无所不究，亦无所不能。”

示例：清代左宗棠《答鲍春霆提军》："朝廷因与麾下素称契洽，命其参酌进止机宜，实则麾下独当一路，转战有年，师行所至，无坚不破，固已海内共知，正无须鄙人代为借箸。"

亦作 **"无坚不摧"**。《旧唐书·孔巢父传》："悦酒酣，自矜其骑射之艺、拳勇之略，因曰：'若蒙见用，无坚不摧。'"

亦作 **"无坚不陷"**。《三国志·魏志·乐进传》："每临战攻，常为督率，奋强突固，无坚不陷。"

扶困济贫

释义：扶助救济困苦贫穷的人。

出处：明代李开先《潘春谷传》："睦族笃友，扶困济贫，大为乡人所倚重。"

示例：当代邱紫华《东方艺术哲学·宋代佛教雕塑的审美特性》："在济公故乡天台一带流传的多是他的出世、童年生活、戏侮、惩恶、扶困济贫的故事。"

亦作 **"扶危济困"**。明代施耐庵《水浒传》第五十五回"高太尉大兴三路兵　呼延灼摆布连环马"："素知将军仗义行仁，扶危济困，不想果然如此义气。"

亦作 **"济弱扶倾"**。明代凌濛初《初刻拍案惊奇》卷二十"李克让竟达空函　刘元普双生贵子"："但学生自想，生平虽无大德；济弱扶倾，矢心已久。"

亦作 **"救贫扶困"**。当代申曙光《社会保险学》："如果说垂直的公平是救贫扶困的话，则水平的公平更有防贫的功能。"

亦作 **"赈穷济乏"**。《旧唐书·李轨传》："李轨，字处则，武威姑臧人也。有机辩，颇窥书籍，家富于财，赈穷济乏，人亦称之。"

亦作 **"怜贫恤苦"**。明代屠隆《彩毫记》第四出"散财结客"："闻此间有一个李相公仗义，专一怜贫恤苦，不免含羞去见他一面。"

亦作 **"济贫拔苦"**。明代罗贯中《三国演义》第十一回"刘皇叔北海救孔融　吕温侯濮阳破曹操"："是晚果然厨中火起，尽烧其屋。竺因此广舍家财，济贫拔苦。"

鸡犬不宁

释义：形容骚扰得厉害，连鸡狗都不得安宁。

出处：明代李开先《白云湖子粒考》："每年差一内官，带领真假校尉数十人，机巧者两三人，定日半在城半在乡，拘拷小民。自春尽至冬初，虽鸡犬不宁。"

语译：每年派德王府内的一个侍从官员，带领真假难辨的校尉数十人，机谋诡诈者两三人，定期地一半时间在城里，另一半时间则来到乡下，拘押拷打百姓。自春末到冬初，即使鸡狗也不得安宁。

示例：清代李鸿章《禀母亲》："贼军踞浦东各地，闾里丘墟，鸡犬不宁，来沪避难者十万余人。"

亦作**"鸡狗不宁"**。清代乐钧《耳食录》卷四"上宫完古"："无以供租税，悍吏日来吾乡，叫嚣隳突，鸡狗不宁，乡民流离，死丧殆尽。"

亦作**"鸡犬靡宁"**。明代《大明光宗贞皇帝实录》："直隶巡按御史王象恒疏请恤民力以培根本：'畿辅四方之极，臣顷所巡历之地，派车、派牛、运粮、运草。援兵之过，鸡犬靡宁；逃兵之回，截劫为害，什倍他省。'"

亦作**"鸡犬无宁"**。现代《省港罢工委员会讨伐邓、洪、林等请愿书》："残剥频施，万姓之脂膏已竭；爪牙满布，千村之鸡犬无宁。"

亦作**"鸡犬不安"**。现代老舍《四世同堂》："又楞了一会儿，他摇着头说：'一个人没出息呀，能闹得鸡犬不安！我，你，大家，都错了，都不该那么善待老二！'"

玩世不恭

释义：以不严肃、不认真、游戏人生的态度对待世事。

出处：明代李开先《雪蓑道人传》："醉后高歌起舞，更有风韵，只是玩世不恭，人难亲近耳。"

示例：清代蒲松龄《聊斋志异·颠道人》："余乡殷生文屏，毕司农之妹夫也，为人玩世不恭。"

亦作**"玩世不羁"**。明代归有光《梦云沈先生六十寿序》："淞江之上，有隐君子，曰梦云先生，沈氏。其达生适嗜，玩世不羁之士乎？"

比上不足，比下有余

释义：形容满足现状，不求进取。亦形容知足。

出处：明代李开先《词谑·词套·南吕三套》："再点检南吕，又得三套，比上不足，比下有余。"

注释：南吕：南吕宫，宫调（旧乐曲调子的总称）之一，简称"南吕"。

亦作**"将上不足，比下有余"**。明代罗贯中《三遂平妖传》第一回"胡员外典当得仙画　张院君焚画产永儿"："妈妈见了，起身向员外道：'员外！你家中吃的有，着的有，又不少甚么，家里许多受用；将上不足，比下有余。缘何恁般烦恼？'"

亦作**"上方不足，下比有余"**。教育科学出版社编《教儿童学熟语》："上方不足，下比有余。这句话通常是说：'比上不足，比下有余'。原话来自《晋书·王湛传》：'时人谓湛上方山涛不足，下比魏舒有余'。'方'是比的意思。"

隆古薄今

释义：尊崇古代，轻视现今。

出处：明代李开先《词谑·词套·王和卿大石调》："予酷爱《花间集》，次则《绝妙词选》，全集则《南北词》，而《草堂诗余》不多取焉，岂贵耳贱目，隆古薄今哉！"

注释：取：选择。贵耳贱目：重视听来的，轻视看到的。

示例：当代李振纲《17世纪中国哲学的空谷绝响——王船山哲学论要》："船山大胆地对三代古史的传统迷信提出质疑，否定了邵康节、朱元晦所持的隆古薄今的退化史观，断定人类史是一个由野蛮到文明、由质而文的进化过程。"

亦作**"尊古卑今"**。东汉桓谭《新论·闵友第十五》："世咸尊古卑今，贵所闻，贱所见也，故轻易之。"

亦作**"隆古贱今"**。现代朱自清《诗言志辨·诗体正变》："明白了通变的道理，便不至于一味地隆古贱今，也不至于一味地竞今疏古，便能公平地看历代，各各还给它一副本来面目。"

亦作**"厚古薄今"**。当代周勋初《中国文学批评小史·李贽的童心说》："但是这种看法之中也有不足之处，因为厚古薄今的观点固然是错误的，但文学作品自有它的特点，也不能说后出的作品一定是好的。"

亦作**"贵古贱今"**。当代余光中《夜读叔本华》："世人习于贵古贱今，总觉得自己的时代没有伟人。凡·高离我们够远，我们才把他看清，可是当日阿罗的市民只看见一个疯子。"

亦作**"尚古薄今"**。当代蒙丹阳《黄崇嘏故事的主题演变与古代科举文化》："所出题目尽是匾额、楹联、梁文，所题咏人物皆为蜀中扬雄、司马相如、李杜、卓文君等大文豪，足可见作者对于才学的推崇是有尚古薄今倾向的。"

搀科撒诨

释义：科：指古典戏曲中的表情和动作。诨：诙谐逗趣的话。戏曲、曲艺演员穿插在剧目、节目中的滑稽幽默的表演。泛指逗乐搞笑。

出处：明代李开先《词谑·黄莺儿·题副净》："打歪歪，搀科撒诨，笑口一齐开。"

注释：打歪歪：形容喝彩或喝倒彩、起哄。

亦作**"插科打诨"**。元代高明《琵琶记》第一出："休论插科打诨，也不寻宫数调，只看子孝共妻贤。"

亦作**"撒科打诨"**。元代李好古《沙门岛张生煮海》第一折："秀才，与你这一间幽静的房儿，随你自去打筋斗，学踢弄，舞地鬼，乔扮神，撒科打诨，乱作胡为，耍一会，笑一会，便是你那游玩快乐。"

亦作**"发科打诨"**。明代陶宗仪《南村辍耕录》卷十二"连枝秀"："发科打诨，不离机锋；课嘴撩牙，长存道眼。"

亦作**"撮科打诨"**。清代褚人获《隋唐演义》第九十五回"李乐工吹笛遇仙翁　王供奉听棋谒神女"："那黄幡绰本是个极滑稽善戏谑的人，平日在御前惯会撮科打诨，取笑作耍的，那时若惊惶抵赖，便没趣了。"

亦作**"说科打诨"**。明代方汝浩《禅真后史》第一回"耿寡妇为子延师　瞿先生守身矢节"："这篯箕倒是个有趣的朋友，酒量好，棋画也好，说科打诨更好，钱财也不甚计较。"

亦作**"打诨调科"**。清代叶稚斐《琥珀匙》第十五出"访错"："却不道无端捣鬼，一纳地打诨调科。"

狗仗人势

释义：比喻依仗某种势力欺侮人。

出处：明代李开先《新编林冲宝剑记》第五出："（净白）他怕你怎的？（丑白）他怕我狐假虎威。（净白）他也怕我。（丑白）他怕你怎的？（净白）他怕我狗仗人势。"

示例：清代曹雪芹《红楼梦》第七十四回"惑奸谗抄检大观园　矢孤介杜绝宁国府"："探春登时大怒，指着王家的问道：'你是什么东西，敢来拉扯我的衣裳！我不过看着太太的面上，你又有年纪，叫你一声妈妈，你就狗仗人势，天天作耗，专管生事！'"

剪恶除奸

释义：扫除凶恶阴险的坏人。

出处：明代李开先《新编林冲宝剑记》第六出："要说起心寒，不由人两泪潸潸。为国忘家，剪恶除奸。那无端，一味里欺君逆天。"

示例：清代石玉昆《七侠五义》第六十回"紫髯伯有意除马刚　丁兆兰无心遇莽汉"："似你我行侠尚义，理应济困扶危，剪恶除奸。"

涎皮赖脸

释义：厚着脸皮跟人纠缠。

出处：明代李开先《新编林冲宝剑记》第十四出："自到这监中，不见一文灯油钱，你在这青堂瓦舍里，坐的到也自在！你这等涎皮赖脸的，俺这管监的吃风？"

示例：清代曹雪芹《红楼梦》第三十回"宝钗借扇机带双敲　龄官划蔷痴及局外"："黛玉将手一摔道：'谁和你拉拉扯扯的！一天大似一天，还这么涎皮赖脸的，连个道理也不知道。'"

亦作**"涎脸涎皮"**。明代兰陵笑笑生《金瓶梅词话》第二十一回"吴月娘扫雪烹茶　应伯爵替花勾使"："那西门庆见月娘脸儿不瞧，一面折跌腿，装矮子，跪在地下，杀鸡扯脖，口里姐姐长姐姐短。月娘看不上，说道：'你真个恁涎脸涎皮的！'"

棒打鸳鸯

释义：用棍棒打散一双鸳鸯。比喻拆散恩爱夫妻或情侣。

出处：明代李开先《新编林冲宝剑记》第十九出："啼痕界破残妆面，德言分镜几时圆？远水高山，眼睁睁棒打鸳鸯散。"

注释：德言：妇德，妇言。此处为林冲妻子自指。

示例：当代叶兆言《走进夜晚》："马文把所有的仇恨，都集中在了那位系领导身上。他认定是系领导棒打鸳鸯，别有用心地拆散了他和心上人之间的最后联系。"

占为己有

释义：以不正当的方式占有属于别人的物品、资产、名誉、功绩等。

出处：明代李开先《新编林冲宝剑记》第二十四出："先从征进，累建大功，童贯占为己有，欺瞒皇上，因此不平，上谏一本，谪降提辖。"

注释：征进：进军征伐。

示例：清代蒲松龄《聊斋志异·刘姓》："见南面者有怒容，曰：'汝即某耶？罪恶贯盈，不自悛悔；又以他人之物，占为己有。此等横暴，合置铛鼎！'"

亦作**"据为己有"**。明代冯梦龙《醒世恒言》第二卷《三孝廉让产立高名》："我故倡为析居之议，将大宅良田，强奴巧婢，悉据为己有。度吾弟素敦爱敬，决不争竞。"

斗转天回

释义：斗：北斗星。回：旋转。比喻形势、时局的巨大变化。

出处：明代李开先《新编林冲宝剑记》第三十七出："这一去博得个斗转天回，须教他海沸山摇。"

示例：明代王庭谡《壬午立春》："斗转天回此复春，东风一日便曛人。"

海沸山摇

释义：形容变化激烈，震动剧烈，声势或力量极大。

出处：同上。

注释：明代无名氏《猛烈那吒三变化》第二折写道："小圣啸起大风，刮的来天昏地暗，海沸山摇。"

示例：当代阮章竞《试谈民歌》："反映现代化、改革开放，必须有海沸山摇的震天响声、风驰电掣的强劲、凝重雄伟的音响节奏，民歌就有改革开放的重任。"

丈夫有泪不轻弹

释义：男子汉大丈夫不轻掉眼泪。

出处：明代李开先《新编林冲宝剑记》第三十七出："回首西山日又斜，天涯孤客真难度。丈夫有泪不轻弹，只因未到伤心处。"

示例：当代阮章竞《中国解放区诗歌回顾》："在战斗的人生路上，时时存在生离死别，无处不有离合悲欢，月下花荫，也唱恋歌、小夜曲，但为求民族的解放，都以丈夫有泪不轻弹约束感情，把一切个人幸福憧憬，私情痛苦，强制冻结在深深的心底。"

雾暗云迷

释义：云雾笼罩，多形容天气昏暗，气氛阴森。

出处：明代李开先《新编林冲宝剑记》第三十七出："恰才天明月朗，霎时雾暗云迷，况山路崎岖，高低不辨，教我怎生行蓦。"

注释：行蓦：行走。

示例：清代无名氏《高桥》："只为交叉路，蓦地里雾暗云迷。"

亦作"**雾锁云埋**"。元代关汉卿《窦娥冤》第四折："我每日哭啼啼守住望乡台，急煎煎把仇人等待，慢腾腾昏地里走，足律律旋风中来，则被这雾锁云埋，撺掇的鬼魂快。"

亦作"**云迷雾锁**"。元代无名氏《朱砂担滴水浮沤记》第二折："巴的到绿杨渡口，早则是云迷雾锁黄昏后。我去那野店上觅一宿。"

亦作"**雾锁云遮**"。明代吴国宝《情词·正南宫四块玉》："恨匆匆雾锁云遮。意孜孜鸾分凤拆。困沉沉香烬灯灭。"

亦作"**雾黯云遮**"。明代屠隆《短拍·旅思》："归思迷离，愁心哽咽，怪家山雾黯云遮。惊梦怕啼鴂，达驿使陇梅徒折。"

亦作"**云迷雾罩**"。见后"云迷雾罩"条。

云迷雾罩

释义：同上。

出处：明代李开先《新编林冲宝剑记》第三十七出："忽然间昏惨惨云迷雾罩，疏剌剌风吹叶落，振山林声声虎啸，绕溪涧哀哀猿叫。吓的我魂飘胆消，百忙里走不出山前古庙。"

示例：当代冯琦昊《静静的汶水河》：“渐渐地，天色暗沉下来，也不知道什么时候飘过来一片乌云，像黑山老妖似的大军压境，原本妩媚多姿、繁花似锦的天空，一瞬间云迷雾罩，气氛阴森。”

魂飘胆消

释义：形容惊恐万分，极端害怕。亦形容为情所惑而心神迷乱。

出处：同上。

示例：清代无名氏《山水情传》第一回“俏书生春游逢丽质”：“那日旭霞被这了凡计赚，一宵连战，魂飘胆消的去了。”

亦作**“魂飞胆消”**。清代无名氏《金台全传》第十四回“东京城张鸾戏帝王　孟家庄恶霸劫红妆”：“少停风息，便不见了张道与左跷，龙座内换了一尊张大帝，乃是泥塑木雕，不知万岁何方去了。唬得一众朝臣魂飞胆消。”

亦作**“魂飞胆销”**。传统昆曲《林冲夜奔》：“俺呵！走得俺魂飞胆销，似龙驹奔逃，啊！百忙里走不出山前古道。”

亦作**“魂飞胆战”**。清代贪梦道人《彭公案》第二十八回“招商店访得实信　求圣驾打虎成名”：“这一只虎是二月来的，野性未退，今天从笼内跑出来，顺道出了大红门，把那些管虎的海户兵丁，吓得魂飞胆战，连忙拿兵刃追下来，他等如何追的上。”

亦作**“魂飞胆丧”**。清代钱彩《说岳全传》第二十三回“胡先奉令探功绩　岳飞设计败金兵”：“那些番兵一个个魂飞胆丧，尽望谷口逃生。”

亦作**“魂飞胆颤”**。明代方汝浩《禅真逸史》第二十二回“张氏园中三义侠　隔尘溪畔二仙舟”：“正有些心虚，忽然见床下钻出一个披头黑鬼来。二人惊得毛骨悚然，魂飞胆颤，大叫‘有鬼’戒尺乱打。”

亦作**“魂飞胆破”**。明代方汝浩《禅真逸史》第三十四回“善相破法斩冯谦　士开解围推段帅”：“田龙秋听说，惊得魂飞胆破，放马逃生。”

亦作**“魂飞胆裂”**。清代郭小亭《济公全传》第一百四十六回“孙道全捉

妖遇害　济禅师拉船报恩”：“王全一听说：‘你还提坐船？提起来吓的我魂飞胆裂。你曾记得曹娥江坐船吗？’”

亦作**“魂飞胆落”**。现代蔡东藩《后汉演义》第一百回“失蜀土汉宗绝祀　篡魏祚晋室开基”：“江油守将马邈，漫不加防，一闻艾兵已到城下，吓得魂飞胆落，慌忙开城迎降。”

亦作**“魂惊胆落”**。唐代《敦煌变文集·大目乾连冥间救母变文》：“目连虽是圣人，亦得魂惊胆落。”

亦作**“魂亡胆落”**。明代罗贯中《三国演义》第四十二回“张翼德大闹长坂桥　刘豫州败走汉津口”：“鲁肃曰：‘闻皇叔用诸葛孔明之谋，两场火烧得曹操魂亡胆落，何言不知耶？’”

亦作**“魂消胆丧”**。明代施耐庵《水浒传》第一百一十四回“宁海军宋江吊孝　涌金门张顺归神”：“本州守将段恺闻知苏州三大王方貌已死，只思量收拾走路。使人探知大军离城不远，遥望水陆路上，旌旗蔽日，船马相连，吓得魂消胆丧。”

以酒浇愁

释义：用喝酒来排遣愁闷。

出处：明代李开先《后冈陈提学传》：“只恁以酒浇愁，愁不能遣，而病且日增。”

注释：只恁：只是这样。

示例：当代金庸《天龙八部》第二十四回“烛畔鬓云有旧盟”：“他素来爱朋友如命，这一次被逐出丐帮，更与中原群豪结下了深仇，以前的朋友都断了个干净，心下自是十分郁闷，今日无意中遇上一位武功堪与自己相匹的英雄，偏又无缘结识，只得以酒浇愁。”

亦作**“借酒浇愁”**。清代魏秀仁《花月痕》第三回“忆旧人倦访长安花　开饯筵招游荔香院”：“看花忆梦惊春过，借酒浇愁带泪倾。”

亦作**“借酒消愁”**。当代张彬福《章熊口述：记下我的足迹，以俟来者·后记》：“他是笔耕不辍的学者，不能写作了，不能将自己的思考写出来与人交流了，这对老人家的打击实在太大了。有一段时间老人家有些颓唐，借酒消愁。”

亦作**“借酒驱愁”**。清代汪懋麟《酷相思·月夜被酒止醉白宿》：“看香篆、烧残了。借酒驱愁愁较少。心绪翻颠倒。”

亦作**“把酒浇愁”**。元代聂炳《大别山赋》：“乌林烟灭，曹瞒之魂已冷；赤壁风高，苏仙之句尚留。登高作赋，把酒浇愁。”

亦作**“倩酒浇愁”**。清代王士禄《浪淘沙·次李后主韵》：“愁似水潺潺。百意阑珊。几棂风做晚来寒。倩酒浇愁愁不顾，醉也无欢。”

亦作**“借酒解愁”**。清代竹秋氏《红闺春梦》第四十一回“自解囊深宵助困　被胠箧客邸追赃”：“你说我只顾吃酒，我心内也着实烦恼，恨不暂时死了才干净。丢下你娘儿们又怎么呢？借酒解愁是有的。”

亦作**“对酒消愁”**。当代李元洛《宋词之旅·爱情五弦琴》：“上述这首《蝶恋花》，写抒情主人公春日黄昏登楼望远，对酒消愁愁更愁，千回百折之后才逼出‘衣带渐宽终不悔，为伊消得人憔悴’的结句，它是画龙点睛之笔，如灵珠一颗，全词遍体生辉。”

不堪入耳

释义：形容话语、演唱粗俗下流，使人无法接受。

出处：明代李开先《市井艳词序》：“二词哗于市井，虽儿女子初学言者，亦知歌之，但淫艳亵狎，不堪入耳。”

注释：二词：指民间时曲的调名《山坡羊》《锁南枝》。

示例：清代李宝嘉《文明小史》第十六回“妖姬纤竖婚姻自由　草帽皮靴装束殊异”：“姚老夫子见他们所说的都是一派污秽之言，不堪入耳，恐怕儿子、学生听了要学坏，正想喊堂倌付清茶钱，下楼回栈。”

亦作**“不可入耳”**。清代范兴荣《石三官》：“倒转壶口，仰面吸尽。抛壶地上，拍壁大骂。一切秽鄙不可入耳之言，脱桶而出。或骂至得意处，又鼓掌大笑。”

炫奇斗博

释义：炫耀奇特，较量广博。

出处：明代李开先《〈田间四时行乐诗〉后序》：“古来诗人有唱酬，无叠和，其风始盛于唐之元和间，至宋则炫奇斗博，而坡门尤甚。”

注释：唱酬：以诗词相唱和。叠和：指赋诗重复使用前韵。坡门：宋代苏东坡及门生。

示例：当代俞元桂《谈吴伯箫的散文》：“这不是故意炫奇斗博，因为文章中穿插的这些古人古事，它浸润着华夏文明的色泽，会引起读者对祖国的土地、文化无限珍惜的感情，而历史传说的传奇色彩也会增添阅读的兴味。”

亦作“**夸奇斗博**”。清代周学熙《天津劝工展览会章程》：“陈列货品并非夸奇斗博，不过为振兴本国工艺，故外国货物暂不列入，其中国货物不拘何省何县，均可贩运入场，以使互相考较。”

亦作“**矜奇斗博**”。现代巨耒《〈中国史纲〉（上古篇）读后感》：“盖编纂课本，篇幅有限，贵于能弃，而不贵矜奇斗博。今观本书取材，作者于此，可谓已尽其能事。”

亦作“**争奇斗博**”。明代李东阳《〈会试录〉序》：“然议经析理，细入秋毫，而大义或略；役意造语，争奇斗博，惟陈言之务去，而正气或不充。”

亦作“**搜奇斗博**”。当代郭晋稀、张士昉《从中国诗论的发展谈严羽“别材”“别趣”说的涵义》：“唐代诗文中，虽然如杜诗韩文‘无一字无来历’，而用事之多，出处之广，搜奇斗博，较之苏、黄是有逊色的。”

亦作“**逞奇斗博**”。见前“逞奇斗博”条。

邓林一木

释义：邓林：古代神话传说中的大树林。指相比较数量极少。

出处：明代李开先《〈田间四时行乐诗〉后序》："予观《经籍考》及《崇文书目》所载诗集，至少者人各不下数卷，今存于世者能有几何？以予百咏诗较之，奚啻邓林一木、九牛一毛哉？"

注释：百咏诗：指李开先自作《田间四时行乐诗》次韵一百首。奚啻：何止，岂但。

亦作**"邓林一叶"**。清代曾国藩《复李鸿章》："钱秋轩同年廷薰，频年转徙，旅况萧然，求在上海派一局差。即希惠赐翦拂，分邓林一叶之阴，便成浓荫，挹渤海一勺之水，遂沐雨膏，敬为阁下诵之。"

光复故物

释义：收复失去的国土，恢复旧时的礼乐典章，恢复原来拥有的事业、事物。

出处：明代李开先《贺西楼金封君暨孺人寿同七十序》："抚按交疏其贤行，将转而之内，官阶日峻，而名日益起，不但光复故物云耳。"

语译：巡抚和巡按御史一齐上报他美善的德行，奏章即将转到宫内，官阶会越来越高，名声会越来越盛，不仅仅是恢复贬谪前的官阶。

注释：抚按：明代巡抚和巡按御史的合称。交：同时。疏：上奏章。

示例：现代王时泽《秋女烈士瑾略传》："因谓其夫曰：'日京为吾国志士汇萃之区，其间必多英杰，吾欲往游，以阴求天下奇士，为光复故物之助。'其夫颇难之。"

恪遵谨守

释义：恭谨而认真地遵守。

出处：明代李开先《送虹洲秦宪副转任浙江提学序》："士先孝弟忠信，明体适用，此我朝祖训也，为提学者所宜恪遵谨守。"

注释：明体适用：明了事物的本体、本质，并加以应用。提学：掌管一省学政及主持考试的官员。

示例：清代《马冈张大宗祠祠规》："凡我族人，无论尊卑长幼，务宜世世恪遵谨守勿替。"

亦作**"恪守凛遵"**。当代赵俪生《〈日知录〉导读》第五辑"孔子论《易》"："其实,如《易系辞》这样羼杂了若干孔子以后,战国以来的词汇和意识的篇章，恪守凛遵以为孔子的手教，这种态度是否可取，也值得讨论。"

察察为明

释义：察察：苛察，烦细。在细枝末节上用心，而自以为明察。

出处：明代李开先《送平冈陈大参升任云南宪长序》："平冈素不以察察为明，赫赫炫能。"

注释：平冈：陈东光，号平冈，河南钧州人，进士，嘉靖二十五年（1546）任章丘知县。

示例：现代陶菊隐《近代轶闻·冯玉祥治军之严》："韩复榘主政山东时，恒微服出巡，勤求民隐，驯至升堂鞫案，察察为明，不以为苦。"

亦作**"察察而明"**。唐代张蕴古《大宝箴》："勿浑浑而浊，勿皎皎而清，勿汶汶而暗，勿察察而明。"

义切辞严

释义：道理确切实在，措辞严正有力。

出处：明代李开先《十朝诏令序》："其文之古，惟今上足以同之；其治之盛，亦惟今上足以继之。义切辞严，固已见于中兴之诏。"

注释：其文：指明朝开国皇帝朱元璋之文。今上：指明朝嘉靖帝朱厚熜。中兴：国家由衰退而复兴。

随心信笔

释义：不甚经心的随手挥笔。

出处：明代李开先《亡妻张宜人散传》："宜人懿行可述者多，恐其久而逸也，更为散传，言无伦次，事无统纪，随心信笔，漫然书之，以备参考云。"

注释：宜人：明代五品官员夫人的封号。此指李开先亡妻张氏。更：复，再。散传：具有传记性质的单篇文章。统纪：条理。

示例：当代余久春《试论诸葛亮散文的文学价值》："即使那些随心信笔的尺寸之作，往往也是精粹可读，为人喜闻乐道。"

守残保缺

释义：固守残缺、陈旧、片面的东西不放。

出处：明代李开先《贺东泉王二尹马政膺奖序》："继今必极力拯救，方可苏息。如但守残保缺，则困瘁愈不可支。"

注释：苏息：休养生息。瘁瘉：困顿劳苦。

亦作**“保残守缺”**。《汉书·刘歆传》：“犹欲保残守缺，挟恐见破之私意，而无从善服义之公心。”

亦作**“补残守缺”**。东汉荀悦《前汉纪·哀帝纪》：“至于国家大事，则幽冥莫知其原，然犹补残守缺，挟恐见破之私意，而忘从善服义之公心。”

亦作**“抱残守缺”**。清代李宝嘉《文明小史》第六十回“一份礼耸动古董名家　半席谈结束文明小史”：“次日，苏又简上院，就蒙传见，很夸奖了几句，说现在抱残守缺的寥寥无人，老兄具这样的法眼，钦佩得很，将来倒要时常请教请教。”

亦作**“抱残守匮”**。清代巴树谷《致黄易》：“侄抱残守匮，谢陋无闻，兼之僻处山邑，秦汉文字渺不可得。”

亦作**“抱残守坠”**。清代徐德元《明经林君恒轩传》：“晚岁刻《白石山志》，复网罗邑儒先文献，以抱残守坠为任。惜天靳其年，赍志以殁，悲哉！”

食言而肥

释义：食言：失信。比喻言而无信。

出处：明代李开先《水风卧吟楼记》：“予笑而戏答之曰：‘此予事而挂客怀，何也？不以食言而肥，不因苦吟而瘦，试以数语为记，请览而教正之如何？’”

示例：清代袁枚《与洪洞令陶西圃》：“宁饮水而瘦，毋食言而肥。”

称不绝口

释义：连连称赞。

出处：明代李攀龙《通奉大夫云南右布政使脉泉李公合葬墓志铭》：“岁登，如数输粟，守对僚佐称不绝口。”

注释：岁登：一年中种植的庄稼丰收。输粟：运送、交纳谷物。守：守令。此指知府。

示例：清代方浚颐《通议大夫按察使衔宁绍台道史公墓志铭并序》："好奖掖后进，一技之长称不绝口，遇非礼直言规劝，受人之惠报德不厌，所施于人事过辄忘。"

体倦神疲

释义：身体和精神极度疲劳。

出处：明代李开先《封孺人李妻路氏墓志铭》："吾章去省城仅百里，落第归来时，多申未前后，余热犹存，流尘满面，心灰气阻，体倦神疲，若内不得人，往往有因羞致怒，厉声大闹，打损器具者。"

注释：章：章丘。申：下午三至五点。未：下午一至三点。内：妻室。

示例：当代王学信《我与南怀瑾先生的师生情谊》："当夜，我便觉得鼻塞声重，体倦神疲，清涕不止，身软无力。次日，怀师见状，即命身边工作人员找出对症药物，嘱我按时服下。"

亦作**"精疲力尽"**。现代巴金《寒夜》："我才逃到这里来，已经精疲力尽了，还有什么办法呢？"

亦作**"精疲力倦"**。清代李伯元《官场现形记》第三十六回"骗中骗又逢鬼魅　强中强巧遇机缘"："湍制台被他闹的早已精疲力倦。一回想到九姨太脾气不好，不免恨骂两声；一回又想到他俩恩情，不免又私自一人落泪。"

亦作**"精疲力竭"**。当代江枫译、（美）狄金森著《但愿我是，你的夏季》："但愿我是，你的夏季，当夏季的日子插翅飞去！我依旧是你耳边的音乐，当夜莺和黄鹂精疲力竭！"

亦作**"力倦神疲"**。明代吴承恩《西游记》第六十一回"猪八戒助力败魔王　孙行者三调芭蕉扇"："那牛王，一则是与行者斗了一日，力倦神疲；二则是见八戒的钉钯凶猛，遮架不住，败阵就走。"

亦作**“神疲力尽”**。清代张佩纶《致李鸿章》:“翰香及李牧随事照料，署中上下无一不神疲力尽，即鄙人亦肝郁头眩，不能成寐者五六日矣。”

因羞致怒

释义：由于羞愧难当而发怒。

出处：同上。

示例：现代王又申译、(泰)共丕耶达吗銮拉查奴帕著《暹罗古代史》:“帕马哈喳咯攀王接到鸿扫瓦狄王之书后，立刻瞭然于此书之真意。不予白象，则鸿扫瓦狄王必因羞致怒，而与汰人宣战。”

亦作**“老羞成怒”**。清代文康《儿女英雄传》第十六回“莽撞人低首求筹画　连环计深心作笔谈”:“那一个老羞成怒，就假公济私，把他参革，拿问下监，因此一口暗气而亡。”

亦作**“老羞变怒”**。清代孔尚任《桃花扇》第十二出“辞院”:“想因却奁一事，太激烈了，故此老羞变怒耳。”

亦作**“恼羞成怒”**。清代李伯元《官场现形记》第六回“急张罗州官接巡抚　少训练副将降都司”:“那抚台见是如此，知道王协台有心瞧他不起，一时恼羞成怒。”

飞升拔宅

释义：道家所谓的修炼成仙，举家升入天界。

出处：明代李开先《归隐学道》:“八百飞升拔宅去，三千《道德》出关传。”

注释：八百：李真，蜀人，历夏商周，年八百岁，一次可行八百里，时人因号为“李八百”。三千：春秋时老子西出函谷关前，著三千言《道德经》。

示例：清代俞文漪《葛洪炼丹井》:“未审丹成在何年，飞升拔宅连鸡狗。”

亦作**"拔宅上升"**。北宋《太平广记》卷十四引唐代胡慧超《十二真君传·许真君》:"真君以东晋孝武帝太康二年八月一日，于洪州西山，举家四十二口，拔宅上升而去。"

亦作**"拔宅飞升"**。明代无名氏《许真人拔宅飞升》第四折:"听玉帝敕令，加你为九州都仙太史高名大使，赐紫彩羽袍、金冠霞帔，一家儿拔宅飞升。"

亦作**"拔宅升天"**。北宋《太平广记》卷四百四十引南朝宋代刘敬叔《异苑》:"昔仙人唐昉拔宅升天，鸡犬皆去，唯鼠坠下，不死而肠出数寸，三年易之，俗呼为'唐鼠'。"

避影潜形

释义：躲避、隐藏形影、踪迹，亦指不露真相。

出处：明代李开先《从军行》:"搜尸天幸独能免，避影潜形脱战场。"

亦作**"藏形匿影"**。现代吴晗《朱元璋传》:"明教徒在严刑压制之下，只好再改换名称，藏形匿影，暗地里活动，成为民间的秘密组织了。"

亦作**"屏迹匿影"**。元代陶宗仪《南村辍耕录》"雕传":"帝遣虞人，持弓矢，张网罗，随雕而磔之，雕之徒尽毙，敕天下无留雕，故其余党皆屏迹匿影不敢出，众禽始得安于生养，以尽其天年。"

亦作**"遁形匿迹"**。当代张大春《聆听父亲》:"好像也唯有在那样交谈往事的时刻，我们让死亡遁形匿迹，让逝者还魂人世。"

亦作**"遁迹潜形"**。当代孙敏瑛《金华北山景物纪略》:"那瀑流从二十多米高的岩顶湍急地顺着倾斜的石壁轰隆隆下来，底下没有潭，流入石板下，遁迹潜形了，只有水声在洞内回荡不绝。"

亦作**"潜踪匿迹"**。当代梁羽生《云海玉弓缘》第十八回"弄鬼装神迷侠女　飞花摘叶见神功":"我师父曾饶过你一次性命，金大侠上次对你们也有不杀之恩，你们稍有天良，便该潜踪匿迹，改过从善才是，如今反来害我，当真天理难容！”

亦作**“潜踪隐迹”**。明代吴承恩《西游记》第二十八回“花果山群妖聚义 黑松林三藏逢魔”：“美猴王道：‘你们因何不耍不顽，一个个都潜踪隐迹？我来多时了，不见你们形影，何也？’”

聱牙戟口

释义：聱牙：乖忤，抵触。戟：刺激。形容文词艰涩，拗口难读。

出处：《明史·文苑传三·李攀龙》：“所拟乐府，或更古数字为己作，文则聱牙戟口，读者至不能终篇。”

语译：他的仿古乐府诗，有的仅将古诗改动几个字就作为自己的作品，所写的文章艰涩拗口，读者以至于难以读完。

注释：李攀龙（1514—1570），字于鳞，号沧溟，明代济南历城人。嘉靖十九年（1540）山东乡试第二，嘉靖二十三年（1544）进士，累官至河南按察使。继“前七子”之后，李攀龙与王世贞、谢榛、宗臣、梁有誉、徐中行、吴国伦继续倡导文学复古运动，是“后七子”的领袖人物，主盟文坛二十余年，被时人尊为“当代巨匠”。有《沧溟集》传世。

示例：当代熊礼汇《明清散文流派论》：“他们赞成立论有见，但忌‘蔽’忌‘溺’；主张文从字顺，声比律谐，反对遣语奇崛险刻，聱牙戟口，故作艰深。”

亦作**“聱牙诘屈”**。清代周亮工《因树屋书影》第二卷：“余年友长山王子凉峄生，为诗好为聱牙诘屈之语，多不自解。”

亦作**“聱牙诘曲”**。清代郑相如《汉林四传·开明君传》：“有荐伏生工《尚书》，上诏中大夫晁错至其家，从七岁好口授书文，聱牙诘曲。”

亦作**“聱牙诎曲”**。清代钱谦益《题归太仆文集》：“推公之意，其必以聱牙诎曲、不识字句者为古耶？”

亦作**“佶屈聱牙”**。唐代韩愈《进学解》：“周诰殷盘，佶屈聱牙。”

亦作**“诘曲聱牙”**。南宋洪迈《容斋三笔》第十三卷“钟鼎铭识”：“商

周文章，见于《诗》《书》，三《盘》、五《诰》，虽诘曲聱牙，尚可精求其义；他皆坦然明白，如与人言。”

葆真履素

释义：保持纯真的本性，笃行朴实的品格。

出处：明代邢侗《上抚台孙文融》：“窃见历下李沧溟先生攀龙，葆真履素，取则先民，镕古铸今，蔚为代宝，海内缀文之士，靡不宗之。”

注释：取则先民：以先贤为榜样。代宝：稀世之宝。缀文：连缀词句，作文。

示例：当代陈广宏《竟陵派研究》：“我们从这种特别的闲逸之趣中明显可以感受到一种空前强烈的压迫感，与其说是葆真履素，不如说是避祸。”

亦作“**抱素怀朴**”。唐代刘待价《独孤府君碑铭并序》：“惟公抱素怀朴，蹈孝履忠，蕴智成囊，含明作镜。”

亦作“**葆真养素**”。清代王韬《与周弢甫比部》：“何年摆脱世虑，遂我初衷，置五亩之宅，买半顷之田，葆真养素，共乐邕熙。撷蔬粟以供宾客，洁鸡豚以娱慈亲。”

亦作“**抱素守真**”。汉代河上公注《道德经》：“见素者，当抱素守真，不尚文饰也。抱朴者，当抱其质朴，以示下，故可法则。”

亦作“**怀真抱素**”。《宋书·孝武帝纪》：“下四方旌赏茂异，其有怀真抱素，志行清白，恬退自守，不交当世，或识通古今，才经军国，奉公廉直，高誉在民，具以名奏。”

亦作“**怀真蕴璞**”。唐代王勃《上吏部裴侍郎启》：“炫才饰智者奔驰于末流，怀真蕴璞者栖遑于下列。”

亦作“**怀质抱真**”。南朝梁代萧衍《立选簿表》：“其有勇退忘进、怀质抱真者，选部或以未经朝谒，难于进用。”

镕古铸今

释义：融会贯通古今知识。

出处：同上。

示例：当代魏道揆《文场屡蹶坎坷路　抱质怀文匿荒村——试论安致远的生平、思想及其成就》："安致远在他漫长的文墨生涯中也非常注意这一问题，所以他能镕古铸今，独具风骨。"

亦作**"镕今铸古"**。清代姜绍书《无声诗史》卷三："顾炳，字黯然，钱塘人。万历间以善画供事内殿，就所闻见，绘为画谱，自晋唐以来，罔不传摹，存其梗概，镕今铸古，能集大成。"

亦作**"熔古铸今"**。当代袁行霈《我心目中的国学研究——〈国学新视野〉卷首语》："二十世纪九十年代前期，国家古籍出版规划小组主办过一个刊物《传统文化与现代化》，其宗旨是沟通传统文化与现代化。我为该刊的题词是'熔古铸今'。"

亦作**"融古通今"**。当代黄攸立《我国第一个医学学术团体——一体堂宅仁医会》："徐春甫编辑的《古今医统大全》100卷的完成，与宅仁医会不无关系。世称该书是融古通今、博大精深的煌煌巨著。近世医界将之列为古今十大医学全书之一。"

亦作**"融古贯今"**。当代饶异伦、郑孝萍主编《大学语文》："文章语言机警活泼，幽默生动，内容融古贯今，妙趣横生，展示了作者扎实的中外文化功底和成熟的散文创作风格。"

相沿为例

释义：递相沿袭某种做法，形成惯例。

出处：明代于慎行《谷山笔麈》卷二“纪述一”：“诸珰以此市宠，务为丰华，穆庙以来，相沿为例。”

注释：于慎行（1545—1607），字可远，又字无垢，号谷山，祖居登州府文登县赤山盘龙村（今山东省文登市境内），明代洪武年间徙居东阿县杨柳渡，祖父于时移家东阿县城（今为济南市平阴县东阿镇驻地），隆庆二年中进士，历任翰林院编修、翰林院修撰、日讲官、翰林院侍讲、翰林院侍读、《会典》副总裁官、礼部尚书、太子少保兼东阁大学士。明代著名政治家、文学家、史学家，谥号“文定”。墓地位于今平阴县洪范池镇。传世有《谷城山馆诗集》20 卷、《谷城山馆文集》42 卷。珰：汉代宦官帽子上的装饰物，借指宦官。市宠：此指博取皇帝的喜爱或恩宠。丰华：丰盛华美。穆庙：明代隆庆皇帝朱载垕，庙号穆宗。

示例：当代王贵忱《端溪砚坑图砚》：“自宋以降，著为端溪砚石谱录者，率多首述砚坑历史，相沿为例，几成定制也。”

亦作“**相沿成例**”。清代丁廷彦《虎丘杂咏》：“王珣舍宅为寺，因称山神，春秋结彩设坛，鼓乐迎送，相沿成例。”

正大磊落

释义：品行正派，胸怀坦荡。

出处：明代于慎行《谷山笔麈》卷四：“男儿举事要正大磊落，若恩怨二字不能摆脱，尚何可云？”

示例：清代焦循《雕菰楼集》卷二十三："可知处己接物，必要正大磊落，不独免为人鄙，亦且免为人疑，否则不足立名，亦不足保身。"

亦作"**正大光明**"。南宋朱熹《答吕伯恭》："大抵圣贤之心，正大光明，洞然四达。"

积不能下

释义：积：积久，长期。下：退让，服气。指相互不服气，长期不和睦。

出处：明代于慎行《谷山笔麈》卷五："隆庆辛未吉士宋儒者，险诈人也，熊敦朴者，有才而疏傲，两人积不能下。"

语译：明代隆庆朝辛未年（1571）入翰林院任庶吉士，名叫宋儒的，是阴险狡诈之人，名叫熊敦朴的，有才分，却粗疏高傲，两人相互看不上，长期不和睦。

亦作"**积不相能**"。清代彭养鸥《黑籍冤魂》第二十二回"动疑心深宵窥秘戏　寻短见吃醋闹官衙"："再有那狭量的人，以及平日与他积不相能的，遂拿着稿子去见东家，说他种种不是。"能：和睦，亲善。

亦作"**积不相平**"。清代揆郑《崇侠篇》："两强倾轧，积不相平，遂收揽屠门之夫、绿林之桀。"平：和。

亦作"**素不相能**"。现代鲁迅《阿Q正传》："其实举人老爷和赵秀才素不相能，在理本不能有'共患难'的情谊。"

亦作"**间不相能**"。西汉司马迁《史记·淮南衡山列传第五十八》："衡山王、淮南王兄弟相责望礼节，间不相能。"间：隔阂。

亦作"**素不相平**"。《后汉书·蔡邕列传》："初，邕与司徒刘郃素不相平，叔父卫尉质又与将作大匠阳球有隙。"

亦作"**积不能平**"。现代梁启超《哀启》："而举吾乡夙曾与邻乡曰东甲者，械斗三十年不解，东甲固同宗也，颇挟其科第资财，思以屈我乡，乡人愈积不能平。"

日滋月盛

释义：一天天一月月地增长、繁盛。

出处：明代于慎行《谷山笔麈》卷七“典籍”：“徒使坊肆讹刻，日滋月盛，毁瓦画墁，寖失旧本，其去秦火之灾一间耳。”

注释：画墁：谓在新粉刷的墙壁上乱画。比喻无功而有害。寖：逐渐。秦火：指秦始皇焚书事。一间：指相距很近，差不多。

示例：清代屈大均《广东新语·真粤人》：“今粤人大抵皆中国种，自秦汉以来，日滋月盛，不失中州清淑之气。”

亦作**“日增月盛”**。清代王韬《瓮牖余谈·西国印书考》：“明崇祯时，麻荫朱实立第一印书局，印器从英运至，其后日增月盛。”

亦作**“日引月长”**。北宋苏辙《熙宁二年上皇帝书》：“自生齿以上皆养于县官，长而爵之，嫁娶丧葬无不仰给于上。日引月长，未有知其所止者。”

亦作**“日滋月益”**。北宋司马光《稽古录》卷十四：“嬖幸盈朝，政出多门，赏罚无章，纪纲大坏，守令贪残，黎民愁怨，盗贼蜂起，日滋月益。”

不露斧痕

释义：看不见刀斧加工的痕迹。形容完美自然。

出处：明代于慎行《谷山笔麈》卷八“诗文”：“李诗似放而实谨严，不失矩矱；杜诗似严而实跌宕，不拘绳尺，细读之可知也。然皆从学问中来，杜出《六经》、班汉、《文选》而能变化，不露斧痕，李出《离骚》、古乐府而未免有依傍耳。”

注释：李：李白。矩矱：规矩，法度。杜：杜甫。班汉：班固的《汉书》。

示例：当代梁实秋《中国语文的三个阶段》："固然，绚烂之极趋于平淡，但是那平不是平庸之平，那淡不是淡而无味之淡，那平淡乃是不露斧痕的一种艺术韵味，与那稀松平常的一览无遗的标准语文是大不相同的。"

亦作"**不露斧凿痕**"。清代陆以湉《冷庐杂识》卷七："金德瑛曰：'凡古人与后人共赋一题者，最可观其用意关键。如桃源，陶公五言，尔雅从容，"草荣""木衰"八句，略加形容便足。摩诘不得不变七言，然犹皆用本色语，不露斧凿痕也。'"

亦作"**不见斧凿痕**"。南宋陈岩肖《庚溪诗话》卷下："今观东莱诗，多浑厚平夷，时出雄伟，不见斧凿痕。"

亦作"**无斧凿痕**"。北宋《宣和画谱》卷十五"边鸾"："大抵精于设色，如良工之无斧凿痕耳。"

亦作"**不露斤斧**"。南宋普济《五灯会元》卷七"大钱从袭禅师"："巧匠施工，不露斤斧。"

不逞之材

释义：不逞：不得志，不如意。材：通"才"，指有能力的人。因心怀不满而闹事捣乱，无德又有能力的人。

出处：明代于慎行《谷山笔麈》卷十一"筹边"："幸国家法制素严，伏不敢动，此等纨绔庸流亦无兵力可恃，万一有不逞之材，挟积愤之志，结率夷酋以求缓旦夕之死，则昆明滇、粤之间，化为方外，一向背间尔。"

注释：结率：勾结带领。夷酋：古代中原对周边少数民族首领的称呼。方外：异域。一向：一意。背间：背离。

示例：清代王夫之《读通鉴论》："刘渊虽挟桀敖不逞之材，然其始志亦岂遽尔哉？"

草泽之豪

释义：草泽：指乡野民间。乡野民间率众起事的壮士好汉。

出处：明代于慎行《谷山笔麈》卷十五“杂记三”：“草泽之豪，鼓众掫徒，窃盗名字，亦必有非常之偶，况神明之主哉！”

注释：掫：聚集。名字：名誉，名声。偶：配偶。

示例：现代郭象升《左盦集笺》：“申叔自是文人见地，始终不乐武人之横、党人之嚣。前投端，后附袁，意以为两公尚是上流霸才，比之草泽之豪为贤，曰借彼可以保存国学。”

亦作**“草泽英雄”**。现代吕思勉《白话本国史》第三章“五代的兴亡和契丹的侵入”：“大凡在草泽英雄里，要出个脚色容易；在骄横的军阀里，要出一个脚色难。因为草泽英雄，是毫无凭借的，才情容易磨练得出；军阀却是骄奢淫佚惯了的，他那个社会中，自然出不出人才来。”

亦作**“草莽英雄”**。南宋王爚《穿岩》：“谁知草莽英雄起，管领乡民皆效死。”

叠床架阁

释义：床上叠床，阁上架阁。比喻重复、累赘。

出处：明代于慎行《练兵议》：“自总兵而下，非卫所正官，随在添设，一事而数人治之，不免叠床架阁之弊。”

注释：卫所：明朝军事编制，在全国重要的军事地区设卫，次要地区设所。于慎行《读史漫录》第三卷“西汉”写道：“大抵克核之风，日有增益，不免叠床架阁，其实与治道得失，非有所关也。”

亦作**“叠床架屋”**。现代邹韬奋《二十年来的经历·外国文和外国教师》：

“讲到成语，有些人的脑子里不是没有若干成语，但是用起来，叠床架屋，拖泥带水，如由说那种语言的本国人用来，就不是这样的。”

亦作**“重屋复床”**。唐代毋煚《撰集经籍序略》:“窃以经坟浩广,史图纷博，寻览者莫之能遍，司总者常苦其多，何暇重屋复床，更繁其说？”

亦作**“连床架屋”**。清代章学诚《文史通义》“《亳州志·掌故》例议中”：“且《唐书》倍汉，而《宋史》倍唐，已若不可胜矣。万物之情，各有所极，倘后人再倍《唐》《宋》而成书，则连床架屋，毋论人生耳目之力，必不能周，抑且迟之又久，终亦必亡。”

亦作**“支床叠屋”**。清代梁启超《中国之旧史》:“惜其为太史公范围所困，以纪传十之七八填塞全书，支床叠屋，为大体玷。”

神开意畅

释义：心情开朗，精神舒畅。

出处：明代袁中道《答毕直指东郊》:“大明湖上，得奉光仪，领提诲，真令人神开意畅。”

注释：大明湖：济南名胜，位于古城区北部。光仪：光彩的仪容。称人容貌的敬词，犹言尊颜。提诲：启发教导。

亦作**“心旷神怡”**。北宋范仲淹《岳阳楼记》:“登斯楼也，则有心旷神怡，宠辱皆忘，把酒临风，其喜洋洋者矣。”

亦作**“意清神爽”**。清代逍遥子《后红楼梦》第二十回“曹雪芹红楼记双梦　贾宝玉青云满后尘”:“也不知那些荷花、荷叶的香气是自己吐出来的，是风吹来的，只觉得一阵阵清幽芳馥之气，乱扑到人面上，透入鼻孔，一直的度到丹田，真个意清神爽，心骨俱仙。”

亦作**“神怡气畅”**。当代孟凡《春游襄阳公园》:“我常坐在桥头休息，并观看游鱼往来，深感神怡气畅。”

亦作**“气爽神清”**。当代梁羽生《女帝奇英传》第十回“柔情似水最难禁”:

“但见他们一个捧着香炉，一个捧着净瓶，炉中焚的不知是什么异香，香气氤氲，一嗅之下，便令人气爽神清，心胸宁静。”

亦作**“神融意适”**。元代吾丘衍《陈公辅听雨轩》：“神融意适有真趣，汝南郭泰来何暮。”

歙漆阿胶

释义：歙县的漆，东阿的胶，胶漆皆有黏性。比喻情意相投。

出处：明代李昌祺《剪灯余话》卷二《田洙遇薛涛联句记》：“歙漆阿胶忽纷解，清尘浊水何由逢？”

注释：阿胶，产于山东东阿。自明代洪武八年（1375）至1947年，今济南市平阴县东阿镇老街区为东阿县城。今东阿镇仍为阿胶重要产地。纷解：解除纠缠。清尘浊水：清尘，行路扬起的尘土，对别人的敬称。浊水，对自己的谦称。比喻相互隔绝，相会无期。三国魏曹植《七哀诗》：“君行逾十年，孤妾常独栖。君若清路尘，妾若浊水泥。浮沉各异势，会合何时谐？”

示例：当代王一心《民国大先生：陶行知传》：“若以陶行知与胡适当时的性格与年龄，都不是在那个阶段可以达到君子之交淡如水的境界的。反过来说，他二人虽未能歙漆阿胶，但也并非格格不入。”

初写黄庭

释义：东晋王羲之书写的《黄庭经》法帖，为后世初学小楷的范本。比喻说话、做事、行文恰到好处。

出处：清代王士禛《渔洋诗话》卷九：“余少在济南明湖水面亭赋《秋柳》四章，一时和者甚众。后三年官扬州，则江南北和者前此已数十家，闺秀亦多和作。南城陈伯玑（允衡）曰：‘元倡如初写《黄庭》，恰到好处，诸名士和作皆不能及。'"

注释：元倡：原唱。指《秋柳》四章。

示例：当代和宝堂《自成一派：赵燕侠》："戏中其描摹怀春处女之情，有初写黄庭之妙，对于剧中撒娇、啜泣等状，亦神情毕肖。"

恰到好处

释义：指说话做事正好达到最合适的地步。

出处：同上

示例：现代朱自清《经典常谈·春秋三传第六》："《左传》所记当时君臣的话，从容委曲，意味深长。只是平心静气的说，紧要关头却不放松一步，真所谓恰到好处。"

亦作**"到恰好处"**。清代袁枚《随园诗话·论〈声调谱〉》："夫诗为天地元音，有定而无定，到恰好处，自成音节，此中微妙，口不能言。"

亦作**"刚到好处"**。清代延君寿《老生常谈》："五律，学唐人不抉其髓，则失于熟；学宋人但袭其皮，则失于生。惟浓不染唐之蹊径，淡不落宋之窠臼，经营于意象之间，咀嚼于神味之外，午亭五律刚到好处。"

刚正不阿

释义：刚强正直，不徇私逢迎。

出处：清代蒲松龄《聊斋志异·一员官》："济南同知吴公，刚正不阿。"

注释：同知：职官名。指正官之副。清代唯府、州及盐运使置同知，府同知以同知为官称，州同知称"州同"，盐同知称"盐同"。

示例：当代王爽、裴颖编著《中国家风》："全诗质朴无华，掷地有声，表达了包拯刚正不阿的志节，以及对贪官污吏的憎恶之情。"

亦作**“正直不阿”**。北宋李昉等编《太平广记》卷八十二“异人二·袁嘉祚”：“唐宁王傅袁嘉祚，为人正直不阿，能行大节，犯颜悟主，虽死不避。”

亦作**“正大不阿”**。明代余继登《典故纪闻》卷十四：“内官朝夕在陛下左右，大臣无耻者多与之交结，或馈以金银珠宝，或加以奴颜婢膝，内臣便以为贤，朝夕称美之；有正大不阿，不行私谒者，便以为不贤，朝夕谗谤之。”

亦作**“刚直不阿”**。清代《云南通志》：“张䏌仁，字子任，楚雄县人，康熙癸卯举人。生平尚气节，严取与，学识坚定，刚直不阿。”

送眼流眉

释义：以眉目传情。

出处：清代《聊斋志异·段氏》：“济南蒋稼，其妻毛氏，不育而妒。嫂每劝谏，不听，曰：‘宁绝嗣，不令送眼流眉者忿气人也！’”

示例：现代苏曼殊《非梦记》：“媪此时愀然作色曰：‘前朝公子与一送眼流眉者，相抱而泣，沙弥共见之，此曷为而然者耶？’”

亦作**“眉来眼去”**。元代关汉卿《包待制智斩鲁斋郎》第三折：“他两个眉来眼去，不由我不暗暗踌躇，似这般哑谜儿，教咱怎猜做？”

亦作**“眉挑目语”**。现代蔡东藩《清史演义》第八十六回“争党见新旧暗哄　行新政母子生嫌”：“因此光绪帝入园请安时，他的妹子，起初遵兄吩咐，很献殷勤，眉挑目语，故弄风骚。”

亦作**“眉钩目引”**。明代高深甫《郊行见丽人·南吕太师引》：“美人一见情难忍。禁不住眉钩目引。”

齿牙余惠

释义：指帮人说好话。

出处：清代蒲松龄《聊斋志异·公孙九娘》："生乃坐，请所命。曰'令女甥寡居无耦，仆欲得主中馈。屡通媒妁，辄以无尊长之命为辞。幸无惜齿牙余惠。'"

语译：莱阳生坐下，问他有什么吩咐。朱生说："您的外甥女孤身独居，没有婚配。我想娶她为妻，几次托人去求婚，总以无长者作主而推辞，希望您不要吝惜帮我多说好话。"中馈：古时指妇女在家主持饮食之事，后引申称妻室。

注释：《公孙九娘》写的是清康熙年间在济南发生的故事。一位山东莱阳的书生，在济南南郊见到已死的同乡好友朱生和已死的外甥女，并与已死的山东栖霞人公孙九娘结婚、分手，又来济南寻找。

示例：清代周际华《感深知己录》："况夫知己之感尤甚于寻常万万士，当困厄孑然一身，何所依附，非其私昵，谁肯眷之？乃无端而以道德尊我，无端而以事功属我，即齿牙余惠，亦是心交。"

亦作"**齿牙余论**"。《南史·谢朓传》："朓好奖人才，会稽孔觊粗有才笔，未为时知，孔珪尝令草让表以示朓。朓嗟吟良久，手自折简写之，谓珪曰：'士子声名未立，应共奖成，无惜齿牙余论。'其好善如此。"

亦作"**齿牙余慧**"。现代林纾、曾宗巩译，（英）哈葛德著《三千年艳尸记》："虽然，余尚善于排遣，不更戚戚于心，且私庆身傍芳姿，沾其齿牙余慧，得小小褒语。"

亦作"**齿牙余芬**"。清代曾国藩《咸丰八年四月初十日与沅弟书》："陈斌尚在后营否？前此保举甚不优，若得便，可一借齿牙余芬，亦须察其近日立行何如耳。"

月衔半规

释义：规：圆形。指上弦月或下弦月。

出处：清代蒲松龄《聊斋志异·公孙九娘》："生至户外，不见朱。翘首西望。月衔半规，昏黄中犹认旧径。见南面一第，朱坐门石上。"

示例：当代郑绍文《重返鄂豫边区》："旧历八月上旬的一个夜晚，秋风习习，月衔半规。夜色笼罩着浑浊而又平静的黄河水面，渡口人欢马鸣，直至次日红日东升，部队才全部渡完。"

鸿隐凤伏

释义：比喻贤才不遇。

出处：清代蒲松龄《贺章丘县周素心入泮序》："盖当鸿隐凤伏，斥鷃得而笑之，而不知一朝奋迹，阊阖可叫而开不难也。"

语译：当鸿雁隐没，凤凰潜藏，鷃雀得知不禁讥笑，而不知其一旦奋起，呼叫天门开启并不是难事。

亦作**"凤隐鸿冥"**。明代陈天定《虽有善者》："又虑凤隐鸿冥，播弃之余，不肯以复出矣。"

铁公鸡

释义：戏称小气吝啬之人。

出处：清代袁枚《子不语·铁公鸡》："济南富翁某，性悭吝，绰号'铁公鸡'，言一毛不拔也。"

注释：与袁枚《子不语》同时期刊行的和邦额《夜谭随笔录·铁公鸡》亦写道："济南某富翁，拥资数十万，性极悭吝……乡人号之为铁公鸡，谓一毛不拔也。"

示例：当代张利编《财务管理》："现在很多上市公司是典型的铁公鸡，几乎常年都不分配股利，即使分配的话，也仅仅是象征性的。"

亦作**"铁仙鹤"**。当代焦炳琨《老田溜号了》："袁小前嘟嘟囔囔没个完：'真是一毛不拔的铁仙鹤，这么大的生产队，舍不得花上几个钱。'"

亦作**"瓷公鸡"**。当代陈寿宏编著《中华食材·苏东坡吃鱼皮治白食客》："宋朝大诗人苏东坡、秦少游，结识了一个颇有文才的和尚安庆。朋友相处少不了酒肉之类，但安庆和尚是个瓷公鸡，宁可瓷公鸡被打碎，每回都是一毛不拔。"

无情无彩

释义：形容不高兴，提不起劲儿。

出处：清代华广生辑《白雪遗音·马头调·一轮明月（其一）》："但只见，梧桐叶落纱窗外，又听的，寒风吹送鸿雁来。似俺这独自一个无情无彩。"

注释：华广生，字春田，清代济南历城人，生活于乾隆至道光年间，嘉庆九年（1804）编订俗曲集《白雪遗音》四卷，所收作品以济南为主，间及南北，是后世研究清代民歌时调的重要资料。

示例：当代上海社会科学院文学研究所编《中国作家自述·李沙铃》："有时也有一种奇赏，特别的喜欢冬日的硬枝，尽管无叶无花无果，却显现着真身。那粗糙的皮，无情无彩的骨架，都坦露着动人的灵魂。"

亦作**"无精打采"**。清代曹雪芹《红楼梦》第二十五回"魇魔法叔嫂逢五鬼 通灵玉蒙蔽遇双真"："小红待要过去，又不敢过去，只得悄悄向潇湘馆，取了喷壶而回，无精打采，自向房内躺着。"

亦作**“没精打采”**。清代曹雪芹《红楼梦》第八十七回“感秋深抚琴悲往事　坐禅寂走火入邪魔”：“妙玉道：‘日后自知，你也不必多说。’竟自走了。弄得宝玉满肚疑团，没精打采的归至怡红院中，不表。”

亦作**“没精塌彩”**。清代西周生《醒世姻缘传》第二十一回“片云僧投胎报德　春莺女诞子延宗”：“过了几日，那片云渐渐的没精塌彩，又渐渐的生起病来。”

亦作**“无精嗒彩”**。现代老舍《骆驼祥子》二十一：“他强打精神，把车拉出来。揣着手，用胸部顶着车把的头，无精嗒彩的慢慢的晃，嘴中叼着半根烟卷。”

亦作**“没精没采”**。现代刘半农《饿》：“他饿了；他静悄悄的立在门口；他也不想什么，只是没精没采，把一个指头放在口中咬。”

呼朋唤友

释义：呼唤、招呼、邀约朋友，多指招引意气相投的人。

出处：清代华广生辑《白雪遗音·马头调·逛窑子》：“呼朋唤友把窑子进。身入迷魂，装烟倒茶，好不殷勤。”

示例：现代梁实秋《听戏》：“戏园本称茶园，原是喝茶聊天的地方，台上的戏原是附带着的娱乐节目。乱哄哄的高谈阔论是无可厚非的。那原是三教九流呼朋唤友消遣娱乐之所在。”

亦作**“呼朋引类”**。现代鲁迅《致章廷谦》：“我一去，一定又有几个学生要同去，这是我力所不及的，别人容易误会为我专是呼朋引类。”

亦作**“呼朋引俦”**。当代乔希章、李英《大元帅孙中山》：“当时掌握湖北军政府军政大权的某些人，有的原就不是革命派，但他们呼朋引俦，结党营私，盘踞高位，对革命党人排斥、打击、分化。”

亦作**“呼朋唤侣”**。当代张华北《立夏情怀》：“清晨和傍晚，水禽们此起彼落，呼朋唤侣，四处寻觅着鱼虾和草上的飞虫，更多的时候隐在绿丛中，忙碌着为小生命筑巢。”

亦作**“呼朋引伴”**。现代朱自清《春》:“鸟儿将窠巢安在繁花嫩叶当中，高兴起来了，呼朋引伴地卖弄清脆的喉咙，唱出宛转的曲子，与轻风流水应和着。”

亦作**“命俦啸侣”**。南朝梁代萧绎《怀旧志序》:“临水登山，命俦啸侣。”

野调无腔

释义：村野小曲，没有规范的腔调。后形容言行任意，没有规矩。

出处：清代华广生辑《白雪遗音·马头调·九尽寒退》:“但只见，小小牧童，头戴斗笠，身被蓑衣，斜跨青牛，横吹短笛，一声一声把春歌唱，野调无腔。”

示例：现代老舍《闲话》:“我也一点没有意思说，结过婚的男子应当野调无腔的，把太太放在家里不管，而自己任意的在外瞎胡闹。”

镜里采花

释义：指虽看得见，却得不到或摸不着。

出处：清代华广生辑《白雪遗音·马头调·无楼梯儿》:“竹篮子打水，镜里采花，抓不着他。”

示例：现代陶行知《科学的生活》:“第一流的科学家没有不自造工具的。不能自造工具而要想得自然小姐之爱，是比如镜里采花，水中捞月。”

亦作**“镜里观花”**。元代乔孟符《玉箫女两世姻缘》第三折:“我劝谏他似水里纳瓜，他看觑咱如镜里观花。”

亦作**“镜里看花”**。清代顾贞观《南柯子》:“镜里看花发，门前听马嘶。”

水漫金山

释义：神话故事。后用以形容大水弥漫。

出处：清代华广生辑《白雪遗音·马头调·雷峰塔》："金山寺里法海一见许仙，面带妖色，不放下山。怒恼白蛇，忙唤青儿，代领着虾兵蟹将，这才水漫金山。波浪滔天。"

示例：当代李清源《苏让的救赎》："苏让的生活陷入混乱，煮干了三次饭，烧坏了两把壶，断水时开着水龙头出门，回来后赫然已水漫金山。"

亦作**"水满金山"**。现代鲁迅《坟·论雷峰塔的倒掉》："一个和尚，法海禅师，得道的禅师，看见许仙脸上有妖气，——凡讨妖怪做老婆的人，脸上就有妖气的，但只有非凡的人才看得出，——便将他藏在金山寺的法座后，白蛇娘娘来寻夫，于是就'水满金山'。"

吉星高照

释义：吉星：指福、禄、寿三星。吉祥之星高高照临。比喻有好运。

出处：清代华广生辑《白雪遗音·八角鼓·今日大喜》："今日大喜，喜的是千祥云集，吉星高照，万事如意。"

示例：当代刘绍棠《十步芳草》："有福之人吉星高照，老天爷不饿死瞎家雀。"

亦作**"吉星照临"**。清代南北鹖冠史者《春柳莺》第八回"暂脱骗希图大利　难瞒藏直诉真情"："石生笑道：'老师真太小心。我们文人自有吉星照临，怕甚么不测。'"

一元复始

释义：指新的一年的开始。

出处：清代华广生辑《白雪遗音·八角鼓·节至新春》："节至新春，五福来临。一元复始，万象更新。千祥云集，百福骈臻。"

注释：骈臻：一并到来。

示例：当代段春娟《顺其自然：二十四节气中的智慧》："元宵节，又叫上元节、元夕、灯节。这是一年中第一个月圆之夜，也是一元复始、大地回春之夜。"

万象更新

释义：世间所有事物和景象改换了样子，出现了一番新气象。

出处：同上。

示例：当代赵琰哲《紫禁城里的时间映像：透视清代宫廷绘画》："元旦是新一年的开始，也称为岁朝。这一天不仅是一岁之始，更象征着万象更新、除旧布新、否极泰来。"

亦作**"万物更新"**。清代曹雪芹《红楼梦》第七十回"林黛玉重建桃花社　史湘云偶填柳絮词"："如今正是初春时节，万物更新，正该鼓舞另立起来才好。"

金石良言

释义：黄金宝石般的话语。比喻非常珍贵的教导或劝告。

出处：清代华广生辑《白雪遗音·马头调·金石良言》："金石良言将你劝，休嫌絮烦。"

示例：清代吴趼人《二十年目睹之怪现状》第九十九回"老叔祖娓娓讲官箴　少大人殷殷求仆从"："卜士仁在旁又插嘴道：'叔公教你的，都是金石良言，务必一一记了，不可有负栽培。'"

亦作**"金玉良言"**。清代李伯元《官场现形记》第十一回"穷佐杂夤缘说差使　红州县倾轧斗心思"："邹太爷一看苗头不对，赶紧陪着笑脸道：'老哥哥教导的话，句句是金玉良言。小弟是穷昏了，所以说出来的话，自己还不觉得，已经得罪了人。'"

亦作**"金玉之言"**。元代王实甫《西厢记》第四本《草桥店梦莺莺》第三折"哭宴"："（张生云）小姐金玉之言，小生一一铭之肺腑。"

亦作**"金石之言"**。明代罗贯中《三国演义》第八十一回"急兄仇张飞遇害　雪弟恨先主兴兵"："愿陛下纳秦宓金石之言，以养士卒之力，别作良图，则社稷幸甚！天下幸甚！"

眉高眼下

释义：脸上的神色表情及变化。亦指待人处世的方法。

出处：清代华广生辑《白雪遗音·马头调·世态炎凉》："世态炎凉如作戏。眉高眼下，且自不提。朋友中，来来往往是些虚情意。"

示例：当代贾平凹《浮躁》："事到今日，也不看他们的眉高眼下，咱重谋生路吧。”

亦作**“眉高眼低”**。明代张四维《双烈记》第十三出“计遣”：“大丈夫四海为家，那里不去了。怎肯受你家眉高眼低，干言湿语。”

亦作**“眉眼高低”**。清代西周生《醒世姻缘传》第十一回“晁大嫂显魂附话 贪酷吏见鬼生疮”：“正没好气，‘兜着豆子寻炒’，那个李成名的娘子一些眉眼高低不识，叫那晁住的娘子来问他量米做晌午饭。”

望穿秋波

释义：秋波：比喻人的眼睛明亮清澈一如秋水。多用于女子。形容盼望的殷切。

出处：清代华广生辑《白雪遗音·马头调·曲头（其三）》：“望穿秋波，不见还家，贪恋着烟花。”

示例：当代高才如《小城维纳斯》：“风光依旧，人事全非，望穿秋波，难见意中人。她沉浸在绵绵回忆之中。”

亦作**“望穿秋水”**。清代蒲松龄《聊斋志异·凤阳士人》：“听蕉声一阵一阵细雨下，何处与人闲嗑牙？望穿秋水，不见还家，潸潸泪似麻。”

灌米汤

释义：比喻用甜言蜜语奉承、迷惑人。

出处：清代华广生辑《白雪遗音·岭儿调·烟花柳巷》：“烟花柳巷，喜的是银钱，敬的势力，爱的年轻，热的温存，样样俱全，来来往往甜如蜜，不论贤合愚。虽然是那露水夫妻，以虚为实，先灌米汤，后提心事，情投意合，蜜语甜言。”

示例：当代洛夫《亲爱的琼芳》：“你的两张个人照很美，大家都说风度良好，高贵大方，灌米汤灌得我浑浑陶陶。事实上也是如此，不信你亲自看到就知道了。”

说笑自如

释义：同平常一样说笑，神态自然。

出处：清代刘鹗《老残游记》第二回“历山山下古帝遗踪　明湖湖边美人绝调”：“这一群人来了，彼此招呼，有打千儿的，有作揖的，大半打千儿的多，高谈阔论，说笑自如。”

注释：打千儿：满族男子下对上时一种介于作揖与下跪之间的礼节。《老残游记》第二回写人们在济南大明湖畔戏园明湖居听黑妞、白妞说书的情景。

示例：当代王树村《关于泥人张的史料点滴》：“这时他拿了一团湿泥，一边问戏曲界的掌故，一边对着谭鑫培在袖中捏像。二人说笑自如，没有一碗茶的时间，张长林就将谭鑫培戴着瓜皮缎帽的头像捏好了，大家一看，果然神形逼肖，名不虚传。”

亦作**“谈笑自若”**。《三国志·吴书·甘宁传》：“宁受攻累日，敌设高楼，雨射城中，士众皆惧，惟宁谈笑自若。”

亦作**“谈笑自如”**。北宋陈师道《后山谈丛》卷一：“契丹犯澶渊，急书日至，一夕凡五至，莱公不发封，谈笑自如。”

亦作**“言笑自若”**。《三国志·蜀书·关羽传》：“羽便伸臂令医劈之。时羽适请诸将饮食相对，臂血流离，盈于盘器，而羽割炙引酒，言笑自若。”

亦作**“谈噱自如”**。明代焦竑《玉堂丛语》卷二“筹策”：“密赂永左右，俱得其欢心。乃晨起直登永床，与语，谈噱自若。咏异之，乃渐与狎。”

屏气凝神

释义：形容注意力高度集中。

出处：清代刘鹗《老残游记》第二回“历山山下古帝遗踪　明湖湖边美人绝调”：“从此以后，愈唱愈低，愈低愈细，那声音渐渐地就听不见了。满园子的人都屏气凝神，不敢少动。”

示例：当代郭刚《古道铃声》：“想是那宝塔上的风铃在摇动，老人家屏气凝神侧耳细听。”

有口皆碑

释义：比喻人人称赞、颂扬。

出处：清代刘鹗《老残游记》第三回“金线东来寻黑虎　布帆西去访苍鹰”：“老残道：‘宫保的政声，有口皆碑，那是没有得说的了。’”

注释：宫保：清代用以称太子少保，原为辅导太子的官员，明清时作为虚衔加赠高级官员。巡抚如有宫保衔，即称“宫保”。《老残游记》中的“庄宫保”以当时的山东巡抚张曜为原型。抚署在济南珍珠泉上。

示例：现代赵树理《金字》：“我想了一阵，想出了模棱两可的成语来，写了‘有口皆碑’四个大字。”

亦作**“口碑载道”**。现代郁达夫《半日的游程》：“老翁看了我们的食欲的旺盛，就又推荐着他们自造的西湖藕粉和桂花糖说：‘我们的出品，非但在本省口碑载道，就是外省，也常有信来邮购的。’”

赞叹不绝

释义：连连称赞。

出处：清代刘鹗《老残游记》第三回“金线东来寻黑虎　布帆西去访苍鹰”：“老残道：‘不过先人遗留下来的几本破书，卖又不值钱，随便带在行箧，解解闷儿，当小说书看罢了，何足挂齿。’再望下翻，是一本苏东坡手写的陶诗，就是毛子晋所仿刻的祖本。绍殷再三赞叹不绝。”

注释：此写抚署幕宾高绍殷，来济南小布政司街高升店里见老残的情景。

示例：当代尹韵公《中国大西北采访纪实·塔尔寺》：“尤其是文成公主进藏与松赞干布结婚的大型酥油花图，更叫人赞叹不绝，真正体现出民族艺术的魅力。”

亦作**“赞叹不置”**。清代王韬《淞隐漫录·鹃红女史》：“时虽隆冬，而花木绮馥，无异三春。生大奇之，赞叹不置。”

亦作**“赞叹不已”**。明代冯梦龙《东周列国志》第九十九回“武安君含冤死杜邮　吕不韦巧计归异人”：“喜得公孙乾和异人目乱心迷，神摇魂荡，口中赞叹不已。”

亦作**“赞不绝口”**。清代曹雪芹《红楼梦》第六十四回“幽淑女悲题五美吟　浪荡子情遗九龙佩”：“宝玉看了，赞不绝口。”

亦作**“赞口不绝”**。当代施叔青《情探——香港的故事之六》：“殷玫曾经以买书为借口，上了他德辅道中的写字楼探看，对他摆的几盆树桩盆景赞口不绝。”

亦作**“赞声不绝”**。清代夏敬渠《野叟曝言》第七十九回“为驱邪众女袒胸求赤字　因报德孤舟渡海觅红须”：“当日素臣把《左传》上大小战伐之事细细讲解，指点出许多兵法，把众人喜得欢声如雷，赞声不绝。”

亦作**“赞不容口”**。当代黄裳《寒柳堂诗》：“他对牧斋是五体投地的，赞不容口。”

亦作**“称不绝口”**。当代张祥浩《王守仁评传》:“据记载，王华为人仁恕坦直，平生无矫言伪行，对人无尊卑贵贱，相待如一，凡谈笑言议，皆由衷而发。人有片善，就称不绝口。”

亦作**“誉不绝口”**。蔡东藩《两晋演义》第三十六回“扶钱凤即席用谋 遣王含出兵犯顺”:“中书令温峤，前遭敦忌，由敦表请为左司马，峤竟诣敦所，佯为勤敬，尝进密谋，从敦所欲，厚结钱凤，誉不绝口。”

后 记

成语，众人皆说，成之于语，故曰成语。成语是中华文化中一颗璀璨的明珠，是中国传统文化的一大特色。可以说，从成语中我们可以看到中国悠久的历史、灿烂的文化，它们体现了汉语的博大精深和鲜明特色，它们是中国历史的写照、文化的结晶、汉语的精华。

成语是汉语词汇中定型词组或短句，多为四字，亦有三字、五字甚至七字以上，有固定的结构形式和固定的说法，表示一定的意义。成语有很大一部分是从古代相承沿用下来的，它代表了一个故事或者典故。

济南是中国历史文化名城，是泉水之城、湖山之城、园林之城、文化之城、工商之城，是西晋以来的东方名郡和明清以来的齐鲁首府。在这方丰饶的土地上，大量的成语发生并成长，历史文化名城与成语相生相成。济南，作为历史文化名城，丰富多彩的成语应该是它的标志之一。

按照中共济南市委党史研究院（济南市地方史志研究院）党史史志工作“十四五规划”的总体部署和要求，济南市方志馆近年来加强地方文献的挖掘整理和地方文化的深入研究，对于“济南成语”这一文化现象和资源的研究也提上了日程。我市文史专家周长风先生多年来也致力于这方面的工作，并已取得重要成果。经我们多次商洽研讨，就编纂体例、收录标准、全书设计等达成了一致意见，这部《济南成语汇录》也最终得以面世。全书共汇录济南成语502条，为首部关于济南成语的书，当有首创之功。

一般的成语词典，虽在释义后举有例句，但是绝大多数并没有明确告知该成语之原始出处。许多成语有复杂的发端、演变、定型的过程，其语源与出处两者或不一致，语源或有多个，学术界对许多具体问题的认识也不尽相同，因此面向广大读者的成语词典，在短短的词条里一般不写明语源和最早的出处，这是适宜的，是可以理解的。尽管当代有几部成语源流词典，但是许多济南成语并未收入其中，已收入的所标示的语源或出处亦多有可商之处。本书编者在浩瀚的中华古今图书中寻觅披拣济南成语，逐一考辨、注释、举例，实非易事，此书疏漏之处，恳望读者朋友多多指正。

传承先贤的思想文化遗产，丰富济南历史文化名城的内涵，是吾辈之职责所在。希望此书能进一步引起大家对济南成语的关注，共同搜寻更多的济南成语，探求和阐扬其中的历史文化内蕴，让它们活在今天人们的日常话语和写作中，成为当代济南文化建设大可利用的宝贵资源。

编者

2024 年 11 月 29 日